WIZARD

フィボナッチブレイクアウト売買法

高勝率トレーディングの仕掛けから手仕舞いまで

ロバート・C・マイナー［著］
長尾慎太郎［監修］ 井田京子［訳］

Pan Rolling

日本語版への序文

本書は完全なトレード計画を学ぶためのもので、活発に売買されているマーケットであればデイトレードから長期のポジショントレードまで、あらゆる時間枠のトレードに応用できる。例として使ったトレードは、すべてアメリカの株価指数や株式や為替のマーケットのものになっている。ただ、本書で紹介した分析方法やトレード戦略はすべて日本のマーケットでも有効で、もちろん日経平均株価指数や日本株や為替市場にも応用できる。

本書で紹介する戦略のなかには読者がすでに知っているものもあるかもしれない。しかし、本書の目的は、読者がトレードしているマーケットで仕掛けから手仕舞いまでの判断を下せるように、これらの戦略を総合的なトレード計画に組み込んでいく独自の方法を紹介することにある。

国やマーケットが違っても、トレーダーの目的は変わらない。自分のトレードしているマーケットにおいて、限られた資金で高勝率の結果が期待できるトレードチャンスを探すことだ。私が開発したダイナミック・トレーダー・ソフトウエアは多くの日本人トレーダーも利用しており、過去24年間、日本のマーケットで使われてきた。本書の手法を学べば、あなたもきっと彼らのように有利なトレーディングができるようになる。

私は1970年代後半の約３年間、アメリカ海軍の一員として日本に駐在していた。当時はさまざまな都市に旅行をしたり、日本の生活様式や文化を学んだりして、非常に素晴らしい時を過ごすことができた。できればまた日本を訪れて、今度は日本のトレーダーからも学びたいと思っている。

敬意をこめて

ロバート・マイナー

コロラド州スチームボートスプリングスにて

監修者まえがき

本書は“Dynamic Trading”の著者としても有名なロバート・C・マイナーが著した新刊“High Probability Trading Strategies : Entry to Exit Tactics for the Forex, Futures, and Stock Markets”の邦訳である。マイナーはエリオット波動やギャン理論、フィボナッチ比率といったいわゆる古典的なテクニカル分析を用いたトレード手法に造詣が深く、長らく個人投資家向けのトレード講師も務めている。このため、米国ではファンも多いようで、『フィボナッチトレーディング――時間と価格を味方につける方法』（パンローリング）の著者であるキャロリン・ボロディンもマイナーの教えを受けてトレードに開眼した一人である。本書はこのようにこの分野のエキスパートが長年の経緯を踏まえて書いたものであり、必要な要素が過不足なくまとまっていて、初心者にとっても読みやすく理解しやすい構成になっている。非常に無駄がないと言えよう。

ところで、ここ20年ほどの間にトレードの世界で起こった変化によって、テクニカル分析は大きな試練にさらされることになった。テクニカル分析はもともと科学ではなかったものの、少なくとも技術であると従来みなされてきた。しかし、近年マーケットのデータやコンピューターがだれの手にも簡単に手に入るようになると、テクニカル分析のすべてが統計的な検証の洗礼を受けることになり、その結果、それまで役に立つと信じられてきた売買手法のほとんどがインチキであると分かってしまったのである。現に機関投資家の世界ではテクニカルアナリストはほぼ絶滅してしまったのである。

これは、マイナーが本書で何度も嘆いているように、旧来存在したテクニカルアナリストのほとんどが不誠実でペテン師同然の輩であったことによる反動である。やはり時間はかかるかもしれないが、悪貨は良貨に駆逐されるということだ。だが、そうした浄化によってニセモノたちはその活動の場を失っていったが、まっとうな活動をしている人たちにとっては、彼ら自身の活動に光が当たる可能性が高くなったので、むしろそれは良かったとも言える。

ここで言うまっとうとはマイナーが書いているように、テクニカル分析のなかでもちゃんとマーケットの未来を説明することができるファクターや技術を抽出し、それを解説できる人たちのことである。本書のなかでマイナーはしばしばその重要性について触れ、いまだに根拠のない分析手法を喧伝する連中を非難している。テクニカル分析を標榜する人のなかで、しかも業界のベテランと目されるマイナーがそうした見解を述べることは勇気がいることであろうが、これは彼の誠実な人柄をうかがわせるものである。

本書はマイナーが長年の体験から実際にマーケットで役に立つと判断したテクニカル分析の技術の解説によって構成されている。この分野に興味のある方は、よき先達の書いた手引書としてじっくり読んでいただきたい。

最後に、翻訳に当たっては以下の方々に心から感謝の意を表したい。翻訳者の井田京子氏は正確な翻訳を実現してくださった。阿部達郎氏にはいつもながら丁寧な編集・校正を行っていただいた。また本書が発行される機会を得たのはパンローリング社社長の後藤康徳氏のおかげである。

2010年４月

長尾慎太郎

Contents

まえがき

私がロバート・マイナーに初めて会ったのは、1987年10月の大暴落の少しあとだった。彼は、私がしぶしぶ出かけたシカゴのトレーディング会議で彼は大勢の講演者のひとりとして登場した。私は当時、シカゴ・マーカンタイル取引所（CME）で法人顧客向けに金融先物のフロアトレーディングを統括する仕事を失ったばかりで、会議に出席する気分ではなかった。失ったばかりの仕事が気に入っていたからだ。しかし、この会議に出席したことで、トレーディング業界のまったく新しい扉が開かれ、幸運がもたらされた。

私はそれまでフィボナッチ・リトレースメントについて聞いたことはあったが、価格の目安として使う方法しか知らなかった。マイナーがこの講演でフィボナッチ数列を時間に応用した手法と簡単な例を紹介したときのことは、自分の席の場所まではっきりと思い出すことができる。私は頭上から光がさし込むのを感じ、これが自分の将来のカギを握ると確信した。私にとって、これはまさに「アハ」体験だった。

マイナーの講演に大いに興味を引かれた私は、彼のブースに行って直接そのことを伝えた。それがきっかけで一緒に飲みに行ってビリヤードをするようになり、長年の友情はそれ以来続いている。

マイナーの手法を学び始めた私はすぐにこれに魅了された。しかし、当時はパソコンを持っていなかったため、鉛筆と電卓とコンパスを使って価格を追い始めた。毎日手書きのチャートを更新していくなかで、私はこの戦略の威力を確認し、この結果を友人や顧客に話してみた。すると、この素晴らしい結果を見て、分析にお金を出すという申し出があった。私はマイナーの長年の研究をすべて学び、自分のトレード戦略を完成させた。そしてこれが私独自のマーケット分析と推奨トレードのニュースレター「シンクロニシティ・マーケット・タイミング」の発行などにつながっていった。

ロバート・マイナーがいなければ、今日の私の成功はなかった。私はテクニカル分析とトレード戦略の大部分をマイナーから学んだ。彼の教えによって心から愛する仕事と出合い、そこから報酬まで得ることができるきっかけを与えてくれたことに永遠の感謝を捧げたい。ありがとう。

キャロリン・ボロディン（フィボナッチクイーン、『フィボナッチトレーディング』［パンローリング］の著者、http://www.fibonacciqueen.com/）

序論

本書は、トレード管理を仕掛けから手仕舞いまで完全に学ぶことができる数少ない１冊になっている。先物、株式、為替のトレーディングを始めたばかりの人やこれまで好調を維持できなかった人も、本書の戦略を学ぶことで高勝率のトレードに必要な条件を特定し、トレンドから最大の利益を得るための仕掛けと手仕舞い価格がはっきりと分かるようになる。また、経験と成功を重ねてきたトレーダーならば、いくつかのカギとなる戦略を現在のトレード計画に組み込むことですぐに結果を向上させることができるだろう。

私は20年以上にわたってこれらの戦略を世界中のトレーダーに教えてきた。これらの戦略は長年をかけて改良を重ね、簡素化した結果、トレード判断を下したり管理したりするために必要な情報の核となる最重要部分に絞り込まれている。

本書では、テクニカル分析の４つの主なファクターを使って私が独自に考案した手法を学んでいく。このなかには、複数の時間枠のモメンタムを使ったセットアップや、トレンドと調整パターンの構造を見分けるための主要な指針なども含まれている。また、トレンドでも調整でも価格と時間の有望な目標値を事前に探しておくためのダイナミックプライス戦略とダイナミックタイム戦略も紹介する。さらに、どんなマーケットや時間枠でも使える２つの強力で論理的で客観的な仕掛けのテクニックと、短期や中期の利益を管理する手仕舞いの方法も学んでいく。そのあとは、昔の教え子たちが提供してくれたトレード例を紹介した「実在のトレーダーによるリアルタイムのトレード」（第８章）で本書の戦略が世界中のマーケットで日々応用されていることを示す実例を紹介していく。

ここでは高勝率トレード戦略をさまざまなマーケットや時間枠に応

用した例を詳しく説明してある。

私は、本書が読者にとってもっとも重要なトレーディングの参考資料になると確信している。読者のなかには、今後本書に書かれたトレード戦略のみであらゆるマーケットとあらゆる時間枠で、仕掛けから手仕舞いまでを管理することになる人も出てくるだろう。

パート 1

あらゆるマーケットとあらゆる時間枠に使える高勝率トレード戦略

High Probability Trading Strategies for Any Market and Any Time Frame

第1章

あらゆるマーケットとあらゆる時間枠に使える高勝率トレード戦略

High Probability Trading Strategies for Any Market and Any Time Frame

本書は少し変わっている。というのも、ほかのトレード本とは違って、仕掛けから手仕舞いまでを網羅する完全なトレード計画を紹介しているからだ。また、ここに挙げたトレード例も厳選したケースを個別に扱ってセットアップや戦略を示すのではなく、最適なトレード条件や、具体的な仕掛けと手仕舞いの価格を含めた客観的な仕掛け戦略と、損切りを調整しながら手仕舞うまでの管理方法を含めて紹介している。

多くのトレード本はいくつかのテクニックとその有効性を示す厳選した例で構成されている。そして、「この辺りで買って、この辺りで利食えばよい」「トレーダーが積極的か保守的かによって……したり……したりできる」「マーケットは通常このボラティリティバンドの周辺で変動するため、この辺りで買う（または売る）とよい」などといったあいまいな書き方がしてある。

しかし、ブローカーに対して「この辺りの価格水準」と言うわけにはいかない。彼らは価格を指定しなければ注文を受けてくれないからだ。また、トレーダーを保守的か積極的かに分けるのは無意味で、世の中にはトレード計画に従うトレーダーか、トレード計画に従わないトレーダーしかいない。ちなみに、ボラティリティバンドやそれ以外の指標やチャートの場所の「辺り」で実行するかもしれないというのはトレード戦略ではない。トレード戦略というのは特定の行動を実行することであり、このなかには具体的な買いと売りの特定の価格が含まれている。つまり、何をいつどのようにすべきかを、正確に教えてくれるのが価値ある指示なのである。

トレード本の多くは便利で具体的なトレードテクニックや研究に値するアイデアを教えてくれるが、本書のように高勝率のトレードチャンスを探して仕掛けと手仕舞いの価格を具体的に示し、手仕舞うまでの管理方法を教えている本やセミナーはあまりない。なかでも重要なのはモメンタム、パターン、価格、時間という４つのカギとなるファクターに対する考え方で、これらを学べばどのマーケット情報がどのトレード判断を下すのに適切で役立つのかを見極め、その判断を仕掛けから手仕舞いまでどのように実行していくのかが分かる。

本は静的媒質であるため、どのようなマーケットや時間枠の例でも、トレードを仕掛けから手仕舞いまで示そうとすると、たくさんのチャート画面が必要となる。そのため、本書には大量のチャートが出てくる。各チャートは、情報がすぐに理解できるように手を加えたうえで、本書の教えに基づいて注目すべき情報にはコメントを書き込んである。

あらゆるマーケットとあらゆる時間枠

本書で学ぶトレード戦略は、活発な動きがあればどのマーケットでもどの時間枠でも利用できるため、トレード例も株式市場、上場投信（ETF）、先物、為替など、さまざまな分野に及んでいる。これらのマーケットでは時間枠に関係なく、数カ月にわたるトレードでもデイトレードでも、すべて同じマーケット構造になっている。もし本書で挙げた例が読者が通常トレードしているマーケットや時間枠と違っていても、銘柄は無視して学習のポイントに集中してほしい。本書の戦略はすべてのマーケットのあらゆる時間枠に応用できる。

高勝率の結果を出すための条件

トレード戦略の目的は、許容可能なエクスポージャーで高勝率の結果が出せる条件を見つけだすことにある。本書では、どのマーケットにも存在する４つの主なファクターと、それらが高勝率の結果をもたらす条件に当てはまるかどうかを探す方法を学んでいく。マーケットが４つの異なった観点から変化を示唆していることが分かれば、トレーダーにとっては非常に優れたエッジ（優位性）となる。これは１つか２つのファクターが一致した場合よりもはるかに強力だ。どのような仕事にも言えることだが、トレーディングで勝つためにもエッジを持っていなければならない。本書で学ぶエッジとは、調整やトレンドがいつ終わるのかを見つけることで、それが分かれば調整の最後でトレンドの方向に仕掛けたり、新しいトレンドの非常に早い段階で買って最終段階（最後かその前の足）まで待って売ったりすることが可能になる。

農民が種をまいたり収穫したりするためにはその最適な時期を知っておく必要があるように、トレーダーもトレードする最適な時期を知っておく必要がある。トレードが早すぎたり遅すぎたりすれば最大のリターンが得られないばかりか、最悪の場合は許容範囲を超えた損失を被る可能性もある。トレーダーはトレードの最適な条件を探すために、ポジションに関する情報をよく理解しておかなければならない。

マーケットは非常に複雑に見えるかもしれない。それは比較的安いトレーディングソフトが大量に出回り、何百もの研究や指標に圧倒され、おまけにそれらの情報が互いに矛盾していることもよくあるからだ。これでは自信を持って判断を下すために必要な情報を見極めるのは難しい。

本書で教える高勝率の手法は、複数の時間枠のモメンタム、単純なパターン認識、価格が転換する目標価格と目標時間という４つの視点でマーケットを見ていく。４つの視点はそれぞれに膨大な量の関連情報があるが、本書では各ファクターの重要情報に絞って高勝率トレードが可能な状態かどうかを素早く判断する方法を学んでいく。

私はあまりセミナーを開催しないが、開催したセミナーの最後に特別な演習を行う。まず、私の手法が株式にもETFにも先物にも為替にも応用できることや、３分以内に必要な情報を処理してそのマーケットで高勝率トレードが可能な状態かどうかを判断したり、そのマーケットが高勝率トレードの条件を満たすためには何が必要かを見極めたりできることを説明したうえで、各生徒に任意の銘柄をひとつ紙に書いてもらうのだ。そしてその紙を集め、私がそれまで教えたことを踏まえて３分以内にその銘柄が有望かどうかと、その銘柄のためにはどのトレード戦略が最適かをひとつずつ判断していくのだ。

必要な情報だけに絞って高勝率トレードの判断を下していけば、成功する可能性はずっと高くなる。

先行指標と遅行指標

多くのトレーダーは遅行指標のみに基づいたトレード戦略を使っている。また、トレーディング用のプラットフォームやチャートプログラムの指標やオシレーターにも遅行指標が使われている。しかし、遅行指標は現在のマーケットと期間のデータの関係は示しても、予測能力はほとんどない。もちろんモメンタム指標はトレンドの方向を見極める助けにはなるし、本書で学ぶ複数の時間枠のモメンタム戦略と一緒に使えばトレードを実行する指針にはなる。ただ、モメンタム戦略も先行指標を用いたトレード計画の一部として使わなければ役には立たない。

先行指標があれば、有望なトレードの条件を見極める準備が事前にできる。私が20年をかけて独自に開発したダイナミックプライス戦略とダイナミックタイム戦略を使えば、価格と時間の有望な目標ゾーンを支持線と抵抗線だけでなく、トレンドの転換についても事前に設定できる。この高勝率の条件を事前に見極めることができる価格と時間の戦略を、われわれは先行指標と呼んでいる。この戦略では、マーケットがこの条件を満たせばセットアップが整ったとみなす。トレンドが転換する目標値として具体的な価格と時間を事前に準備しておくことの威力が分かれば、これがトレード計画の中核になることは間違いない。

本書で学ぶ内容

本書では、最初にマーケットポジションの４つの局面である複数の時間枠のモメンタム、パターン、価格、時間について学ぶ。４つのファクターはそれぞれがトレード判断を下すための重要な情報を提供してくれる。これらを含まないトレード計画は大きなピースが欠けたパズルのようなもので、４つがすべてそろった計画よりも効力ははるかに劣る。

モメンタムについては多くの読者が知っていると思う。指標、オシレーターなどと呼ばれることもあるモメンタムは、単独ではあまり実用性がない。これはモメンタムがすべて遅行指標だからで、現在のマーケットを過去と比較して示すのには優れているが、第２章で紹介する特殊な方法で使わないかぎり将来のトレンドの位置を予測する助けにはならない。第２章では、遅行指標であるモメンタムをトレードの方向性と仕掛けのセットアップを見極めるためのフィルターとして使う強力なテクニックを学ぶ。この方法を使っているトレーダーはほんの一握りしかいない。これは複数の時間枠を使ったモメンタム戦略で、もっとも便利で実践的なモメンタムの応用方法としてトレード計画に組み込むことができる。

エリオット波動のパターンは必要以上に複雑になって誤解されてきたため、多くのトレーダーはまるで災難のようにこれを避けてきた。そのことは仕方がないだろう。しかし、第３章ではすべてのマーケットや時間枠でよく現れる３つのパターンを探すため、エリオット波動に基づいた簡単な指針を学んでいく。例えば、トレンドやカウンタートレンドが始まるのかどうかがすぐに分かる単純な指針は、これだけでもトレード結果を大いに改善してくれるだろう。トレーダーにとって現在の状態が調整なのかそれともトレンドの一部なのかを知ることは不可欠であり、その調整やトレンドが終わりかけているかどうかはさらに重要だ。この情報はトレード計画の重要な一部になり得るもので、どの時間枠でもマーケットの転換に対する備えになってくれる。そして、第３章でパターンによる指針を学べば、どのマーケットのどの時間枠でも有望なセットアップをすぐに見つけだすことができるようになる。

フィボナッチ・リトレースメントについては大部分のトレーダーが知っていると思う。しかしこれもひとつの時間枠のモメンタムと同じで、単独ではトレード判断を下す実践的な助けにはならない。第４章では、あらゆる時間枠で調整が終わる可能性が高いリトレースメントの水準を事前に見極める方法を学んでいく。また、トレンドが終了する可能性が高い目標水準を事前に予測する方法も紹介する。ここでは、調整やトレンドの目標値となるフィボナッチ比率以外の比率も学んでいく。さらに第４章で私が考案したダイナミックプライス戦略を学べば、一時的な支持線や抵抗線だけでなく、トレンドやカウンタートレンドが転換する可能性が高い具体的な価格水準にも備えることができる。

マーケットタイミングを本当の意味（あらゆる時間枠においてトレンドが変化する具体的な目標時間を見極めること）で使っているトレーダーはあまりいない。何年も前にＷ・Ｄ・ギャンは「時間が尽きれば変化は避けられない」と説いた。第５章では、トレンドが転換する目標時間ゾーンの最大値と最小値を推定するために私が20年かけて開発したダイナミックタイム戦略も学んでいく。ここでは、どの時間枠においてもトレンドが変化する確率が高い時間帯を比較的狭いレンジで予想するタイムバンドも紹介する。実践的なマーケットタイミングの手法もトレード計画の重要な一部として欠かせない。

カギとなる４つのファクターを学んで最適なトレード条件が見つけられるようになったあとは、第６章で極めて客観的な２つの仕掛け戦略と、最大のポジションサイズを素早く決定する方法を学ぶ。ちなみに、第６章の戦略における仕掛けや損切りの指定価格に推測はまったく含まれていない。どのセットアップのどの時間枠でも適切なポジションサイズを知ることが、トレーディングで長期にわたって成功するためのもっとも重要なポイントのひとつであり、このことは成功したトレーダーならばだれでも知っている。

最初に、本書ではトレードを仕掛けから手仕舞いまで管理する方法を学ぶことができると約束した。その意味では、第７章がその核心部分となる。ここで、高勝率のトレードセットアップから具体的な仕掛け戦略、損切りの調整、手仕舞い戦略まですべての実践的な戦略を適用する方法を学んでいく。言い換えれば、第７章を読めばトレードを仕掛けから手仕舞いまで管理していく方法が分かる。また、この過程では論理的な判断を自信を持って下すことも学んでいく。

第８章では、この20年間に私が制作にかかわったトレーディングに関するセミナー（オンラインを含めて）、CD、教材などを通じて知り合った生徒たちの実際のトレード例を紹介する。さまざまなトレーダーが提供してくれた実例は、本書の教えがさまざまなマーケットやさまざまな時間枠で毎日実際に使われていることを教えてくれる。

第９章はトレーディング自体に関する洞察を深め、成功するために必要なさまざまな点について書いてある。トレーディングについては、誤解を招きやすい情報や、ときには間違った情報が数多く流れているが、ここでは私の考えをかなり率直に述べている。それまでの章でも私を頑固だと感じるかもしれないが、第９章ほどではない。読者にはぜひトレーディングで成功してほしい。第９章を読めば、成功するための道をそれることなく進んでいけるだろう。

さあ、始めよう

前置きはこのくらいにして、高勝率トレード戦略の勉強を始めよう。まずはモメンタムを独自の方法で使った複数の時間枠のモメンタム戦略（第２章）から見ていこう。

第2章

複数の時間枠を使ったモメンタム戦略——高勝率トレードのセットアップを探すための客観的なフィルター

Multiple Time Frame Momentum Strategy--An Objective Filter to Identify High Probability Trade Setups

複数の時間枠を使ったモメンタム戦略とは、私が過去20年間に発見したもっとも強力なフィルターで、あらゆるマーケットのあらゆる時間枠でトレードの方向と実行のタイミングを見極めることができる。最小限のエクスポージャーで実行可能な高勝率トレードのセットアップを探すことができる複数の時間枠を使ったモメンタム戦略は、トレード計画のカギとなる要素と言える。

トレード本やセミナーのほとんどは、「トレンドに乗ってトレードしろ」と教える。これは素晴らしい助言で、常にトレンドに乗ることができれば、かなりの利益を手にすることができる。

ただ、「どうすればトレンドの方向を客観的に判断できるのか」と「トレンドは今、初期段階なのか最終段階なのか」という重要な質問に対しては明確な答えが返ってこない場合が多い。

過去20年以上にわたって私が目にしたトレード本やセミナーのほぼすべては、彼らの指標を使えばトレンドの方向を見極めることができるというものだった。しかし紹介された例は、トレンドが始まってからかなりたったあとでそれを見極めている場合が多い。トレンドが確立されたあとでそれを指摘するのは簡単だが、トレンドの初期段階で方向を見極めるにはどうすればよいのだろうか。また、確立されたトレンドが最終段階にあって転換が近いと判断するにはどうすればよいのだろうか。トレンドの段階が分かる方法がなければ、典型的なトレンド分析は実際には早すぎたり遅すぎたりして実践には向かないことが多い。

事後の例ならいくらでも紹介できる。トレンドライン、移動平均線、チャネル、モメンタム指標、そのほかのテクニックを使えば、過去のデータに基づいてトレンドを説明することもできる。しかし残念ながら、これらのどれも新しいトレンドの初期段階や既存のトレンドの最終段階を知らせる確かなサインを発することはない。これらのテクニックはすでに確立されたトレンドを時間が経過してから確認するだけで、それでは最適の仕掛けポイントには間に合わないのだ。

通常、トレンドラインがブレイクされればトレンドは終了して転換すると言われている。しかし、トレンドラインがブレイクされていったんは反転しても、結局はダマシとなって再びトレンドが継続した例はいくらでもある。移動平均線の交差はダマシの転換シグナルが多いことで知られている。

実際、価格のトレンドを探す手法の大部分はダマシの反転シグナルが多く、実践的なトレード戦略としては役に立たない。きつい言い方だが、私はそう信じている。そろそろこういうおかしな方法はやめて、現実的なトレンドの扱い方を探すべきだろう。もしだれかがトレンドの段階と転換期をタイムリーかつ正確に示し、トレーダーの役に立つシグナルを一貫して出し続ける指標があると言っても、私には信じられない。

しかし、なぜそう言い切れるのだろう。みんなの言うことは無視して理論的に考えてみよう。それにはまず、トレンドラインやチャネルラインや移動平均線などの指標が何を示しているのかを考えてみることだ。これらはすべて過去の価格データに基づいているのだ。つまり、これらの指標はすでに起こったことや、その期間の動きと現在の関係を示すことしかできず、これだけで予測はできない。これらはみんな遅行指標であり、将来の動きを予想する先行指標にはなり得ないのである。

これらのテクニックがなぜ繰り返しトレード判断を下すための実践的な「トレンド指標」として宣伝されてきたのだろうか。それは、これらの指標を有効に見せるチャートの例がいくらでもあるからだろう。しかし、ここでひとつ約束する。もしどんなマーケッでもどんな時間枠でもトレンドを見つけだせるトレンド指標とその例があると言われれば、それがうまく機能しないことを証明する２つの反例をすぐに挙げてみせよう。

トレンドラインやボラティリティチャネルや移動平均線の交差やモメンタム指標などのテクニックは、総合的なトレード計画の一部を担うことはできても単独で将来のトレンドの方向を見極めることはできない。そのため、指標が示すトレンドの転換と実際の価格の転換が一致しないことが何度も起こる。前述のとおり、厳選した事後の例に対しては、指標が転換をタイムリーに予測しなかった例を最低２つは挙げてみせよう。

ただ、これらの指標のなかには高勝率トレードのセットアップを探すのに使えるものもある。

本章では、どんなモメンタム指標でもトレンドの方向を示す指標として使える論理的な方法を学んでいく。これはおそらく読者がこれまで習ったことがないユニークな方法だと思う。われわれの関心は、価格スイングやトレンドの正確な高値や安値を知ることではなく、トレンドの方向にトレードすることである。また、トレンドの初期に仕掛けたいのであって、最終段階に仕掛けることは避けたい。これから学ぶ複数の時間枠を使ったモメンタム戦略は、どのマーケットでもトレードの方向とセットアップを探すことができる最強のフィルターと言える。私は、この戦略が指標をトレード戦略に有効利用し、実際のトレードに応用できる唯一の実践的な戦略だと確信している。

複数の時間枠を使ったモメンタム戦略は独立したトレードシステム

ではないが（とはいえ数千ドルもする市販の「システム」の大部分よりもはるかに優れていると思う）、本書で紹介する時間と価格とパターンを考慮したトレード計画に組み込めば、最小限の資本で高勝率トレードのセットアップを見極められるだけでなく、メジャートレンドの終わりが近くて転換する可能性が高いときは教えてもくれる。

私は、多くのトレード講師がリスクと呼んでいる部分にエクスポージャーという言葉を当てている。リスクは何かが起こる確率であり、エクスポージャーはマーケットが不利に展開したときの潜在的な損失額（資本）だからだ。エクスポージャーについてはさらに後述する。

チャートや２つの時間枠を用いたモメンタム戦略のルールを見る前に、まずはトレンドとモメンタムの概念を説明しておこう。

モメンタムとは何か

トレーディングの世界には何百ものモメンタム指標がある（オシレーターと呼ばれているものも含めて）。これらの大部分は同じ情報(始値、高値、安値、終値）に基づいて価格のROC（変化率）という同じ比率を示すだけで、神秘性も独自性もない。価格の指標はどれも過去の一定期間のデータを分解して現在の価格と比較しているだけで、解釈や表示の仕方で見かけは違っても結局はどれも価格のROCやトレンドの速さを示している。これらの指標の転換はどれもモメンタムの変化（価格のトレンドの変化率の増減）を表しているため、本章で学ぶ複数の時間枠を使ったモメンタム戦略では価格に基づいた指標ならばほぼどれでも利用できる。

最初に、もっとも基本的な概念として、**モメンタム指標は価格のトレンドを表しているのではない**ということを理解してほしい。モメンタム指標はモメンタムトレンドを示している。当たり前のことだが、モメンタム指標が転換するたびに価格転換を期待する新人トレーダーを長年数え切れないほど見てきた。しかし、そうはならない。モメンタム指標は価格のトレンドを示すものではないからだ。もしそうならば、モメンタム指標が転換するたびにポジションを反転するだけで利益はバイアグラを飲ませたウサギの繁殖よりも速いペースで増えていき、本書は３ページで終わってしまう。

しかし、残念ながらそう簡単にはいかない。価格とモメンタムが常に同じトレンドを形成するわけではないからだ。例えば、モメンタム指標が下落に転じても価格のトレンドは上昇し続けることがある。これは価格が上昇していても価格のROCが低下している場合で、上昇トレンドの上昇率が下がってくるとモメンタム指標は弱気に転じる。こうなると、価格のトレンドとモメンタムは反対方向に進むことになる。

繰り返しになるが、モメンタム指標に関する基本的かつ重要な概念をおさらいしておこう。モメンタム指標は価格のトレンドではなく、モメンタムのトレンドを示している。モメンタム指標が転換したからといって、価格のトレンドが転換することを期待してはならない。価格とモメンタムは一緒に転換することも多いが、価格のトレンドの勢いが落ちてモメンタム指標が転換すれば、２つはダイバージする（乖離する）ことになる。

このことは明確に理解しておくべき点だが、多くのトレーダーはこのことを分かっていない。だからもう一度書いておく。**モメンタム指標は価格のトレンドではなく、モメンタムのトレンドを示している。**そして、価格のトレンドとモメンタムのトレンドは別の方向に向かうこともある。またモメンタムの転換は、価格の転換と同時に起こらないこともある。

われわれは価格のトレンドを利用してしか利益を上げられない。少なくともトレードが活発になり、モメンタムが作り出されなくてはならないのだ。ただ、モメンタムと価格のトレンドが同じ方向に向かうことが少なくても、これから紹介する簡単で実践的な方法を使えばトレードの方向を見極めてセットアップを探すための主要な指標としてモメンタム指標を利用できる。また、時間と価格とパターンを考慮した総合的なトレード計画に2つの時間枠のモメンタムトレンドを組み込んで、価格のトレンドが転換点かそれに近いところにあるかどうかを判断する方法も学んでいく。

複数の時間枠を使ったモメンタム戦略

1980年代半ばにトレーディングとトレーダーの教育を始めてから20年以上がたつ。この間に、複数の時間枠を使ったモメンタム戦略は私のもっとも強力な手法となり、私自身のトレード計画に組み込むだけでなく、生徒にも教えてきた。

私はトレーディングを始めてから少なくとも最初の10年間は指標を使わず、純粋なチャーティストとして時間と価格とパターンでセットアップや目標値を探していた。戦略の基礎となっていたのはギャンとエリオットとフィボナッチの理論だった。1989年、私はこれらの理論に基づいた「W・D・ギャン・ホームスタディ・トレーディングコース」という先物の学習講座を発表した。この講座は家庭用としてはおそらく初の教材だったが、現在は販売していない。

チャートプログラムのパソコンを初めて手に入れたのは1980年代末だった。これを使って指標の研究を重ねていくと、価格のトレンドに対する私の見方を確認するための指標が必ず見つかることを発見した。指標はそのままでうまくいかなければ期間やそれ以外の設定を調整する場合もある。それまで一度も指標を使ったことがなかったのは、私が読んだり試したりした指標の戦略のなかにうまくいきそうなものがなく、理論的かつ実践的な応用方法も見つからなかったからだ。

1990年半ばになると、ある生徒に促されて私はモメンタム指標がパターンや価格の位置を確認する助けになるかどうかを調べ始めた。このモメンタム指標を実用的なトレード計画の一部として使う実践的な戦略が完成するまでには２～３年がかかった。そして数年前、私は複数の時間枠を使ったモメンタム戦略の研究を始めた。すると、これをトレード計画の一部としてトレードの方向を見極めて実行し、価格が転換する可能性が高い価格や時間の目標値を確認するときに複数の時間枠が感動的なほど役立つことが分かった。本書の教えはすべてそうだが、この戦略もデイトレードから長期のポジショントレードまであらゆるマーケットのあらゆる時間枠に応用できる。

２つの時間枠を使った基本のモメンタム戦略

最初に、２つの時間枠を使ったモメンタム戦略の概念と応用方法を学んでいく。あとで２つ以上の時間枠を使った例も紹介するが、実際には２つ以上は必要ない。また、この戦略は既存のトレード計画に組み込むことも可能で、それも紹介する。

さっそく２つの時間枠を使ったモメンタム転換戦略を見ていこう。この戦略は非常に単純かつ理論的なので、なぜ最初からこれでトレードしなかったのかと不思議に思うかもしれない。

２つの時間枠を使ったモメンタム戦略

- トレードの方向は長い時間枠の方向に合わせる
- 短いほうの時間枠のモメンタムが転換したらトレードを執行する

この手法はこれほど簡単で理論的なうえに、どの時間枠にも使える。数週間から数カ月の長期トレードを探すならば１日から１週間程度のモメンタムトレンドを利用し、２～３日間のトレードを探すスイングトレーダーなら１時間から１日程度のデータを利用する。デイトレーダーなら、60分足か15分足かそれよりも短い時間枠を使えばよい。

ここで、２つの時間枠を使ったモメンタム戦略をトレード方向と仕掛けのセットアップの２つに分けて見ていこう。

長い時間枠のモメンタムトレンドがトレードの方向を決める

モメンタムトレンドが必ずしも価格のトレンドの方向と一致しないことは分かっている。しかし、適切な期間を使った正しい指標を使えば、価格の転換から足２～３本以内で同じ方向に動く場合が多い。上昇トレンドでモメンタムが下落し始めた場合のように価格とモメンタムがダイバージしたときは、長い時間枠のモメンタムが下落して価格のトレンドの動きが鈍くなってきたらトレードを避けるように促してくれる。本章後半で紹介する具体的なトレード戦略では、モメンタムトレンドが価格のトレンドからダイバージしたときにはトレードを避けることで、少なくとも負けトレードのときの損失を限定することができる。トレーディングで損失を避けることはできない以上、負けトレードのときの損失を最小限に抑える戦略はトレーディングの成功に欠かすことはできない。

２つの時間枠を使ったモメンタムルール１　モメンタムの位置が買われ過ぎか売られ過ぎでないかぎりは、長い時間枠のモメンタムトレンドの方向にのみトレードする。

例外となる買われ過ぎと売られ過ぎの定義は後述する。

長いほうの時間枠のモメンタムの位置はトレードの方向を教えてくれる。ただ、これはトレードの執行シグナルではなく、買いでも空売りでもトレード可能な方向を示しているにすぎない。短いほうの時間枠のモメンタムはトレードを考慮する以前に転換していなければならない特別なシグナルとなっている。短い時間枠のモメンタムの転換はトレードの執行シグナルではないが、仕掛ける前に転換している必要がある。

短い時間枠のモメンタムが転換したらトレードを実行する

少なくとも2つの時間枠を使ったモメンタム戦略では、長い時間枠でトレードの方向を見極めて短い時間枠で執行するかどうかを判断することがカギとなる。執行するのは2つのモメンタムが同じ方向を示しているときだけで、それがトレードの勝率を押し上げてくれる。これは本当に単純かつ理論的な戦略であり、すべてのトレード計画に組み込むべき戦略だと思う。

1つの時間枠しか考慮しないトレーダーは非常に不利だと言わざるを得ない。モメンタムのトレンドが転換することなく継続していても、その間に価格が調整することもあれば（ときにはかなり大きく）、価格のトレンドの加速度が上がったり下がったりすることもある。価格のトレンドのなかで小さな調整が終わりに近いことや、トレンドの動きが速くなりそうだということが分かれば助かるのではないだろうか。2つの時間枠を使ったモメンタム戦略を使えばそれが可能になる。

2つの時間枠を使ったモメンタムルール2　短い時間枠のモメンタムが長い時間枠のモメンタムと同じ方向に転換すればトレードを執行してもよい。

短い時間枠のモメンタムが転換して長い時間枠のモメンタムトレンドと同じ方向になれば、トレードを仕掛ける最初の条件が整う。こうなれば、最低限のエクスポージャーでも価格のトレンドが最大の動きを見せてくれる可能性が高い。

モメンタムの転換

モメンタムの転換は、モメンタム指標が強気から弱気（または弱気から強気）に変わることを指す。ストキャスティックスやRSI（相対力指数）などにみられるようにモメンタム指標には２本の線があり、ファストラインがスローラインを上抜いたり下抜いたりすると転換したことになる。２本の線を使う指標のファストラインは通常加工していないデータを示し、スローラインはファストラインの移動平均線を示している。ファストラインがスローラインと交差すれば、モメンタムトレンドは反転する可能性が高い。モメンタムの交差は移動平均線の交差と似ているが、前者は価格データ自体ではなく指数の値の変化を表している。売られ過ぎや買われ過ぎのゾーンがあるタイプの指標では、モメンタムの線がこれらのゾーンに入ることがモメンタムの転換シグナルとなる場合もある。

ほかの指標にも、モメンタムの転換を示すそれぞれの条件がある。MACD（移動平均収束拡散法）では、棒が長くなったり短くなったりシグナルラインを超えたりするときはモメンタムの速さが変化している。指標にはそれぞれモメンタムが転換するシグナルを出すための異なった条件があるが、どれもほぼ同じこと、つまり価格のトレンドが転換しているか、加速度が変化しているということを示している。あとでモメンタムの転換を示すチャートの例を紹介するが、その前にこの概念をしっかりと理解しておいてほしい。どのマーケットでもどの時間枠でも、どのようなマーケット状況でも、最初に概念を理解しておくことが、具体的なトレード戦略を開発するためのカギとなる。

２つの時間枠を使ったモメンタム戦略では、短い時間枠のモメンタムが長い時間枠のモメンタムの方向に転換したときにトレードのセットアップが整う。これはトレードを準備する以前に満たしておかなければならない前提条件となる。2つの時間枠を使ったモメンタム戦略は最適のトレードを探すための最高のフィルターであり、これだけでも独立したトレード戦略としても使えるが、われわれはこれを許容範囲のエクスポージャーで高勝率トレードを行うための価格やパターンや時間も考慮したトレード計画の一部として使っていく。

トレードは長い時間枠のモメンタムの方向に計画を立て、短い時間枠のモメンタムが転換したら執行する。言い換えれば、これらの条件が整ってからトレードを検討してほしい。

次は、ここまで学んだことをチャートで確認していこう。そうすれば、どのマーケットのどの時間枠のチャートでも、高勝率トレードが可能な状態かどうかが即座に分かるようになる。

価格指標の大部分はROCを示している

図2.1は、バーチャートと単純なROCに加えて3つの異なる指標を示している。3つの指標は、ストキャスティックスとRSIとその2つを組み合わせたDTオシレーターで、すべて8期間から成っている。

モメンタムのトレンドは3つの指標すべてがほぼ同じになっている。画面の白黒コピーでは少し見にくいが、各指標のファストラインとスローラインが交差するモメンタムの転換点は、どれも足2～3本の範囲に収まっている。

この比較からは、価格に基づいた指標がほぼ同じことを表しており、モメンタムサイクルはどれもほぼ同じときに動いたり反応したりしていることが分かる。期間を含めてどの指標の設定もさまざまなマーケットやさまざまな時間枠に調整すれば信頼できるシグナルを出している。しかし、**図2.1**から分かるように、調整しなくても各指標はどれも同じようにモメンタムサイクルを示してくれる。本章後半では指標

図2.1　3つの指標とROCの比較

の種類やマーケットや時間枠と関係なく最高の設定を選ぶ方法を学んでいく。

図2.2は、２つの指標（DTオシレーターとストキャスティックス）だけを載せたチャートで、データが少ない分モメンタムサイクルがより明確に見える。ファストラインがスローラインと交差してモメンタムが転換したところには、太い縦線を引いてある。

２つの指標のモメンタムの転換期は、足１本分程度しか離れていない。これはストキャスティックスでもDTオシレーターでもモメンタ

図2.2　２つの指標のモメンタムは強気の転換も弱気の転換もほぼ一緒に起こっている

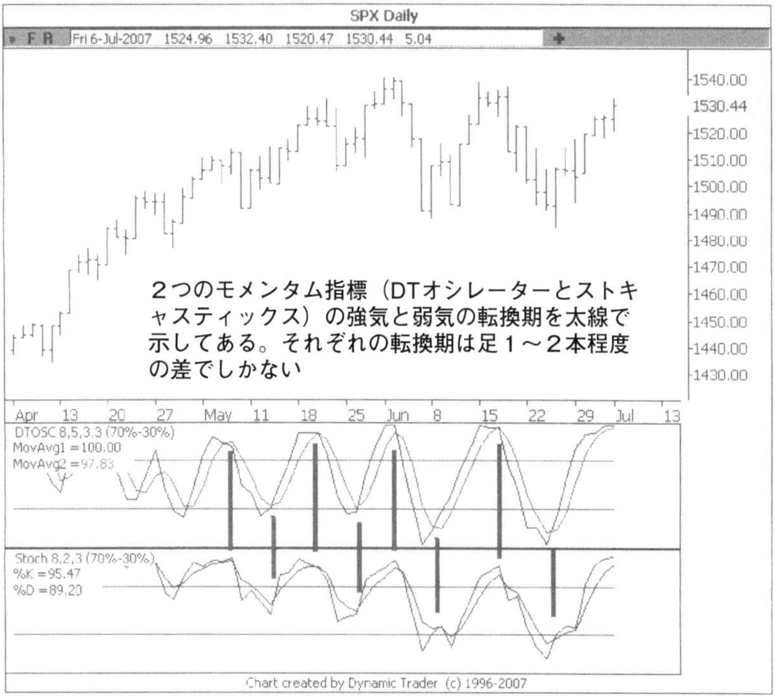

ムの転換期を探すということにおいては同じくらい役に立つということを示している。「魔法のように神秘的な」モメンタムトレードシステムを売りつけられそうになっても、だまされてはならない。モメンタム指標はみんな同じようなモメンタムサイクルを示し、同じような時期に転換する。中身の分からないシステムを売ろうとする連中は、それが絶対に失敗しない秘密の指標だと主張するが、実際には自宅のチャートプログラムにすでに入っている指標と同じである可能性が高い。

図2.3　価格とモメンタムの乖離

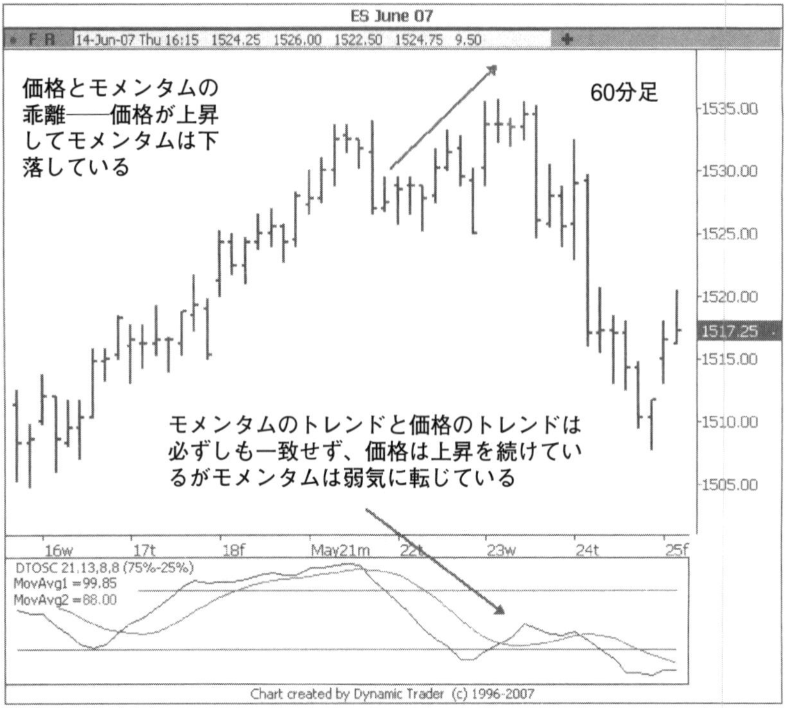

四本値（始値、高値、安値、終値）を組み合わせる方法は限られており、どの方法もほぼ同じ結果を生み出し、どれも同じくらい役に立つ。

モメンタムトレンドと価格のトレンドはダイバージェンスになることが多い

前に価格のトレンドとモメンタムトレンドはいつも一緒に動いているわけではないと書いたことを覚えているだろうか。もしいつも一緒

図2.4　価格とモメンタムの乖離（EUR/USD）

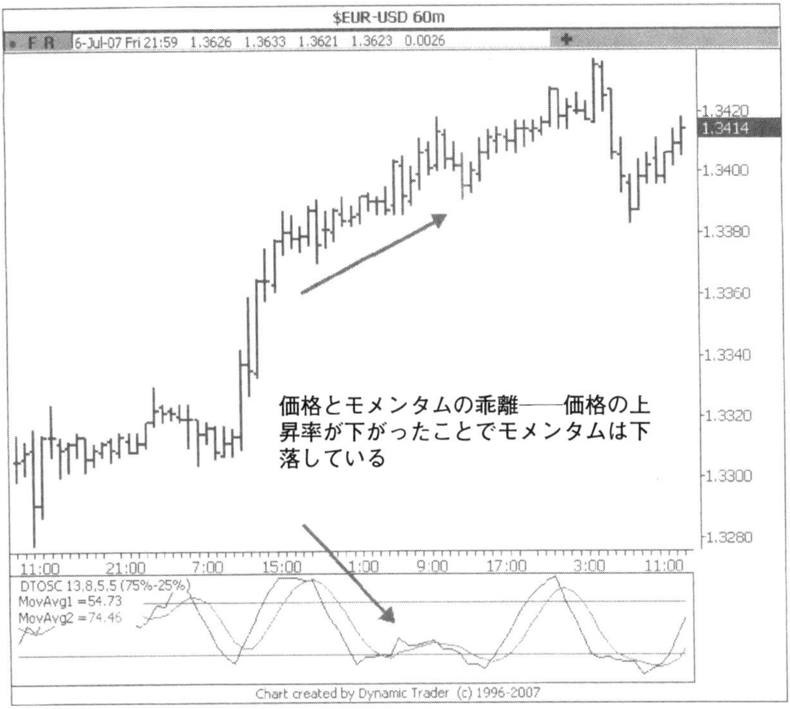

に動くならば本書はここで終わってしまうが、実際にはそうではない。例えば、価格のトレンドの動きが鈍っても転換しないときに、モメンタムトレンドが転換して価格と反対方向に向かうことはよくある。例を見てみよう。

図2.3は６月７日のミニS&P500（ES）の60分足で、価格とモメンタムがダイバージしているところに矢印を書き込んである。

価格のトレンドは高値を更新しているが、モメンタムトレンドは弱気に転じて下落している。これは価格が上昇を続けていても、上昇率が下がってきているからだ。価格に基づくモメンタム指標の大部分はトレンドの速さを表している。そのスピードが下がるとたとえ価格は高値を更新しても、モメンタムは弱気に転じる。

価格とモメンタムがダイバージする例をもうひとつ見ておこう。

図2.4はEUR/USDの60分足チャートで、ここでも価格とモメンタムがダイバージするところに矢印を書き込んである。価格が上昇を続けるのにモメンタムが下落しているのは、価格が上昇していてもその上昇率が鈍ってきたのでモメンタムが弱気に転じたからだ。

どの指標でもどこかの時点で価格とダイバージする。このことで、私のトレードシステムは１つの指標のみのシステムよりも一貫して好成績を収めると断言できる。まだ本書は始まったばかりなのに、また挑発的なことを言ってしまった。しかし、トレード関係の刊行物に「過去のデータを使った最適な設定で驚異的な結果を出す」といったたぐいのモメンタムシステムのバカげた広告があふれているのを見るとこう言わずにはいられなくなる。

また、価格とモメンタムのダイバージェンスを使ったトレード計画とそれを示すための厳選した例も見たことがある。このようなトレード計画のなかで実際に利益を上げたものはひとつとしてないのに、システムの実用性を検証しない経験不足のトレーダーはこれを買ってしまう。しかし、私ならばこれらの業者が挙げる価格とモメンタムがダイバージする例と同じデータを使って反例を必ず１つか２つ、もしかしたらそれ以上指摘することができるだろう。また、トレード関係の刊行物でモメンタムのダイバージェンス戦略の例として掲載されているチャートのなかに損失をもたらすセットアップもあるのに、それは完全に無視されているというケースをこれまで何度も見てきた。

話がそれてしまった。そろそろ２つの時間枠を使ったモメンタム戦略のセットアップに話を戻そう。

図2.5　強気と弱気のモメンタムの転換

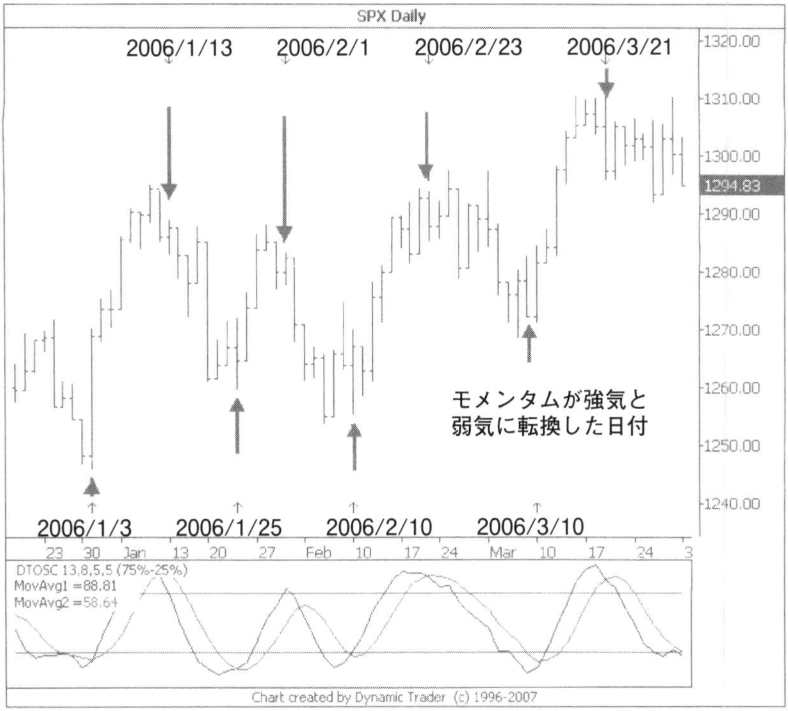

２つの時間枠を使ったモメンタム戦略の仕組み

２つの時間枠を使ったモメンタム戦略のセットアップの概念は、単純で実用的で理論的だ。長い時間枠のモメンタムと同じ方向のトレードを、短い時間枠のモメンタムが長い時間枠と同じ方向に転換したら実行するだけでよい。いくつかのチャートで、この戦略の価値を確認してほしい。最初に挙げたS&Pのチャートでは、長い時間枠に日足、短い時間枠に60分足を使っているが、ほかのマーケットや時間枠でも

図2.6　短い時間枠のモメンタムの転換

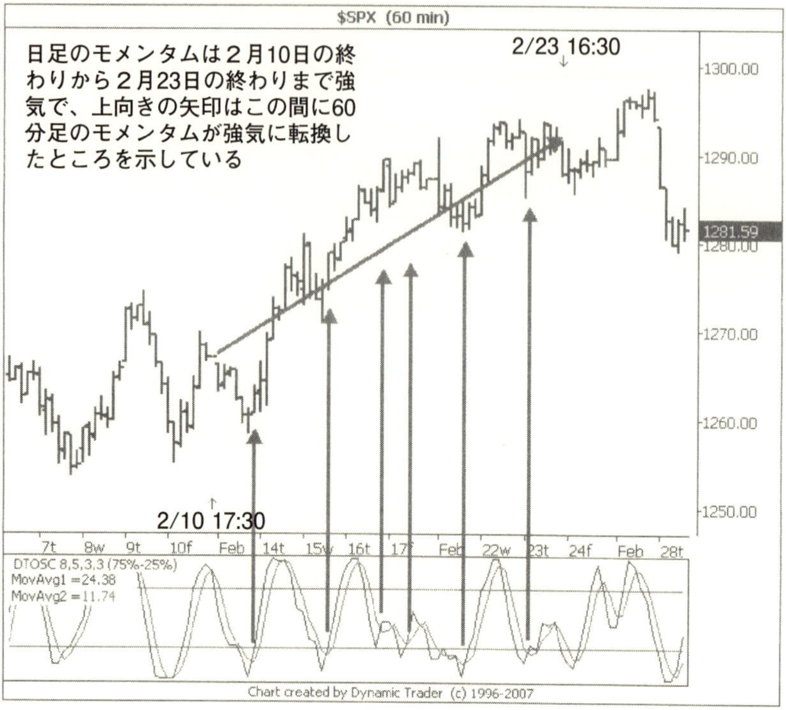

同じようにうまく機能する。

図2.5は、S&Pの約３カ月間の日足チャートにモメンタム指標のDTオシレーターを合わせてある。チャート内の日付はモメンタムが転換した日で、下向き矢印は弱気に転じた日、上向き矢印は強気に転じた日を示している。

モメンタムの大部分は、価格の高値や安値から足２～３本のところで転換している。これが注意深く選んだ例だということは認めるが、それはこの考えをきちんと理解してもらうためであり、モメンタムの転換が明確に分かるものを厳選した。どのような指標のどのような設定でもモメンタムの転換がすべて価格の転換と近いところで起こるわけではないが、ほとんどはそうなる。すべてが完璧ではないことは本書に掲載したたくさんの例からも分かると思う。まずはこの概念を明確にしておこう。

図2.6は、前のチャートの日足のモメンタムが強気だった期間を60分足で示している。２つの時間枠を使ったモメンタム戦略は、長い時間枠のモメンタムの方向に（このケースでは日足)、短い時間枠のモメンタム（このケースでは60分足）が転換したときに仕掛ける。

60分足チャートの斜めの矢印は、日足のモメンタムが強気だった２月10日～23日の期間を示している。この矢印の前後は日足のモメンタムが弱気だったため、セットアップを探す目的で60分足の転換点を調べる必要はない。

ここでも、モメンタムが強気に転換したところには上向きの矢印を引いてある。モメンタムはファストラインがスローラインを上抜くと強気に転換する。短いほうの時間枠である60分足のモメンタムが強気に転換したところは、どこでも買いトレードのセットアップになる。これらの転換点のあとは価格が急上昇したところもあれば、緩やかに上昇したところもあるが、すべてが直後に上昇している。こうなれば転換のあとは上昇すると考える以外ないだろう。長い時間枠（日足）のモメンタムが強気のときに短い時間枠（60分足）が強気に転換すれば２つが同じ方向になり、上昇が続く可能性が高いセットアップが出来上がる。

このチャートをもう少し観察して、２つの時間枠を使ったモメンタム戦略のセットアップのなかで最適なタイミングを考えてみてほしい。この時点ではトレード計画のほかの規則や指針やファクターは考慮しなくてよい。例えば、長い時間枠が強気に転換してすぐ、つまり短い時間枠の最初の２～３回の転換点はどうだろう。もちろん２つの時間

図2.7　短い時間枠のモメンタムの強気への転換

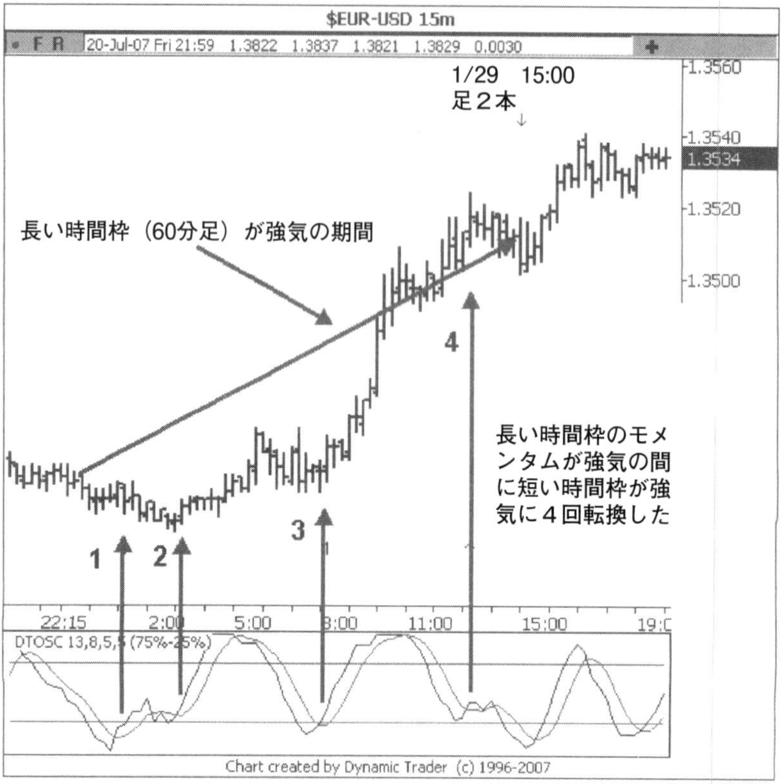

枠を使ったモメンタム戦略のセットアップをまだ一例しか見ていないことは分かっているが、トレード計画の一部に長い時間枠のモメンタムが転換してすぐのセットアップを組み込むための理論として考えてほしい。これについては本章後半でさらに詳しく見ていく。

次は長い時間枠に60分足、短い時間枠に15分足を使った例を見てみよう。**図2.7**は約24時間のEUR/USDの推移を表した15分足チャートで、価格部分に引いた斜めの矢印は長い時間枠（60分足）のモメンタムが強気だった期間を示している。また、上向きの矢印（１～４）は、

60分足が強気の間に15分足のモメンタムが強気に転換したポイントを示している。

15分足のモメンタムが最初に強気に転換したとき、EUR/USDはそのまま下げ続けた。ここで買いを仕掛けるべきだったのだろうか。この質問の答えは、まだ仕掛けについて述べていないので今のところは保留しておく。ただ、短い時間枠のモメンタムが長い時間枠と同じ方向になるのはあくまでトレードのセットアップの条件であり、実行の条件ではないということを思い出してほしい。

15分足のモメンタムが強気に転換した２回目と３回目の直後は、価格が大きく上昇している。しかし、４回目の転換のあと、EUR/USDは足数本が横ばいから下落に転じ、長い時間枠（60分足）もモメンタムが弱気に転換したため、斜めの矢印はそこで終わっている。この場合、どんな仕掛け戦略を使ったとしても、２つの時間枠を使ったモメンタム戦略のセットアップを使っていたならば、明らかな勝ちトレードが２回とトレードしないケース（しても小さな損失）が２回という結果になる。

次の例は、債券の週足と日足のデータで、これは債券先物や債券のETF（上場投信）のトレードに利用できる。**図2.8**は18カ月間の債券価格の週足（長い時間枠）チャートで、モメンタムの５つのトレンドを書き込んである。この期間を選んだのは、価格とモメンタムのダイバージェンスのサイクルが比較的長く続いているからで、価格が横ばいから上昇を続けている間に週足のモメンタムは弱気に転じている。

この期間の５つのモメンタムトレンドには１～５の番号を振ってある。期間１は、モメンタムは強気トレンドで５月に始まって８月に終わっている。次の数カ月のモメンタムは弱気だったが（期間２）、そのあと価格は大きく上昇している。ただし、期間２に限れば上昇幅はわずかだった。なぜ価格は強気トレンドなのにモメンタムは弱気なのだろうか。もう答えは分かっているはずだ。モメンタムが弱気に転じ

図2.8　モメンタムの強気と弱気のトレンド

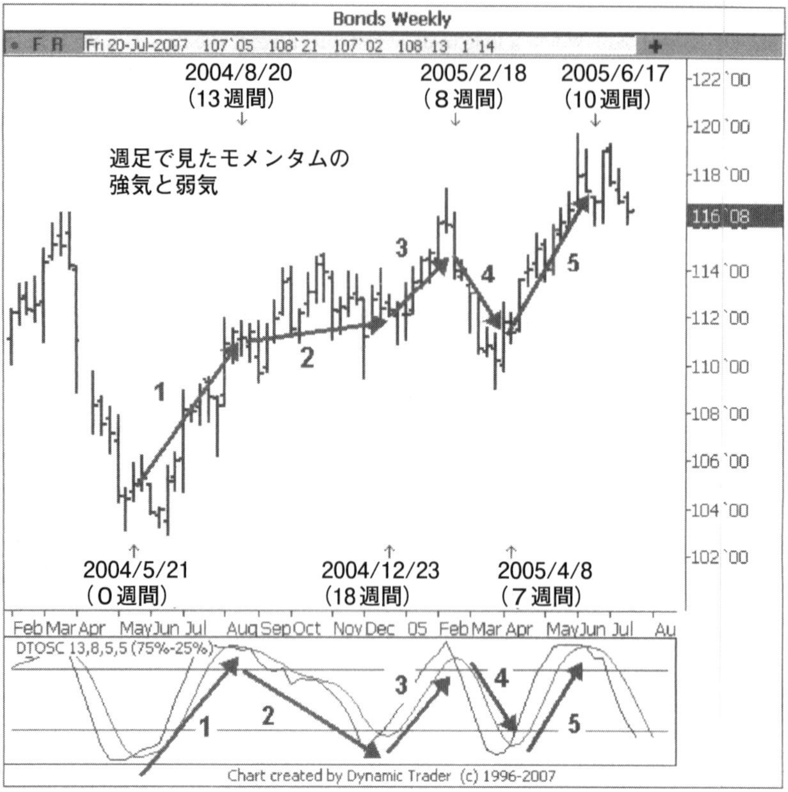

たのは価格の上昇率がそれまでよりも落ちたからで、債券価格は短いスイングで上下するちゃぶついた状態になった。価格のROCが低下してちゃぶつけば、モメンタム指標は弱気に転じる。

もし価格がレンジ相場に入っていくことやトレンドの勢いが鈍ることが事前に分かればよいのだが、これはけっして分からない。われわれがトレードするのは、チャートの一番右にある最後の足のあとの未知の部分なのに、判断材料となるのは最後の足までの情報しかない。ちまたには「トレーディングレンジを利用したトレード方法」などと書いてある本や記事がたくさん出ているが、トレーディングレンジが始まるかどうかを事前に知ることは絶対にできない。もしトレーディングの講師にトレーディングレンジを利用した特別な戦略を教えると言われたら、急いで逃げ出してほしい。どのような戦略も後講釈では素晴らしい成果を上げることができる。トレーディングレンジがいつ始まるかが分からない以上、いわゆるそのトレーディングレンジ戦略をいつ使うべきかも事前には分からない。

期間３～期間５では、週足のモメンタムと価格のトレンドの向きがそろっている。短い時間枠のモメンタムのトレンドと週足のモメンタムが転換したときの関係をさらに詳しく見ていこう。

債券の日足チャート（**図2.9**）は期間１を拡大したもので、この時期の週足のモメンタムは５月から８月まで上昇している。この間に、日足のモメンタムは買われ過ぎゾーンよりも下で２回強気に転換した（転換点１と転換点２）。買われ過ぎゾーンは、指標のチャート上部の75％の横線よりも上のゾーンを指す。ちなみに、転換点１と転換点２の間にあと１回このゾーンのなかで強気に転換しているが、買われ過ぎゾーン内で強気に転換したときには番号を付けていない。これは買われ過ぎゾーン内の強気への転換や、売られ過ぎゾーン内の弱気への転換は無視することになっているからで、その理由は後述する。

この期間は長い時間枠である週足のモメンタムが強気になっているため、日足のモメンタムが強気に転換したときだけセットアップの可能性がある。週足のモメンタムは５月21日までの週に強気に転じ、そのあと最初に日足のモメンタムが強気に転じたのは約３週間後の６月10日だった。これまでの３週間、債券価格は弱気トレンドが続いていた。もし１つの時間枠しか見ていなければ（この場合は週足）、債券価格が下げ続けていても強気のセットアップが整ったと判断することになる。

トレードの前に短い時間枠（日足）のモメンタムが強気に転換する

図2.9　短い時間枠のモメンタムが強気に転換して長い時間枠のモメンタムと同じ方向になる

のを待つことにしておいたことで、週足のモメンタムが強気に転換した５月下旬から６月上旬に価格が下げているときには仕掛けるのを避け、６月10日に日足のモンメンタムが転換した直後の素晴らしいセットアップを利用することができた。これはトレードをする前に必ず最低２つの時間枠のモメンタムを確認すべきであることの好例と言える。今回は、日足のモメンタムが二度転換しているが、両方ともそのあと価格は大きく上昇した。

ちなみにモメンタムの転換点１と転換点２の間にもうひとつ転換点

図2.10　週足の期間2で短い時間枠のモメンタムが弱気に転換

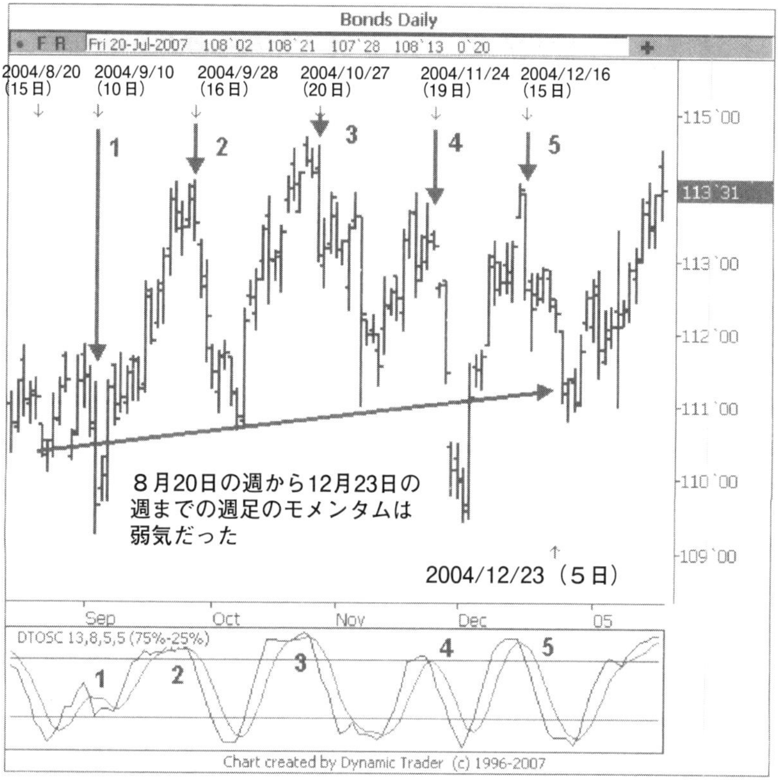

があるが、これはなぜセットアップとして考慮しないのだろうか。これは買われ過ぎゾーン内での転換だ。短い時間枠のモメンタムは、買われ過ぎゾーンよりも下でなければ有効ではない。買われ過ぎゾーンに入ってしまうと上昇の余地が限られているため、買いトレードは避けたい。

次の**図2.10**は債券の週足チャートの期間２の期間を日足チャートで示したものである。この期間は長い時間枠（週足）のモメンタムが弱気で、価格は横ばいで期間の最後には若干上昇している。長い時間枠（週足）のモメンタムが弱気のときは、日足のモメンタムが弱気に転換したときのみ空売りを検討する。

日足のモメンタムが最初に弱気に転換した（日足チャートの転換点１）のは長大線で安く引けた日で、この日は結局スイングの安値となった。これは負けトレードになるのだろうか。繰り返しになるが、２つの時間枠を使ったモメンタム戦略のセットアップはすぐに執行するためのものではないということを強調しておきたい。これは仕掛けを検討するための最低限の条件で、仕掛けと損切りのための戦略は別の章で紹介する。日足のモメンタムが弱気に転換したあとは、日足の安値を下回らなかったということを覚えておいてほしい。実は、このことがこれから学ぶトレード戦略のヒントになる。トレードしている時間枠が何であれ、短い時間枠のモメンタムが転換したあと高値か安値の足を超えなければトレードは仕掛けないからだ。

日足のモメンタムが弱気に転換した点２は価格がスイングの高値を付けたところであり、そのあと価格は急落している。これは良いセットアップだ。転換点２～転換点５はすべて価格の高値から足１～２本以内にあり、そのあと価格は何日も下げてトレードをするのに十分となっている。

ただ、この時点で２つの時間枠を使ったモメンタム戦略のセットアップがすべて勝ちトレードにつながるとは思わないでほしい。それは事実とはかけ離れている。完全なトレード計画は、仕掛けや損切りや手仕舞いの戦略、複数のユニット、許容できる１トレード当たりのエクスポージャーなどたくさんの要素に支えられている。今の時点では、短い時間枠のモメンタムが転換して長い時間枠の方向と同じになるまでセットアップは整わないという考えにとにかく慣れてほしい。これはどのマーケットでもどの時間枠でも高勝率・低エクスポージャーのトレードセットアップを探すための完全に客観的で理論的で実践的な戦略だが、トレードのセットアップと執行は違う。セットアップはト

図2.11　週足の期間3で短い時間枠のモメンタムが強気に転換

レードを検討する以前に整っていなければならない条件でしかない。

週足で見た転換点2の期間の債券価格は基本的にトレーディングレンジを形成していて、価格は上下にスイングしている。日足のモメンタムは価格の安値から足1～2本のところで強気に転換しているが、長い時間枠（週足）は弱気なので検討するセットアップは空売りのみとなる。8月末の時点で、それから4カ月間債券が明確なトレーディングレンジを形成しながらスイングすると分かっていたらどれほどよいだろう。そうなればトレーディングレンジ戦略で大儲けできる。し

図2.12　週足の期間４で短い時間枠のモメンタムが弱気に転換

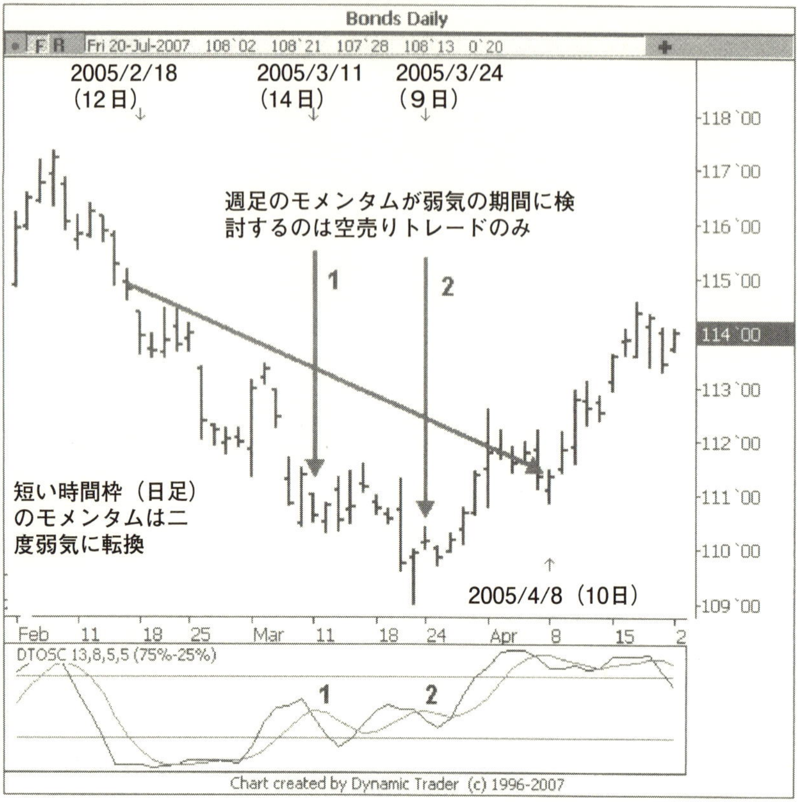

かし、肝心のトレーディングレンジがいつ始まっていつ終わるかが事前には分からないため、われわれはトレーディングレンジ戦略を持っていない。この戦略を唱えているのはトレーディングの経験があまりない学者たちだけであり、無意味な話を聞く必要はない。

週足（長い時間枠）の期間３のモメンタムトレンドは、12月23日の週から２月18日の週まで強気だった。**図2.11**を見ると、この間に短い時間枠（日足）のモメンタムは二度強気に転換しており、両方とも直後に価格が大きく上昇している。

ここでいくつか大事な点を書いておきたい。まず、これまで紹介した例は、シグナルを際立たせるために日足のモメンタムの設定に手を加えるようなことは一切していない。どのような指標でも、最高の設定を選択する方法は本章後半で紹介しよう。次に、損切りや手仕舞いの戦略は安定的に利益を出し続けるトレード計画には欠かせないが、それについても別の章で述べることにする。今のところはモメンタムを使った仕掛けのセットアップを探すことだけに絞って話を進めていくことにする。

次に週足での期間4を見ると、長い時間枠（週足）は弱気に反転している。**図2.12**を見ると、この期間は2月18日の週から4月8日の週で、短い時間枠（日足）のモメンタムは二度弱気に転換している。

この期間に弱気に転換した最初の日足のモメンタムは、週足のモメンタムが弱気に転じてから約3週間後に起こっている。この空売りのセットアップの直後に価格は小さな調整に入って反発した。これではどんな空売り戦略でも小さい損失が出てしまう。日足のモメンタムが二度目に弱気に転換したのは3月のスイングの安値を付けた翌日で、これも仕掛けや損切りの戦略によるがトレードしないか少額の損失に終わっていただろう。

週足のモメンタムが弱気に転換して下落トレンドになるたびに債券価格が5ポイント近く下落して気落ちしただろうか。しかし、このようなことはどんなトレード戦略にも起こる。私が2つの時間枠を使ったモメンタム戦略の例としてこの時期を選んだ理由のひとつはそこにある。すべてが完璧にうまくいった例を選ぶこともできたが、トレーディングの現実も知ってほしかった。チャートの右側のまだ何も書き込まれていないところで何が起こるかはだれにも分からないが、その状態で判断を下さなければならない。結局、自分のトレード計画を順守しなければ失敗に終わることは間違いない。トレードを始めて1カ月以内に破綻するかやめてしまうトレーダーの割合が高いのは、トレ

図2.13　週足の期間5で短い時間枠のモメンタムが強気に転換

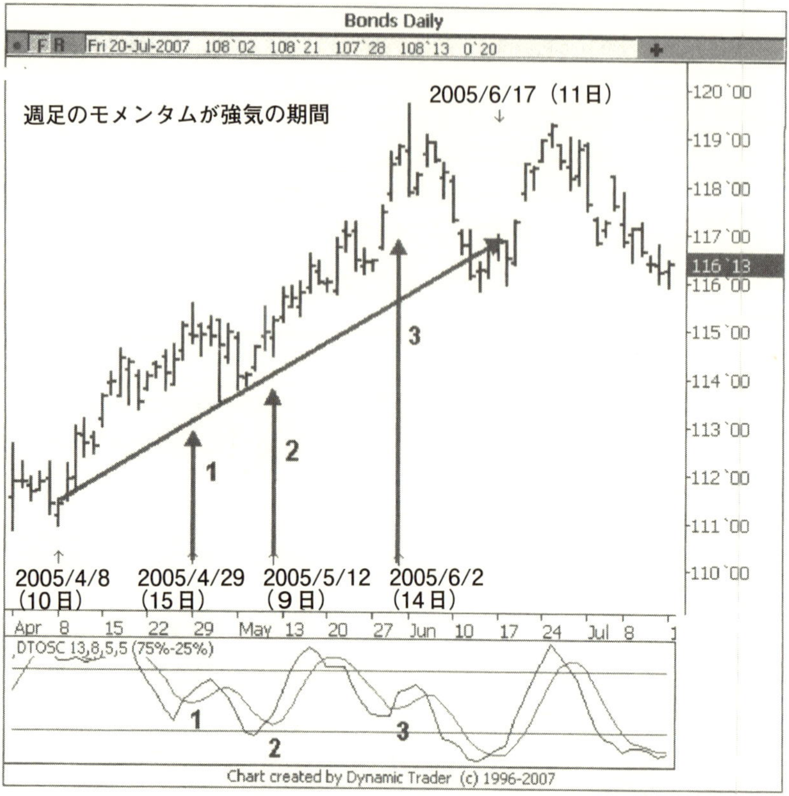

ード計画や一貫性が欠けているからかもしれない。

週足での期間5のモメンタムトレンドは4月8日の週から6月17日の週で、この間の日足チャート（**図2.13**）ではモメンタムが三度強気に転換している。

日足のモメンタムが最初に強気に転換したとき、週足のモメンタムが強気に転換してから約3週間が経過していた。この間のほとんどの期間は日足のモメンタムは買われ過ぎの状態にあり、これは強力なトレンドの典型的なモメンタムの位置と言える。短い時間枠（日足）が最初に強気に転換したのは（転換点１）、価格が高値を付ける直前でそのあと調整の下落が数日間続いた。ここはトレードしないか仕掛ければ小さい損失が出ただろう。日足のモメンタムが二度目に強気に転換したときは、そのあとで数ポイント上昇している。そして最後となる三度目の転換点は債券価格が主要な高値を付ける直前で、ここもトレードしないか、トレードしていたとしても小さな損失が出る。

私が債券の週足と日足の例としてこの18カ月間を選んだ理由は、２つの時間枠を使ったモメンタム戦略のセットアップを探すときによくある状態になっているからだ。マーケットは素晴らしい勝ちトレードのセットアップになるときもあれば、価格とモメンタムがダイバージしていても小さな利益しか上がらない時期や、短い時間枠が長い時間枠に遅れてほとんど利益が出ない時期、結局は損失に終わる時期も少なくとも一度はある。

数多く出回っているトレード本やトレーディングセミナーのように、巨大な利益をもたらす理想的なセットアップの例ばかりを並べることもできるが、それは現実のトレーディングの世界ではない。短時間で大きな利益を得られるケースもあるが、自分のトレード計画に沿ったセットアップができなかったり、トレード計画に関係なくセットアップが勝ちトレードに発展しなかったりする期間も必ずある。それがトレーディングの現実だ。これを信じることができれば、成功に向かって前進していると言ってよいだろう。

すべてのトレード戦略の目的は、許容できるエクスポージャーで高勝率の結果を出すことができる条件を探すことにある。そして、２つの時間枠を使ったモメンタム戦略は総合的なトレード計画の一部としてトレードのセットアップを探すための完全に客観的な方法になっている。

この方法は、活発にトレードされているマーケットならばどの時間枠にも応用でき、数カ月から数日といったポジショントレードにもデイトレードにも使うことができる。また、この方法はマーケットや時間枠に関係なく同じ原則に基づいているので、応用もできる。

ここまで読めば、モメンタムや指標に関する重要な疑問がいくつかわいてくると思う。どの指標を使うべきなのか。どのような設定や期間が最適なのか。次はこれらの疑問について考えてみよう。

複数の時間枠を使ったモメンタム戦略にはどの指標を使うべきか

本章で何度か述べてきたように、価格に基づいた指標の大部分はどれもROCを測定しているため、われわれがそれを利用した結果もほぼ同じになる。これまでの例のほとんどは私の開発した「ダイナミックトレーダー」というソフトウエア専用のDTオシレーターという指標を使っている。ここで、それ以外の指標とその使い方も見ておこう。

ストキャスティックスは非常に人気のある指標で、すべてのトレーディングソフトに入っている。ストキャスティックスには買われ過ぎゾーンと売られ過ぎゾーン、ファストラインとスローラインという2つの特徴があり、どちらもわれわれの役に立つ。

「買われ過ぎ」「売られ過ぎ」は指標が極端な水準に達したことを示す用語としてあまり適切ではないが、すでに一般的に使われているため本書もそれに従うことにする。この指標が上限に近い買われ過ぎゾーンに達しても、マーケット自体が必ずしもすぐに下落に転じるわけではない。これらのゾーンは指標が上限に近いことのみを示している。指標が買われ過ぎか売られ過ぎの水準に達したときにマーケットが転換点やその近くに達したかどうかは、過去のデータやさまざまなモメンタムサイクルなどといっしょに検証する必要がある。

ストキャスティックスのようにファストラインとスローラインがある指標は役に立つ。スローラインは通常ファストラインの移動平均線

図2.14　ストキャスティックスで見るモメンタムの強気と弱気の転換

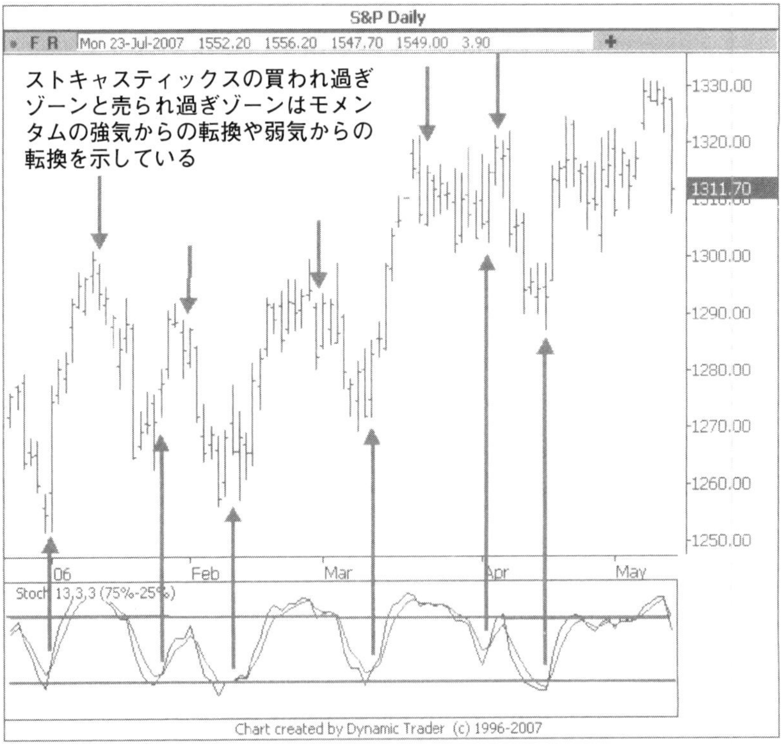

で、モメンタムの変化よりも反応が遅くなる。ファストラインがスローラインと交差することをモメンタムが転換すると言う。これはモメンタムが変化していることを知らせるサインで、その前後の足２～３本の範囲で価格自体の方向も変わることが多い。

もしファストラインがスローラインを上抜けばモメンタムが強気に転換したと言い、ファストラインがスローラインを下抜けばモメンタムが弱気に転換したと言う。指標の設定や期間についてはさらに後述するが、今のところは価格の変化に対するモメンタムの動きや反応と、買われ過ぎゾーン・売られ過ぎゾーンとモメンタムの転換をトレードのセットアップに利用する方法を学んでいく。

ここでストキャスティックスのチャートをいくつか見ていこう。**図2.14**はS&Pの日足を約４カ月間示したもので、価格ははっきりとしたスイングを繰り返しながら全体としては強気になっている。ストキャスティックスでのチャートに引いた２本の太線は75%買われ過ぎゾーンと25%売られ過ぎゾーンであり、チャート内の上向きの矢印がモメンタムの強気の転換、下向きの矢印が弱気の転換を示している。

ストキャスティックスはモメンタムの転換から足１～２本で価格自体の転換を非常にうまくとらえているため、われわれにとっても良い指標になってくれる。モメンタムの転換はトレードのシグナルではないが、これらの条件はトレードを考慮する前に整っていなければならない。ちなみに、指標が転換した位置と買われ過ぎ・売られ過ぎゾーンについて何か興味深い点はないだろうか。

ここに挙げたS&Pの日足チャートはどれもモメンタムが弱気に転換する前にストキャスティックスの線が２本とも買われ過ぎゾーンに大きく入り込んでいるが、強気に転換する前に売られ過ぎゾーンに達することはあまりない。これは全体のトレンドが強気だからだ。全体が強気のときには指標が買われ過ぎゾーンのなかにあることが多く、価格が調整してもモメンタムの調整は浅くて売られ過ぎまで達することはあまりない。これはストキャスティックスの特徴である。強いトレンドがストキャスティックスにこのような影響を及ぼすことはぜひ覚えておいてほしい。

もう少しデータを見ていこう。次のS&Pの日足チャートは（**図2.15**）は４カ月間にわたる堅調な強気トレンドで調整はどれも小さい。ストキャスティックスの設定は前のチャートと同じだが、価格サイクルに対するストキャスティックスサイクルの動きの違いが分かるだろうか。

図2.15　ストキャスティックスで見るモメンタムの転換

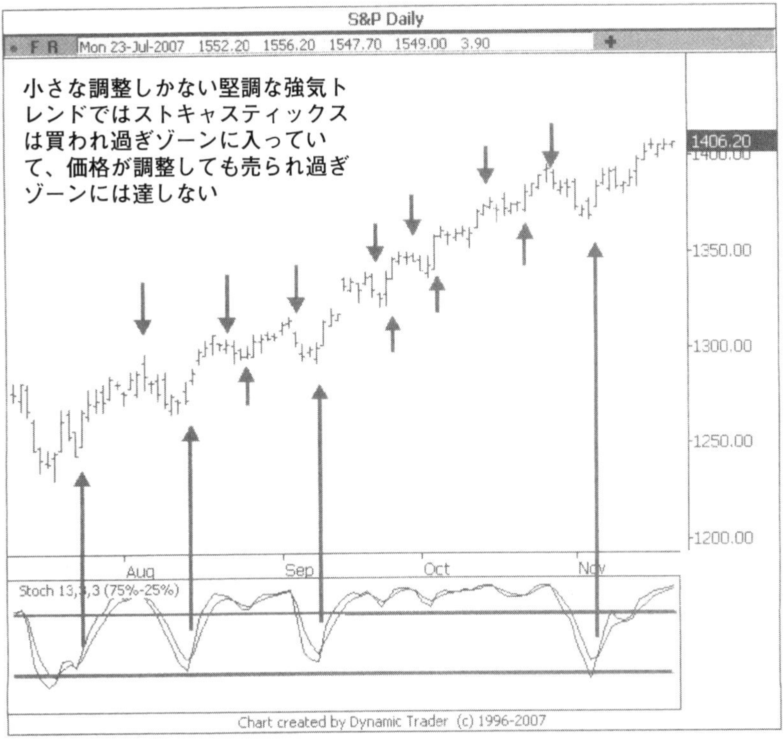

図2.15ではトレンドの大部分でストキャスティックスが買われ過ぎゾーンにあり、足数本分の少し大きめの調整のときだけ買われ過ぎラインを下回っている。ストキャスティックスは頻繁に買われ過ぎゾーンに達しており、このゾーンを下回ることはあまりない。これは同じ強気トレンドでも大きな調整が多かった**図2.14**のストキャスティックスのパターンと似ている。**図2.14**も買われ過ぎゾーンのなかでモメンタムは比較的小さい調整を繰り返しているが、**図2.15**のほうが強気トレンドが強いためにモメンタムのパターンがより明確になっ

ている。

つまり、われわれは緩やかな強気トレンドでスイングが大きい期間用と堅調な強気トレンド用という２つの規則が必要になる。そうすれば、マーケットがどちらの状況になってもその動きを利用できる。少なくとも一部のトレーディングセミナーでは、マーケットの状況に合わせて規則を変えるべきだと教えている。ただ、将来はどう展開していくかはけっして分からないということをわれわれはよく知っている。そして今後の展開が分からない以上、モメンタムの規則を強気用と弱気用、トレーディングレンジ用、ボラティリティが高いマーケット用と安定したマーケット用などとさまざまな条件に合わせて用意しておくことはできない。指標と特定の設定を決めたら、よほどの理由がないかぎりそれを使い続けなければならないからだ。

MACD（移動平均収束拡散法）

MACDもモメンタムを使った人気の指標で、ほとんどのトレーダーが知っているこの指標はすべてのチャートソフトに組み込まれている。MACDは２本の移動平均線の差を測定し、ヒストグラムと呼ばれる棒グラフで表示する。棒の長さが前の棒よりも短ければ２つの移動平均線の間のレンジが狭まりモメンタムが下がっていることを示している。棒が中心線（シグナルライン）よりも上や下に伸びているときは、短期の移動平均線（ファストライン）が長期の移動平均線（スローライン）を上か下に抜いたことを示している。

多くのトレーダーがMACDのシグナルとパターンを基にトレード判断を下している。このシグナルとパターンを使って開発されたトレードシステムやトレード戦略も多くある。MACDはモメンタムの秘密を握っているのだろうか。詳しく見ていこう。

図2.16は、ストキャスティックスで使ったのと同じS&Pの日足の

図2.16　MACDの転換

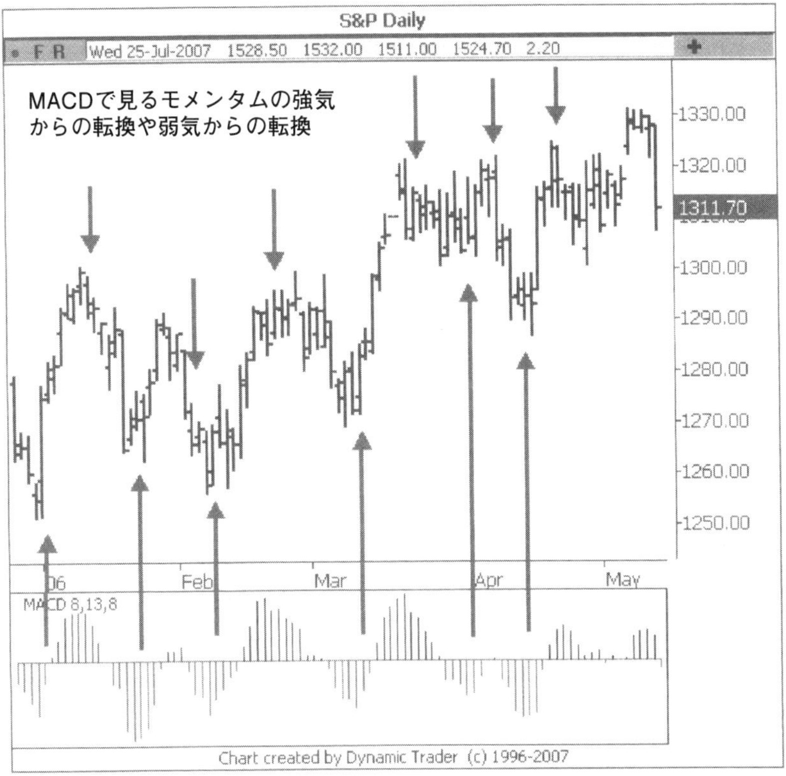

データを使っている。矢印は、モメンタムが強気か弱気に転換したところを示している。モメンタムはヒストグラムの棒が中央の横線（シグナルライン）よりも上にあり、前の棒よりも短くなったときに弱気に転換する。また、棒が中央線よりも下にあって前の棒よりも短くなると強気に転換する。このような状態になるのは短期の移動平均と長期の移動平均の差が狭くなっているときで、それはモメンタムが下がっていることを示している。モメンタムの変化は価格のROCを表しており、価格のトレンドの変化と一致することが多いが、そうならな

図2.17　価格が強気トレンドの期間のMACDの転換

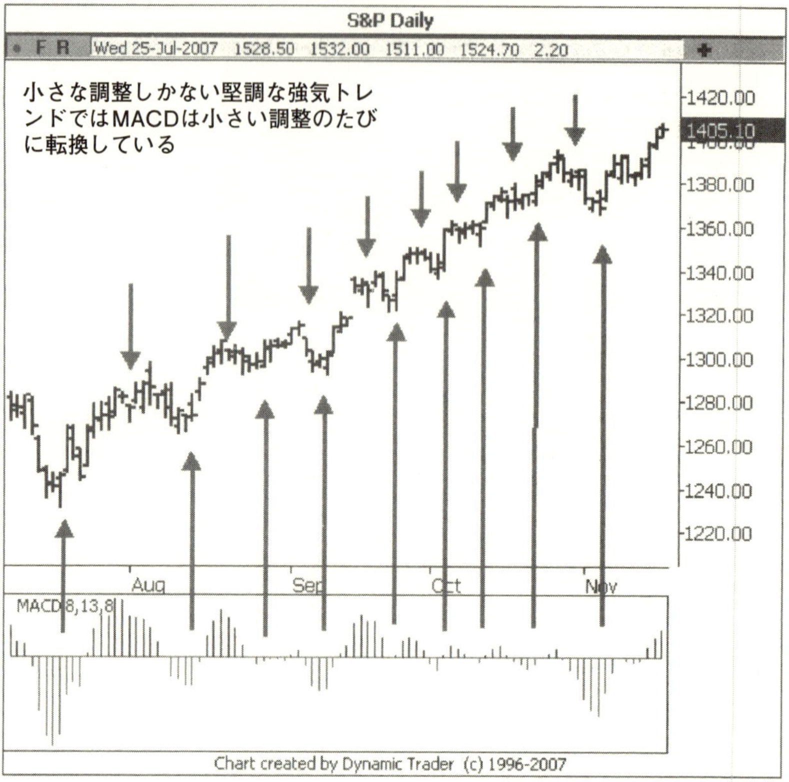

いときもある。

上下の矢印で示したモメンタムの転換に見覚えがないだろうか。そのはずだ。すべての矢印が**図2.14**のストキャスティックスのときと同じ足かそのとなりの足で転換しているのだ。つまり、ストキャスティックスとMACDはモメンタムに関してほぼ同じ情報を提供していることになる。2つとも価格の指標で、どちらも価格のトレンドのROCの変化を示していることを考えれば驚くことではない。

MACDとストキャスティックスの違いはMACDには買われ過ぎゾ

ーンや売られ過ぎゾーンがないことだが、２つの時間枠を使ったモメンタム戦略に使ううえでは問題はない。MACDのヒストグラムの棒の長さの変化だけで十分役に立つ。

図2.17は**図2.15**と同じS&Pの日足データを使っている。この期間のS&Pは堅調な強気トレンドにあり、調整のほとんどは２～３日の小さい値動きで終わっている。そして、MACDは価格の小さな高値や安値から足１～２本のところで強気や弱気に転換している。長い時間枠が上昇トレンドの間に仕掛けシグナルを探すことができれば、これは非常に効果的に使える。

このとき２つの時間枠を使ったモメンタム戦略にはどの指標がもっとも適しているのだろうか。実は、ダーツの的に価格の指標を思いつくかぎり書き込んで、矢が当たったものを使ってもまったく問題はない。私はストキャスティックスとRSIを組み合わせたDTオシレーターかストキャスティックス自体、あるいは買われ過ぎ・売られ過ぎゾーンがある指標を好んで使っている。ただ、MACDやそれ以外の指標に慣れている場合はそれでもまったく問題はない。

指標の最高の設定とは

簡単で決定的な答えがあればよいのだが、残念ながらそういうものはない。この問題にすぐ答えられるなどと言う人はとても信じられない。おそらく高額のトレーディングセミナーやシステムを売りつけようとしているのだろう。

モメンタム指標にはたいていマーケットごとに異なる設定があったり、同じマーケットでも時間枠ごとに異なる設定があったりする。また、トレードしているマーケットや時間枠の最近のデータに最適な設定が見つかったとしても、それをずっと使い続けることはできない。それができるという人がいれば、まず信じてはならない。

モメンタムのトレンドサイクルはボラティリティが低くて転換が比較的少ない状態からボラティリティが高くて転換が比較的多い状態へと推移するため、設定は変化していく。将来のモメンタムサイクルのタイプを知らせてくれるシステムか指標があればよいのだが、残念ながらそのようなシステムもなければ、将来のマーケットがトレーディングレンジを形成したりトレンドが継続したりすることを教えてくれるシステムもない。そこで、指標が最近のモメンタムのボラティリティを反映したものになるようにときどき調整する必要がある。

大部分の指標における最初の変数は、指数の計算に使う足の数（直近の足を含めて）である期間で、どの指数でも現在値は直近の足と期間の関係を表している。例えば、だれでも知っている移動平均線はｘ本の足（終値が使われることが多い）の平均値で、このｘが移動平均線の期間に当たる。

期間が長いと、短いときほど価格の変化に敏感に反応しない。つまり、期間が長いと最近のモメンタムの変化が指標に反映されるのに時間がかかる。これには短期のモメンタムの変化によるダマシの転換の数も減るというメリットがあるが、モメンタムの転換が価格の変換よりもときには足数本分も遅れるなどといったデメリットもある。

いくつかのチャートと指標について期間を考えてみよう。まずは同じデータで指標の期間が違うケースを比較してみる。**図2.18**は、S&P（SPX）の日足チャートで、DTオシレーターの期間は21日になっている。DTオシレーターはストキャスティックスとRSIを組み合わせた指標で、左上の４つの数字は最初が期間、ほかの数字はそれを平滑化した期間を示している。ここでは指標の詳細は気にせず、指標が期間によって価格のトレンドにどう反応するかを概念的に把握してほしい。この指標は、買われ過ぎや売られ過ぎや価格の転換のシグナルとしてどれくらい役に立っているのだろうか。

ここで明らかなことが２つある。指標も価格に沿ってスイングして

図2.18　SPXの日足と21期間

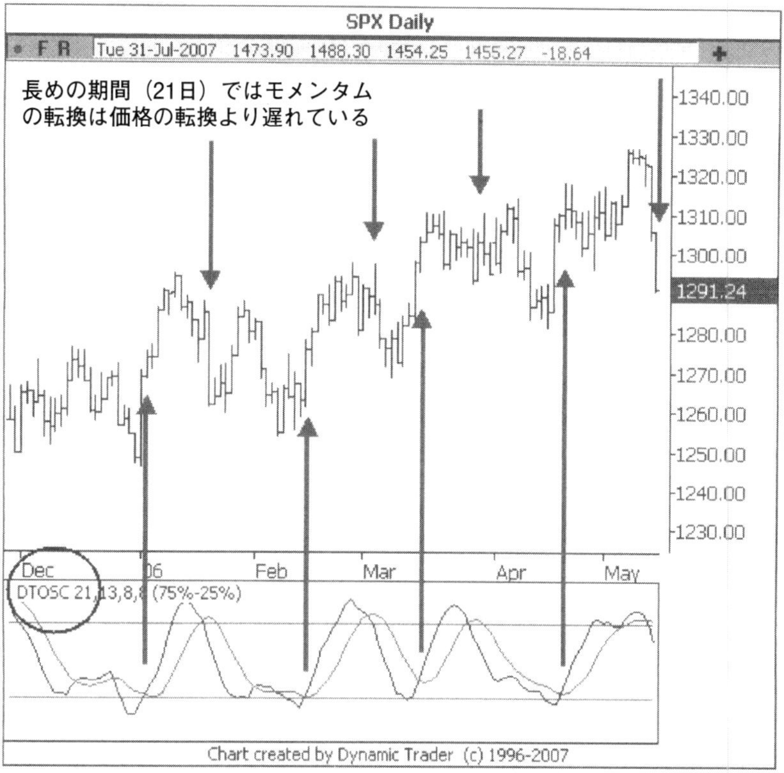

いるが、モメンタムの転換点のほとんどは買われ過ぎや売られ過ぎゾーンには達していない。DTオシレーターやストキャスティックスなどのように２本の線を使う指標では、両方の線が買われ過ぎ・売られ過ぎゾーンに入っていなければ買われ過ぎや売られ過ぎとはみなされない。買われ過ぎ・売られ過ぎゾーンがある指標ならばそれも利用したいし、できれば期間も調整してモメンタムが転換する前に買われ過ぎ・売られ過ぎゾーンに達することが多くなるようにしたい。

２つ目の重要な要素は、ファストラインがスローラインと交差する

図2.19　SPXの日足と8期間

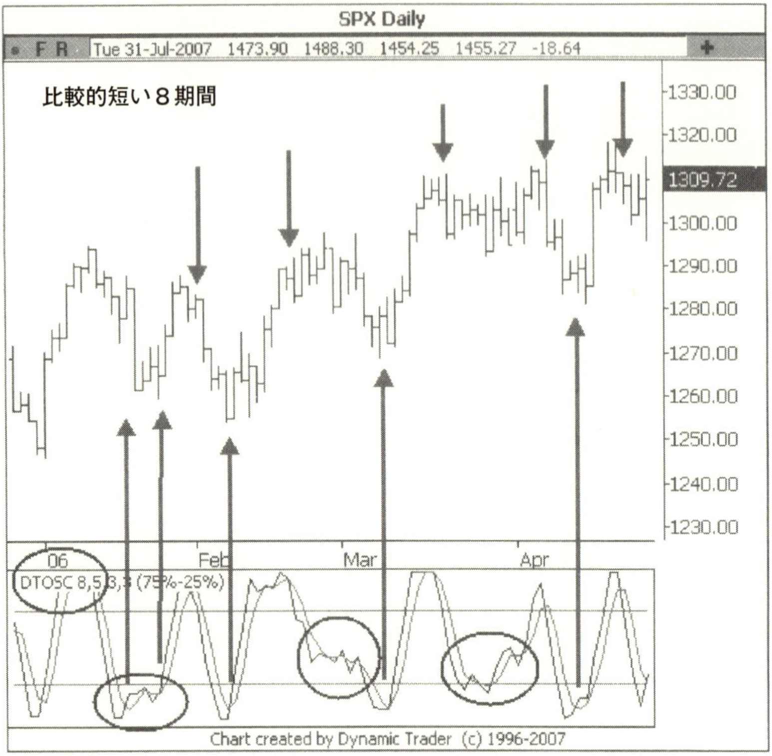

モメンタムの転換は価格が大きくスイングして高値か安値を付けてから足数本分あとになり、距離が開いてしまうことだ。もし期間が長めの指標の転換をトレードする前のセットアップとしてトレード計画の一部に使うときは、損切りを仕掛け値からかなり離しておく必要がある。

２本の線が転換する前に買われ過ぎ・売られ過ぎゾーンに達していないことと、価格が大きくスイングしたときにモメンタムの転換が価格の転換から足数本分離れていることから、今回のデータに21日とい

図2.20　SPXの日足と13期間

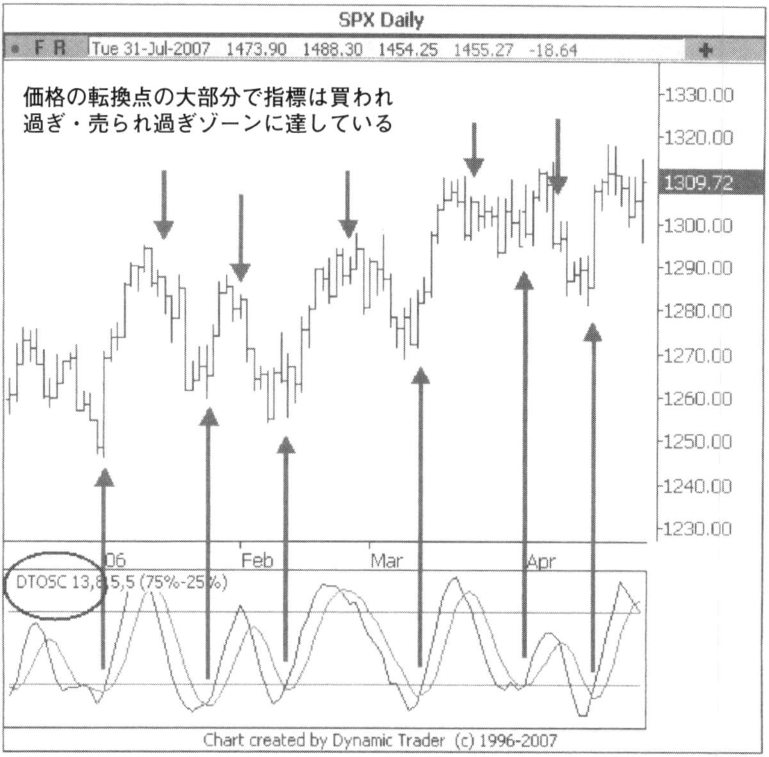

う期間は長すぎると考えられる。

次は期間を短くして８日のケースを見てみよう。**図2.19**は、転換がより明確になるようにデータを少し減らしてある。上向きや下向きの矢印はモメンタムの主な転換点を示している。また、ちゃぶついて足２～３本ごとに転換しているところを丸で囲んである。

このチャートから明らかになったことがいくつかある。まず、価格の高値や安値でモメンタムが転換するときは買われ過ぎ・売られ過ぎゾーンのなかで起こることが多く、そこは価格の高値や安値から足１

図2.21　3つの期間

～２本の範囲にある。どの指標でも期間が比較的短いと、モメンタムは常に価格の高値や安値の近くで転換する。そうなると期間は短いほうが望ましいように見えるが、実はタイムリーなシグナルにはコストがかかってしまう。

期間が短いと、モメンタムの転換にはダマシが多くなる。これはモメンタムの変化が非常に短期の場合でも指標が転換してしまうからで、トレンドが継続していればすぐに再度転換することになる。このように指標がちゃぶついて足１～２本以内に再度転換しているところを丸で囲んである。期間が短すぎると、ちゃぶつきが多くなりすぎる。

どこかに妥協点があるはずで、たいていは見つかる。**図2.20**はこれまでと同じS&Pのデータと指標を使っているが、期間を13日にしてある。

最初の２つのチャートと今回の期間が13日のチャートの違いを挙げると、①モメンタムが転換するときたいていは買われ過ぎ・売られ過ぎゾーンに達している、②モメンタムの転換点と価格の転換点が足２～３本の範囲にある、③買われ過ぎゾーンと売られ過ぎゾーンの間にダマシの転換がない――という特徴がある。今回のデータに対しては、３つの期間のなかで13日が最適だった。３つの期間のチャートを並べて比較してみよう（**図2.21**）。

期間を８日にすると、価格の高値や安値と同時か足１～２本の範囲でモメンタムも買われ過ぎゾーンや売られ過ぎゾーンで転換したが、それ以外にも中央のレンジで何度も転換してはすぐに戻っている。一方、21日にするとモメンタムは非常にスムーズで中央のレンジでのダマシの転換もなくなるが、転換点が価格の転換よりも足数本分遅れてしまうだけでなく、転換点が買われ過ぎ・売られ過ぎゾーンに達しなかった。そこで期間を13日にしてみると、ほとんどの転換点が買われ過ぎ・売られ過ぎゾーンで起こるだけでなく、価格の高値や安値から足１～２本の範囲でモメンタムも転換した。

私はいつもこのようにして設定や期間を決めている。最近のデータでいくつかの設定を試し、どれが指標として役に立つかどうかを調べるだけなので非常に簡単だ。私がときどき開くセミナーでは、生徒に好きな株の銘柄や、ETF、先物、指数、通貨と好きな時間枠を書いてもらい、私が１分以内に最適な設定を示してみせる。私は、どのマーケットでもどの時間枠でも３分以内に分析してトレード戦略を選ぶことができる。本書を読み終えたときには読者もこれができるようになっているはずだ。トレード判断を下すために必要な値やデータは、そう多くはない。トレード計画が出来上がれば、マーケットの状態とそれがどう動けばトレードの可能性があるのかを簡単に理解できるようになる。

これは限られたデータの一例にすぎないが、ここではその概念と過程を学んでほしい。一度学んでしまえば、同じ概念と過程をどのマーケットにもどの時間枠にもどの指標にも応用できる。

しかし、ここで大きな疑問がわいたはずだ。「２～３カ月間という限られた期間のSPXの日足に最適な設定を選ぶのは簡単だ。要するに過去のデータを最適化したわけだが、この設定が将来にわたっても役に立つのか」ということで、答えは「必ず役立つ」と言いたいところだが、実際には「たいていは役立つ」としか言えない。ちまたにはずっと使える最高の設定があると主張するトレーディングの講師もいるが、おそらく彼らは実際にトレーディングをしたことがないのだろう。マーケットには、ボラティリティとモメンタムのサイクルが変化して、それまで使っていた指標の設定が役に立たなくなる時期が必ず来るようになるのだ。

手順を説明しよう。どのマーケットでもどの時間枠でもよいから一定期間のデータを用意してほしい。そして好きな指標を使って２～３種類の期間を試し、最適なものを選ぶ。できることはそれくらいで、何と言われてもそれ以上する必要はない。ノストラダムスではないのだから将来を見通すことはできない。ボラティリティやモメンタムのサイクルが将来変わるかどうかなど分からないのだから、今の状態が続くと考えるしかない。

将来もしマーケットのトレンドの速さやボラティリティが変わってそれまで最適だった設定がうまくいかなくなったら、モメンタムのサイクル２～３回分の様子を見てから期間を短くしたり長くしたりしてみる必要があるかもしれない。

図2.22は**図2.21**の続きである。

図2.22　指標の設定は引き続き有効

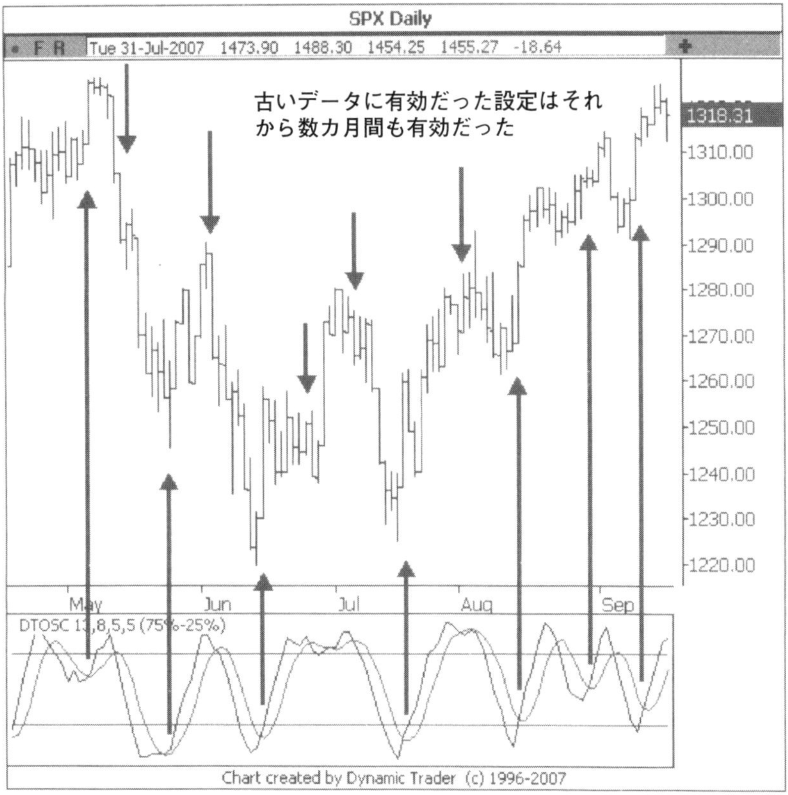

それまでの何カ月間か最適だった設定は、それから数カ月間も有効だった。しかし**図2.22**の終わり近くになると価格の強気トレンドが強くなったことで調整が小さくなり、指標が売られ過ぎゾーンに達しなくなっている。もちろんこの指標がすぐに無効になるわけではなく、長い時間枠のトレンドが強気ならば小さい時間枠のモメンタムが買われ過ぎゾーンよりも下で強気に転換したときはいつでも買いトレードのセットアップになる。ただ、もし調整で売られ過ぎゾーンに達しない押しがあと２～３回続けば、もう少し短い期間を試したほうがよい

だろう。

これは指標の最適な設定を探すための速くて簡単な方法で、前述のとおりどの指標にもどのマーケットにもどの時間枠にも使える。完璧な設定を探す必要はないし、そんなものはそもそも存在しない。探すのはうまく適合するもので、それで十分だ。１つの指標と１つの設定が永遠に価格の高値や安値に合わせて転換するなどという本やセミナーなら、捨てるか退席してよい。そのような教えは経験豊富で成功したトレーダーが語る真実とは到底思えないからだ。

トレーディングもほかの仕事と同じで、入手できる情報を使って勉強し、経験を積んで判断を下す。本書に２つの時間枠を使ったモメンタム戦略のセットアップや指標やその設定の例をあと何百か載せる場所があればよいのだが、これはトレード計画のほんの一部分なのでこの１章にとどめておく。重要なのはたくさんの例を見ることではなく、原則と概念と応用方法を理解することだ。概念と応用方法を理解すれば、この情報はどの指標でもどのマーケットでもどの時間枠でも使うことができる。

２つの時間枠を使ったモメンタム戦略の規則

２つの時間枠を使ったモメンタム戦略は、トレードが可能な時期を教えてくれる。これはトレードの可能性を調べるための最初のフィルターで、トレード計画のなかでもこの部分は指標の種類に関係なく完全に客観的な規則になっている。

準備としては、自分が使いたい指標についてモメンタムの転換の意味を明確にしておくだけでよい。もしその指標に買われ過ぎゾーンや売られ過ぎゾーンがあれば、指標がモメンタムの変化に対してどう動いたり反応したりするかを考えて、それも規則に組み込めばよい。

最初に、DTオシレーターを使った規則を見ていこう。この指標は、

表2.1　2つの時間枠を使ったモメンタム戦略のトレードセットアップの規則（DTオシレーター）

長い時間枠のモメンタム	短い時間枠のモメンタム
強気で買われ過ぎには達していない	買われ過ぎゾーンよりも下で強気に転換したら買い
強気で買われ過ぎゾーンに達している	新たに買わないで、弱気に転換したら空売りを検討
弱気で売られ過ぎには達していない	売られ過ぎゾーンよりも上で弱気に転換したら空売り
弱気で売られ過ぎゾーンに達している	新たに空売りはしないで、強気に転換したら買いを検討

価格スイングに合わせて買われ過ぎ・売られ過ぎゾーンに達することが多い。規則は簡単な表にまとめてある（**表2.1**）。最初の列は長い時間枠のモメンタムの４つのケースで、２列目は短い時間枠のモメンタムの条件が整った場合のトレード戦略を示している。

２つの時間枠を使ったモメンタム戦略のセットアップはトレードの執行シグナルではないが、トレードを検討する前に客観的な条件がそろっていなければならない。

１段目　長い時間枠が強気で買われ過ぎゾーンに達していなければ、短い時間枠が強気に転換したときに買いのみを検討する。これは２つの時間枠を使ったモメンタム戦略の理想的な買いのセットアップで、短い時間枠のモメンタムが長い時間枠と同じ強気に転換して２つの方向がそろったときにセットアップの条件が整う。

２段目　もし長い時間枠が強気で買われ過ぎゾーンにあれば上昇の余地は限られている。買いのポジションは建てず、短い時間枠のモメンタムが弱気に転換したら空売りを検討する。長い時間枠が買われ過ぎゾーンにあるときは、モメンタムが高値を付けるまえに上昇幅が限られていることが分かり、新たに買いを仕掛けても十分な潜在利益は見込めない。ただ、長い時間枠のモメンタムが買われ過ぎゾーンにあっても既存の買いのポジションを手仕舞う理由にはならない。あくまで新しい買いトレードを仕掛けるのをやめるだけでよい。

3段目　長い時間枠が弱気で売られ過ぎゾーンに達していなければ、短い時間枠が弱気に転換したときに空売りを検討する。これが２つの時間枠を使ったモメンタム戦略の理想的な空売りのセットアップで、短い時間枠のモメンタムが長い時間枠と同じ弱気に転換して２つの方向がそろったときにセットアップの条件が整う。

4段目　もし長い時間枠が弱気で売られ過ぎゾーンにあれば下落の余地は限られている。空売りのポジションは建てず、短い時間枠のモメンタムが強気に転換したら買いを検討する。

条件は単純で、論理的で、効果的だ。ここには、モメンタムの位置やこの情報をトレード計画の一部として特定のトレード判断を下したりするときトレーダーの解釈が入る余地はない。２つの時間枠を使ったモメンタム戦略は完全に客観的な方法であり、どのトレード計画に組み込んでも結果には満足してもらえると思う。

この２つの時間枠を使ったモメンタム戦略は２つの時間枠ならば、週足と日足、15分足と５分足など、どんな組み合わせでも使うことができる。

２つの時間枠を使ったモメンタム戦略の例をあとひとつ見ておこう。**図2.23**はユーロと米ドル（EUR/USD）の為替レートの15分足を示している。今回は長い時間枠が60分足、短い時間枠が15分足で、15分足チャートの大部分で60分足は弱気になっている（右向きの斜め下向きの矢印）。60分足のモメンタムは、価格が大きく急騰するよりも足２～３本前に弱気に転じている。15分足のモメンタムが売られ過ぎゾーンよりも上で弱気に転換すれば、空売りのセットアップが整う。

図2.23では、60分足のモメンタムが弱気に転じてから約18時間の

図2.23　60分足で見たモメンタムが弱気トレンドの間に15分足で見たモメンタムが弱気に転換

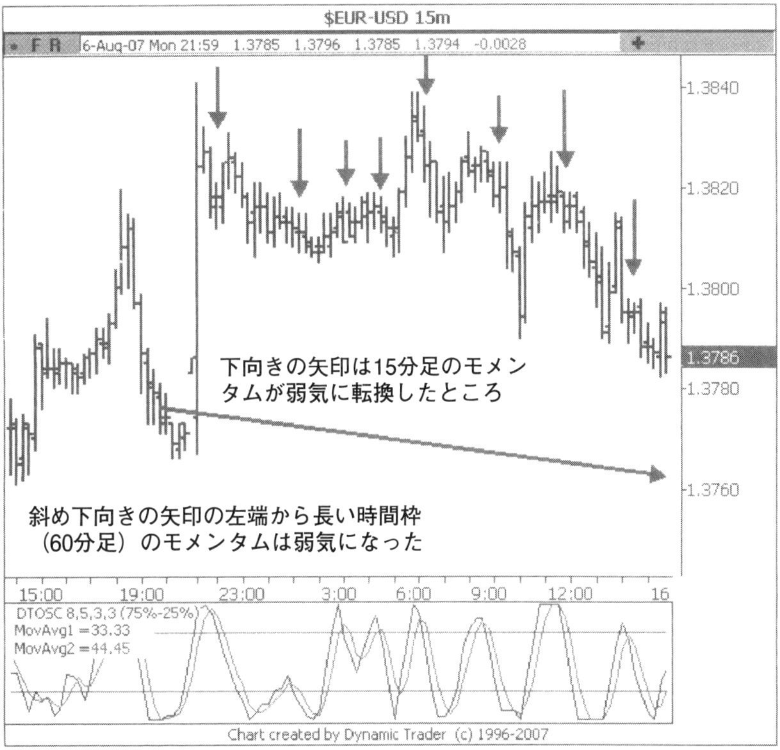

間に15分足が８回弱気に転じている。このうち２つ目と３つ目と４つ目の転換は価格が比較的狭いトレーディングレンジにあるときに起こっていて潜在利益はほとんど見込めないが、もちろんその時点では分からない。15分足が弱気に転じた最初の転換と最後の４つの転換は、その直後に価格が長い時間枠の方向に大きく下げている。これらはデイトレードやスイングトレードで空売りの素晴らしいセットアップになったはずだ。

ストキャスティックスにも買われ過ぎゾーンと売られ過ぎゾーンが

図2.24　長い時間枠が弱気トレンドの間に短い時間枠が弱気に転換

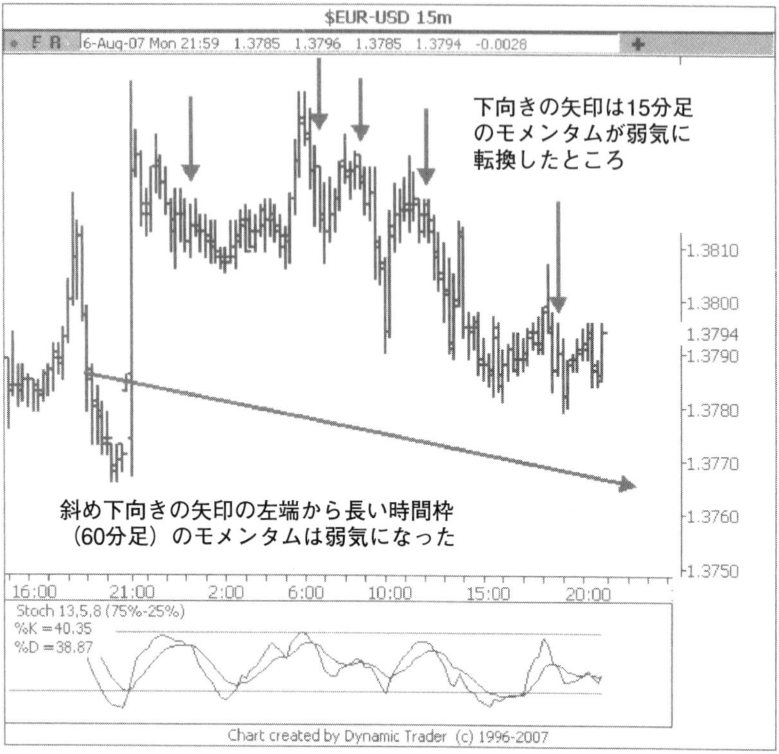

表2.2　2つの時間枠を使ったモメンタム戦略のトレードセットアップの規則（ストキャスティックス）

長い時間枠のモメンタム	短い時間枠のモメンタム
強気で買われ過ぎには達していない	買われ過ぎゾーンよりも下で強気に転換したら買い
強気で買われ過ぎゾーンに達している	新たに買わないで、弱気に転換したら空売りを検討
弱気で売られ過ぎには達していない	売られ過ぎゾーンよりも上で弱気に転換したら空売り
弱気で売られ過ぎゾーンに達している	新たに空売りはしないで、強気に転換したら買いを検討

あるため、先のDTオシレーターのケースと同じ方法で規則を**表2.2**にまとめてある。**図2.24**は先のDTオシレーターを使った例と同じEUR/USDの15分足のデータを使っている。ストキャスティックスのモメンタムはDTオシレーターのときよりも15分足２～３本前に弱気に転換したが、ストキャスティックスの場合も弱気に転換した最初の15分足のモメンタムは価格が大きく急騰した少しあとだった。

この弱気トレンドの間にストキャスティックスの高値は買われ過ぎゾーンに達していないが、15分足の弱気の転換のあと価格は下落している。これらはすべてデイトレードの良いセットアップであり、ほとんどが良いスイングトレードのセットアップでもある。

それでは、これまで読者がモメンタム戦略に使ってきたMACDやそれ以外の指標にはどのような規則を設定すべきなのだろうか。これは宿題にしておこう。これまで２つの時間枠を使ったモメンタム戦略の原則を学んできたが、原則と過程はどの指標でも変わらない。指標の動きがモメンタムのどのような変化を示しているのかを考え、長い時間枠のモメンタムの４つの状態に適した規則を考えてほしい。モメンタムの変化を表しているのがファストラインとスローラインの交差なのか、ヒストグラムの長い棒や短い棒なのか、あるいは買われ過ぎ・売られ過ぎを超えたかどうかも考慮してほしい。

２つの時間枠を使ったモメンタム戦略の原則が分かれば、どの価格指標を使っても規則を作ることができる。トレードを検討するために２つの時間枠が最低満たさなければならない条件が明らかになれば、トレード計画の最初の部分であるトレードのセットアップを探すという優位性は確保できる。

2つの時間枠を使ったモメンタム戦略のフィルター

2つの時間枠を使ったモメンタム戦略はトレードのセットアップを探すための強力なフィルターで、あらゆるマーケットの2つの時間枠に使うことができる。ただ、これはトレードを執行するための戦略ではない。トレードを執行するための戦略については、最適なトレード状況が認識できるようになったあとに別の章で具体的に学んでいく。

長いほうの時間枠がトレードの方向を決め、短いほうの時間枠のモメンタムが転換して長い時間枠とそろうことが高勝率トレードのセットアップを探すための重要なフィルターとなる。

2つの時間枠を使ったモメンタム戦略のセットアップが整ったときだけトレードを検討するという規律を守ることができれば、トレード結果は劇的に改善するだろう。

第3章

トレンドと調整を確認するための実践的なパターン――トレードの可能性を探るためにトレンドの位置と転換するかどうかを確認する

Practical Pattern Recognition for Trends and Corrections--Recognize Trend Position and Reversals for Trade Position

本章では、マーケットが現在、トレンド途上か調整の時期にあるのかどうかと、そのなかでどのような位置にあるのかを見極めるのに役立つ簡単なパターン認識の方法を学んでいく。マーケットが転換点やその近くにあることを事前に知っておくことはトレーダーにとって大きな強みになり、これはすべてのトレード計画の重要な一部となるだろう。

第2章では2つの時間枠のモメンタムを使って検討すべきトレードの方向を調べる条件と（長い時間枠のモメンタム）、トレードを実行するためのセットアップの条件（短い時間枠のモメンタムの転換）を説明した。2つの時間枠を使ったモメンタムの指標は百パーセント客観的で、トレーダーが判断する余地はない。トレードの方向と執行できるセットアップかどうかを判断するために、モメンタムの2つの時間枠について4つのパターン（強気、強気で買われ過ぎ、弱気、弱気で売られ過ぎ）のどれかを単純に当てはめればよいだけだ。

また、第2章ではモメンタムのトレンドが価格のトレンドと常に一致しているわけではないことも学んだ。モメンタムの転換は必ずしも価格が転換するということではなく、価格のトレンドの勢いが弱まっていることを示している場合もある。モメンタムの転換が価格の位置（トレンドの途上にある、転換点やその近くにあるなど）を示しているわけではないことをぜひ理解してほしい。

本書で学ぶ４つのテクニカル要素のなかの２つ目はパターンの位置で、これがトレード判断を下すための４つの情報を提供してくれる。

パターン認識の目的

- ●マーケットがトレンド途上か、調整のどちらなのかの判断を助ける
- ●パターンの条件が整えば、トレンドや調整が終わりそうか、終わりに近いことを知らせてくれるかどうかを確かめる
- ●トレンドや調整が終わったらあとの動きを予想する

現在のマーケットがトレンド途上のどの位置にあるのかは、どんなマーケットのどんな時間枠でもトレードの方向とトレード戦略におけるキーポイントのひとつで、実践的なトレード戦略において非常に価値ある情報となる。

本章では、マーケットがトレンド途上なのか、調整なのかを示す重要な指針と、トレンドや調整が完結したことを示す最低限の条件が整っているかどうかを見るための２つの単純なパターンを学んでいく。

なぜトレンド途上か調整かを見極めることが重要なのか

マーケットがトレンド途上なのか調整なのかや、そのなかでどの位置にいるかが分かれば、それは利益につながる非常に役に立つ情報になる。では、いくつかの例を見ていこう。

図3.1は高値と安値が切り下がっている強力な弱気相場で、最後の足は値幅が広い包み足で安く引けた日になっている。これはトレンドが継続するシグナルであることが多い。この場合は弱気トレンドが続いて空売りの良いセットアップになっているのだろうか。弱気トレンドが最終段階になって近いうちに転換するのでなければ、そのとおり

図3.1　弱気トレンド途上のどこの位置なのか

だろう。それならば、弱気トレンドが最終段階にあるかどうかを知る方法はあるのだろうか。もしそれがあれば、包み足のあと安心して空売りを仕掛けることができる。

もしパターンの位置が、近いうちに弱気トレンドが終了して転換することを示唆していれば、それは包み足で安く引けたとか、弱気のシグナルが続くということを前提としないで、空売りを避け、少なくともさらなる下落を期待しないでトレード戦略を調整することができる。

図3.2は、**図3.1**から数日が経過したチャートで、**図3.1**の最後の

図3.2　強気トレンドへの転換なのか、弱気トレンドの単なる戻りなのか

長い包み足のあとマーケットは転換して大きく上昇した。長い包み足の出現は通常、トレンドが継続するシグナルだが、もしこのあと空売りしていればちょうど底で売りを仕掛けることになって負けトレードになっていただろう。

図3.2の最後の足は値幅の広い高く引けた日で、前のスイングの高値を超えてその日の高値近くで引けた。これはスイングトレーダーにとって典型的な買いシグナルであり、非常に強気のトレンドが継続するなかで買いの機が熟したセットアップに見える。しかし、もしこれ

が弱気トレンドの単なる調整だったらどうなるのだろうか。その場合は近くマーケットが転換して安値を更新することになり、上昇の余地は限られている。パターンの位置がそれを見極める助けになれば、トレード戦略にすぐに大きな影響を及ぼす。もし直近の動きが調整の上昇で、そこから大きく上昇する余地がなければ戻りの高値で転換するのに備えて買いを避け、むしろ空売りを仕掛けてさらなる下げと安値更新の恩恵にあずかりたい。

いくつかの単純なパターンの位置という指針を使ってマーケットがトレンド途上なのか調整なのかを見極め、それらが終結するための最低限の条件が整ったかどうかを確認しておけば非常に役立つ。これらの例は、それを示す一例にすぎない。

エリオット波動に基づいた単純なパターン認識

本章で紹介する単純なパターンとそれを認識するための簡単な指針は、エリオット波動（E波）分析に基づいている。ただ、エリオット波動と聞くと専門の研究者たちが広めたサイクルの長さや波の構成やカウントの仕方などの複雑な手順を思い出して混乱する読者もいるだろう。しかし、ここは我慢して私についてきてほしい。本章で紹介するパターン認識は非常に単純明快だが価値のある方法で、すぐに実践できるからだ。

エリオット波動分析は、研究者たちによって必要以上に複雑化されてしまった。この分析方法と何年も格闘した揚げ句、結局よく理解できないうえ実際のトレード判断にも使えなくて行き詰まってしまったトレーダーを私は何人も知っている。私が教えるのはエリオット波動の構成を使ったたったひとつの指針と３つのパターンのみで、すぐに学べて実際のトレード戦略に応用できる。これを使えば、あらゆるマーケットやあらゆる時間枠のどの時点でも、そこがトレンド途上なのか調整なのか、それが終了する条件が整ったかどうかをすぐに判断できる。また、この情報の価値とその理由や、それをどうトレード計画に組み込むかも学んでいく。私が教えるトレンドパターンや調整パターンの指針に、複雑なカウント方法や難解な分析は含まれていない。

ここで学ぶのは、マーケットがトレンド途上なのか調整なのかどうかを見極めるためのたった１つの指針と、トレンドや調整のどの位置にあるのかを判定するための３つのパターンだけで、これだけあれば具体的かつ実践的なトレード判断が下せる。パターン認識は、その情報を実際のトレード判断に使えなければただの学問でしかない。本書では実践的なことだけを学んでいく。

トレンド途上なのか調整なのか――オーバーラップの指針

パターンの位置からは、①マーケットはトレンド途上なのか調整なのか、②トレンドや調整ならば、そのどの位置にあるのか――という２つの重要な情報を得たい。まずはトレンド途上なのか調整なのかをつきとめよう。この情報だけでもトレード戦略を大いに助けてくれる。

ここではマーケットが調整に入ったかどうかがカギとなる。理由は、もしマーケットが調整に入っていれば前のトレンドの始まった地点までは行かず、いずれトレンドの方向に進んで価格を更新するからだ。この簡単な情報が非常に価値があるということを説明しよう。

図3.3ではマーケットが大きく上昇したあとで下落している。もしこれが強気トレンドの調整ならば、３月14日の安値までは下落せずにいずれ高値を更新すると考えられる。今回の下落が調整だという信頼できる情報があれば、下落の余地は限られていて調整のあとは大きく上昇する可能性があると分かるため、これは非常に価値がある。

マーケットが転換した新しいトレンドで価格を更新していくのでは

図3.3　トレンドか調整か

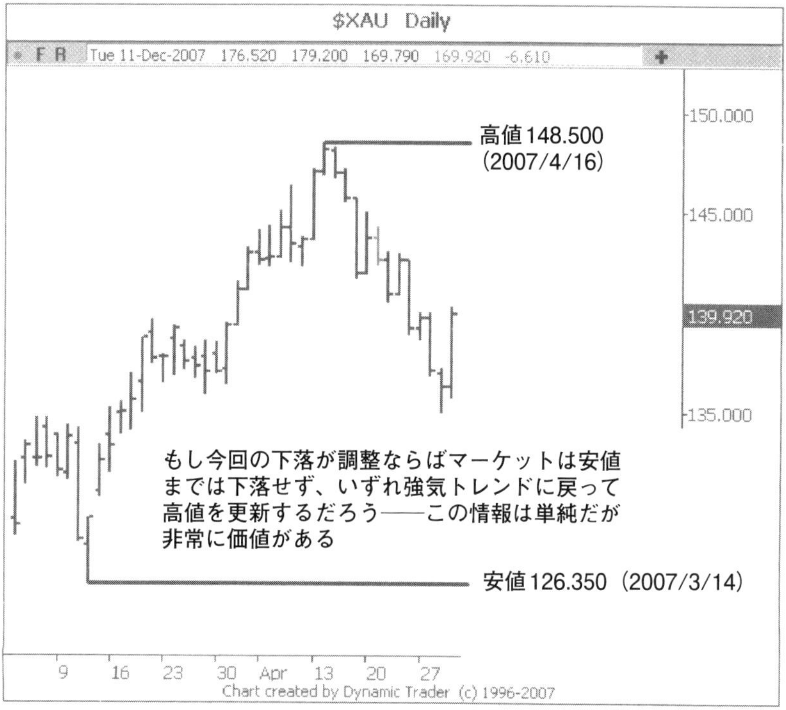
$XAU Daily
F R Tue 11-Dec-2007 176.520 179.200 169.790 169.920 -6.610
150.000
145.000
139.920
135.000
高値148.500
(2007/4/16)
もし今回の下落が調整ならばマーケットは安値
までは下落せず、いずれ強気トレンドに戻って
高値を更新するだろう――この情報は単純だが
非常に価値がある
安値126.350（2007/3/14）
9 16 23 30 Apr 13 20 27
Chart created by Dynamic Trader (c) 1996-2007

なく、調整に入っている可能性が高いことを知らせてくれる非常に信頼できる単純なパターンの指針がある。マーケットの一部がオーバーラップしているときには、調整である可能性が非常に高いのだ。オーバーラップとは、マーケットが新高値や新安値を付けたあと、直前に売買されたレンジに戻ってトレードされることを言う。

図3.4ではフィラデルフィア証券取引所の金銀鉱株指数（XAU）が最初のスイングの安値を付けたあと（図中のA）、少し上昇してから安値を更新し、再びAのレンジに戻っている。マーケットはオーバーラップ、つまりAのレンジを再び付けたため、今回の下落は新しい

図3.4　オーバーラップが調整であることを示唆

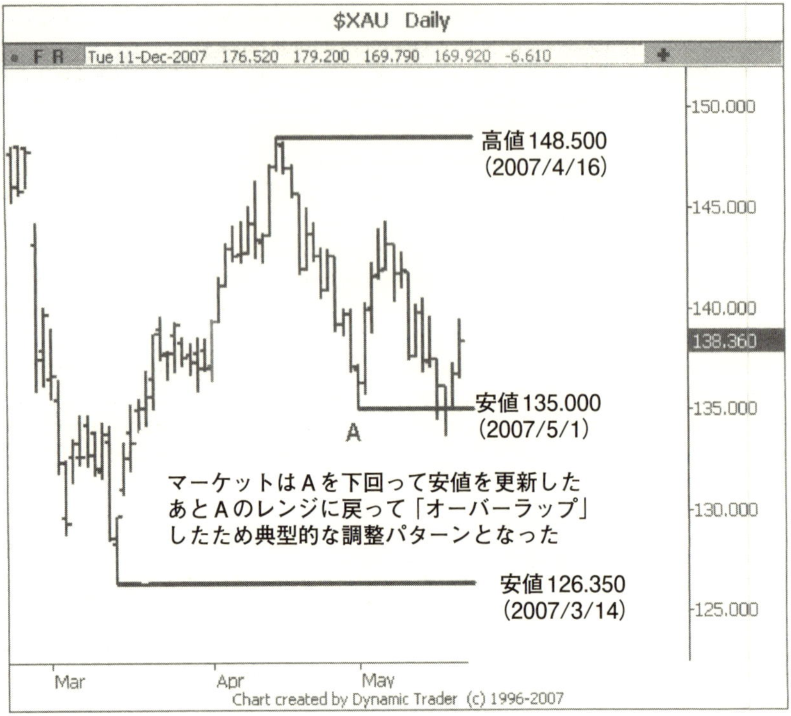

弱気トレンドになって安値を更新するのではなく、調整であろうというサインになっている。

次の**図3.5**は**図3.4**の続きで、オーバーラップのスイングが続いて調整を確認したことで、チャート上の安値を更新しないで高値を更新する可能性が高いことを示唆している。そして、予想どおりあとでこのチャートでの安値を下回ることなく、反対に高値を更新した。最初のオーバーラップの時点で、XAUはおそらく調整に入っただけでいずれ高値を更新するであろうと分かっていれば、下落の余地は小さく

図3.5　典型的な調整を示すオーバーラップ

てそのあと大きく上昇することが予想できるため、トレーダーは非常に優位に立つことができる。

図3.6も下落が調整だと示唆するオーバーラップパターンの例で、ダウ先物ミニ（YM）はしばらくして高値を更新した。これは非常に価値のある情報だ。特にこのケースのようにマーケットが急落すると、多くのトレーダーは調整の底から大きく上昇しようというときに弱気になっているため、このような情報は非常に役に立つ。

図3.7は**図3.6**の続きで、オーバーラップが示唆したとおり今回の

図3.6　調整を示唆するオーバーラップ

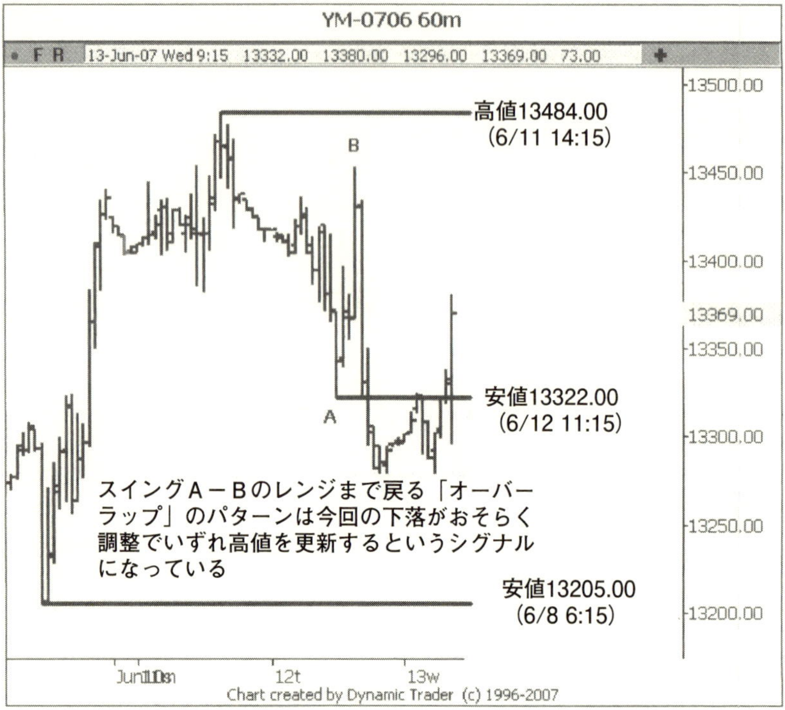

下落は調整の一部だった。マーケットはこのあと高値を更新した。

YMが**図3.6**と**図3.7**のCの安値から足２～３本のところでおそらく調整に入り、そのあとこのチャートでの安値を下回ることなく高値を更新するだろうと分かれば非常に助かるはずだ。そうすれば本書で学ぶモメンタムや価格や時間などのツールを使うことで、価格が上昇してスイングの高値を超えるよりもずっと前に、マーケットが調整を終えて買いのセットアップが整うことを見極められる。パターンの位置のシグナルは、現実の世界で使えるトレード計画のカギとなる要素

図3.7　調整と強気トレンドの継続を示唆するオーバーラップ

になり得る。オーバーラップのように単純な指針でも、現在のマーケットの位置を早期に知らせてくれることが可能なのである。

トレーディングの本やセミナーで、習ったシグナルがすべてのマーケットで機能する例を見せられたことはないだろうか。もっとはっきり言えば、本やセミナーで習ったシグナルがうまくいかなかったケースについて述べていたことがあっただろうか。本書は現実の世界について書いている。毎回うまくいくテクニカル分析やパターンシグナルやトレード戦略など存在しないということをここに記しておく。

マーケットは理想のセットアップに反する動きをすることもある。調整の高値か安値に至る理想的なパターンのあと、トレンドが力強く継続することもあり得る。前にも述べたし、これからも繰り返し述べることになるが、トレーディングとは許容できるエクスポージャーのなかで勝率が高くなる条件を探す作業である。私たちのすることがいつも正しいわけではない。しかし、そのほとんどで正しいことをしようとしなければならない。たとえ間違ったときでも、そのコストは許容範囲に抑えるようにしなければならないのだ。

トレーディングの本やセミナーで、著者や講師が教えている戦略がすべてのトレードで利益が出るわけではないことを明確に述べていなかったり、うまくいかない例を示していなかったりした場合は、大事な資金を失う前に逃げ出してほしい。このような著者や講師は誠実に生徒の利益を考えていない。

すべての調整が終了する前にオーバーラップになるわけではないし、すべてのオーバーラップが調整の一部を成すわけでもない。**図3.8**はS&P先物ミニ（ES）の60分足チャートで、一度だけ大きくスイングする調整のあとは弱気トレンドが継続して安値を更新している。この調整においては、オーバーラップのスイングはなかった。

オーバーラップが調整の一部ではないこともある。**図3.9**の四角で囲んだ部分は典型的な調整のシグナルであるオーバーラップになっている。ただ、SPXはそのまま上昇を続けて高値を更新し、オーバーラップによる調整パターンのシグナルはダマシとなった。

私は、いくつかのマーケットと時間枠をかなり調べてここに挙げたダマシのパターンを２例探し出した。これはほとんどの調整にオーバーラップがあり、オーバーラップのほとんどが調整の一部になっているからだ。２つのダマシの例のなかでも、調整の一部ではないオーバーラップというのは本当にまれにしかない。

トレード戦略に確実なものはないということを常に忘れないでほし

図3.8　すべての調整がオーバーラップするわけではない

い。ただ、勝率を高め、高勝率をもたらす条件を探し出せば、それは強みになる。オーバーラップのほとんどが調整の一部ならば、この指針は具体的な低リスク・高勝率のトレード判断を下すためのトレード計画の重要な一部となる。

図3.9　ダマシのオーバーラップ

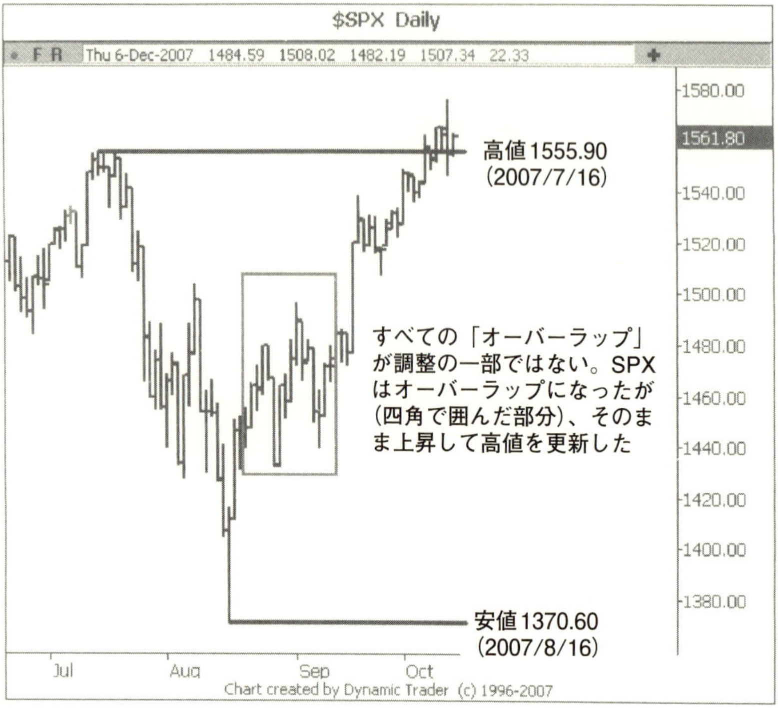

ABC調整波動

もしオーバーラップのスイングが典型的な調整ならば、調整は通常最低でも3つのスイングがあることになる。すべてのマーケットのすべての時間枠で頻繁に起こるタイプの調整には3つのスイングがあり、これはABC調整波動と呼ばれている。ただ、調整にはさまざまな形態があり、スイングが3回以上になることもある。エリオット波動に取りつかれ、13もの複雑な調整パターンを見つけたトレーダーもいたが、このなかに不規則なABC調整は含まれていない。いずれにしても調整には最低３つの異なるスイングがあるということが、われわれにとってもっとも重要な情報となる。

ここでも単純に徹して調整はABC（エリオット波動の用語でABCという３つのジグザグ）という最低３つのスイングがあるという前提で話を進めていく。もちろん調整には３つ以上のスイング（つまり単純なABC以外）があることも多いが、まずは必ず最低３つあることを確認してほしい。単純なABCの例で規則と指針とこの情報が実践的なトレード判断にどう使われるのかを見ていこう。

本書では、エリオット波動のタイプを表す用語を使ってピボットの高値や安値を探していくが、通常はこれらを単に「波」と呼ぶことも多い。波やスイングといった言葉は同じことを示している。調整の一部を成す波はアルファベットを使って「Ａ波」（WA)、「Ｂ波」（WB）などと表記する。

図3.10は、アメリカン航空（AA）の日足チャートで、ABC調整波動のあと強気トレンドが高値を更新している。アメリカン航空はＣ波の安値でＡ波のレンジにオーバーラップして調整したあと、弱気トレンドで安値を更新するのではなく、強気トレンドが継続するというパターンシグナルを出している。オーバーラップになっても、調整が単純なABCになるのか、それよりも複雑になるのかは分からない。分かっているのはこれがおそらく調整で、いずれは上昇して高値を更新するということと、調整の最低３つのスイングが完成したということだ。Ｂ波を超えた上昇は、調整の下落がおそらく終わってさらに上昇するということを示すパターンシグナルになっている。

この例はABC調整波動の最低限のパターンである３つの指針を示している。

図3.10　典型的かつ単純なABC調整波動

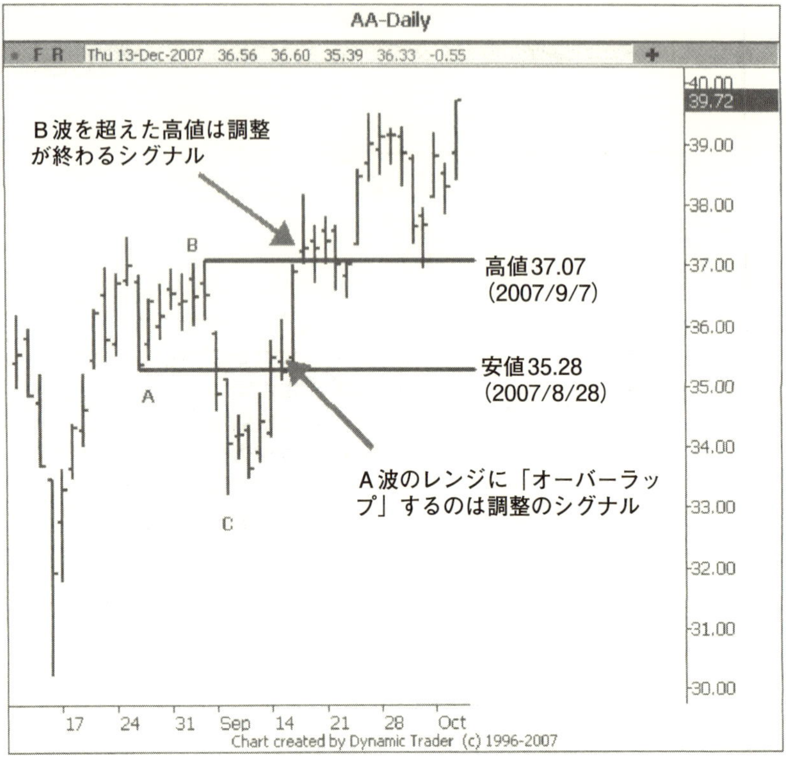

ABC指針

1. C波がA波の高値を超える
2. もしA波のレンジまで戻れば調整の最低限の条件が整う
3. B波のあとの安値は調整が終わりを迎えるパターンシグナル

図3.11はラッセル1000ETF（IWD）の日足チャートで、ここでもABCの調整波動ができている。IWDは３つの異なるスイングを形成

図3.11　ABC調整波動とそのあとの安値更新

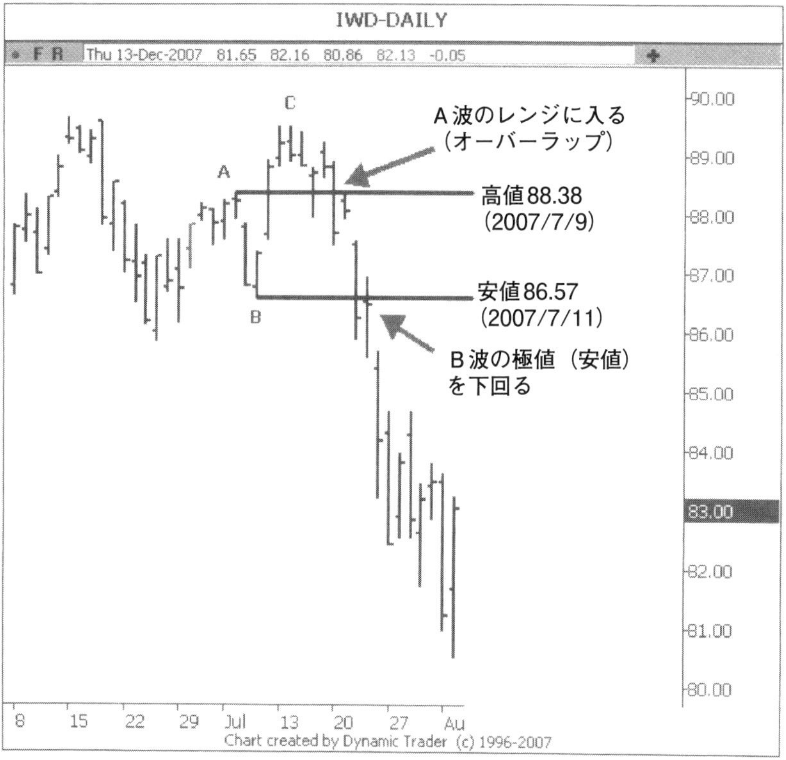

したあと再度A波のレンジに入ったことで、これがおそらく調整であり、いずれ下落して安値を更新するというシグナルを出した。IWDは、そのあとB波の安値を下回り、調整が終わって弱気トレンドが継続するというシグナルを出した。

先に進む前に大事な点をいくつか確認しておこう。われわれは知っている情報に基づいてトレード判断を下したり、高勝率になる条件を探し出したりする。ここでは調整に最低3つのスイング（波ともいう）があることが前提になっている。もしオーバーラップになれば3つのスイングという条件が満たされ、おそらく調整が起こっているだろうというパターンシグナルになる。スイングがオーバーラップしたことや最低3つのスイングが完成したことが分かったら、その時点では調整と反対方向のトレードしか検討しない。もしB波の極端な値(安値)を超えれば、調整の高値や安値はすでに付いている可能性が高く、トレンドの方向に合わせて買いや空売りを検討するシグナルとなる。このとき、損切りはC波の極端な値（高値）よりも近くに置く。

ここで、私がこれまで「と思われる」「おそらく」「可能性が高い」などという言葉を多用してきたことに注目してほしい。これについては、すべてのトレード戦略の目的が許容範囲のエクスポージャーで高勝率の結果を出せる条件を見つけることだということを思い出してほしい。ここでのキーワードは勝率で、特定の戦略（パターン認識でも2つの時間枠を使ったモメンタムでも、価格でもそれ以外でも）が必ず期待どおりの結果を出すとはけっして言っていない。私が教えているのは、あくまで良い結果が出る可能性が高い戦略や条件でしかない。

次の**図3.12**はQQQQ（ナスダック100連動ETF）の日足で、最後の足がA波のレンジに入っている。ABC調整波動が完成する最低条件が整ったため、いずれチャート上の高値を超えて上昇する可能性が高い。今後、B波の高値を超えて調整の安値が付いたことを確認する可能性もある。ここではB波自体もA波の下げの調整として小さなABCを形成していることに注目してほしい。B波自体が調整だということは、そのパターンも小規模ながら調整の指針に見合わなければならない。ただ、再分割や規模でパターン分析を複雑にするつもりはない。もちろんこれも助けになる情報ではあるが、これだけでも独立した研究分野になり得る内容であるうえ、本書で学ぶトレード戦略には必要ないからだ。

図3.12の最後の足では、ABC調整波動が終わったのかどうかも、さらに複雑なパターンに展開していくのかどうかも、さらに下落して

図3.12　調整のオーバーラップシグナル

安値を更新することがないかどうかも分からない。分かっているのは３つのスイングとA波のレンジでのオーバーラップによって調整の条件が整ったということだけだ。しかし、この情報だけでも上昇して高値を更新する可能性が高いということで、すぐに買いのトレード戦略の検討に入ることができることはトレーダーの強みとなる。

図3.13の英ポンドの週足チャートもABC調整波動になっている。C波の安値のあと最初の足がB波の高値を超えてABC調整波動がおそらく終了したというパターンシグナルとなり、この先C波の安値を

図3.13　強気トレンドが続くシグナル

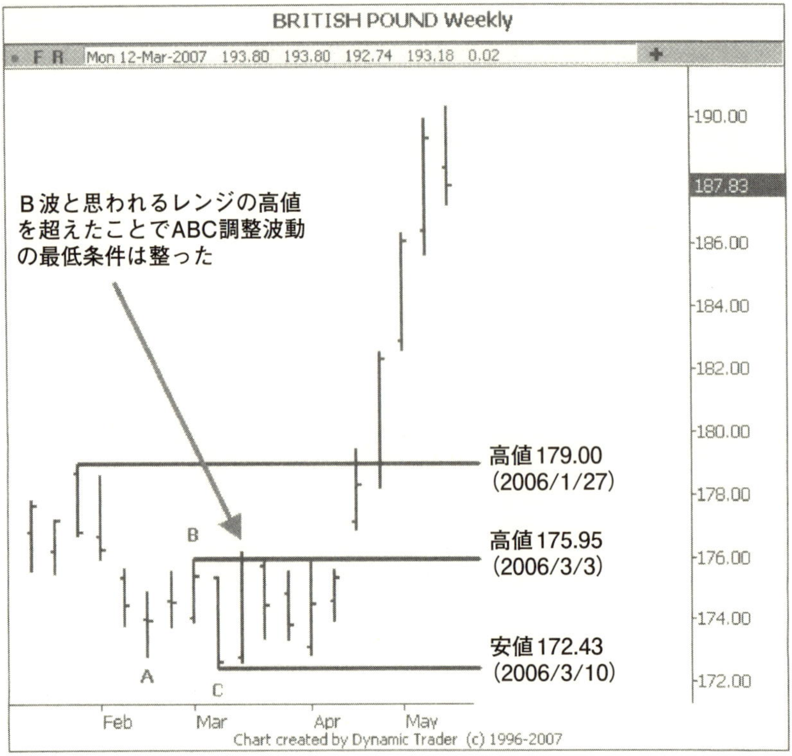

下回ることなく強気トレンドがいずれ高値を更新すると考えられる。

調整でのトレード戦略は、活発にトレードされていればETFでも先物でも指数でも為替でも、あらゆるマーケットのあらゆる時間枠に応用できる。

これまで単純なABC調整波動と、マーケットが調整に入ったときの最初のシグナル、そしてABC調整波動が終わった可能性が高いことを示す最初の条件などについて学んできた。第4章では、ABCやそれ以外の調整の終わりとなる目標値を高い確率で事前に見つける方法を学んでいく。

調整のなかでもABC調整の頻度は高いが、タイプはほかにもたくさんある。次は複雑な調整を見ていこう。

複雑な調整

複雑な調整は波（スイング）が３つ以上あるもので、エリオット波動の研究者たちによって13のパターンが見つかっている。ただ、複雑な調整は実践的なトレード戦略にはあまり貢献しないため、ここでパターンを検証していくつもりもない。われわれが知りたいのは、調整がおそらく起こっているだろうということまでで、それが分かりさえすればいずれトレンドが継続して新しい高値や安値が更新されるという見込みに基づき調整と反対方向にトレード戦略を準備できる。

複雑な調整は通常いくつかのスイングがオーバーラップしており、このことがカギとなる。マーケットで調整パターンができていていずれトレンドの方向に高値か安値が更新されると判断したときは、その調整がまもなく終わってトレンドが継続するかどうかを２つの時間枠を使ったモメンタムや価格や時間などの戦略を使って調べることができる。

図3.14は、英ポンドと米ドル（GBP/USD）の60分足チャートで、複雑な調整の例を示している。ここでは調整の最後の上昇で高値を更新しているが、スイングはすでにオーバーラップしてむしろ安値を少し更新した。このパターンは、おそらくこれが弱気トレンドの調整であり、新しい強気トレンドではないということを示唆している。GBP/USDはそのあと調整が終わって弱気トレンドを継続し、安値を更新した。

図3.15はユーロと米ドル（EUR/USD）の15分足チャートで、これも複雑な調整を示している。今回は頭をひねって調整のスイングを

図3.14　複雑な調整ではセクションがオーバーラップすることが多い

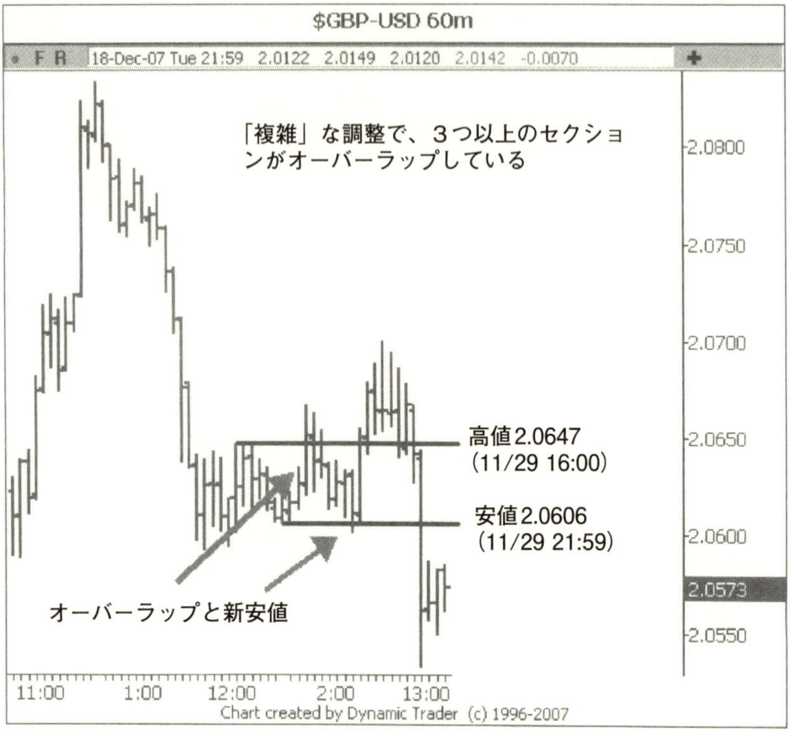

読者自身で印を付けてほしい。もっとも重要な要素は、EUR/USDが小刻みに上下しながら上昇する間に小さなスイングがオーバーラップしていることだ。このあと安値を下回ったが、これは調整が終結したシグナルであることが多い。EUR/USDはそのまま下げて調整の始まった安値を下回る水準以下に下落した。

事後の例を示すのは簡単だが、スイングがオーバーラップすれば調整が起こっている可能性が高いということをぜひ学んでほしい。この情報だけでも現在のマーケットの位置づけと次のメジャートレンドの

図3.15　典型的な調整のオーバーラップ

$EUR-USD 15M
F R 18-Dec-07 Tue 21:59 1.4416 1.4420 1.4410 1.4413 0.0004
1.4740
1.4720
1.4700
1.4680
1.4660
1.4640
1.4620
1.4600
1.4588
1.4580
安値1.4707
(12/13 7:15)
複雑な調整。小さいスイングがたくさんオーバーラップする典型的な調整。典型的なトレンドはこうはならない。調整のあと弱気トレンドが継続して安値を更新した
11:00
18:00
2:00
8:00
14:00
Chart created by Dynamic Trader (c) 1996-2007

方向を知る手助けになり、非常に価値がある。オーバーラップはトレードの方向を示す重要なシグナルになっている。

図3.16はGMの日足チャートで、ここでも複雑な調整が起こっている。価格は調整の最後近くで、このチャートでの高値には届かないが調整の高値は更新したあと、最初のスイングのレンジまで下げている。これは一連の動きが調整で、いずれ下降トレンドが継続するというシグナルになっている。オーバーラップは、調整を示す強力なパターンシグナルで、そのあとはオーバーラップを何度か繰り返して複雑

図3.16　複雑な調整とオーバーラップ

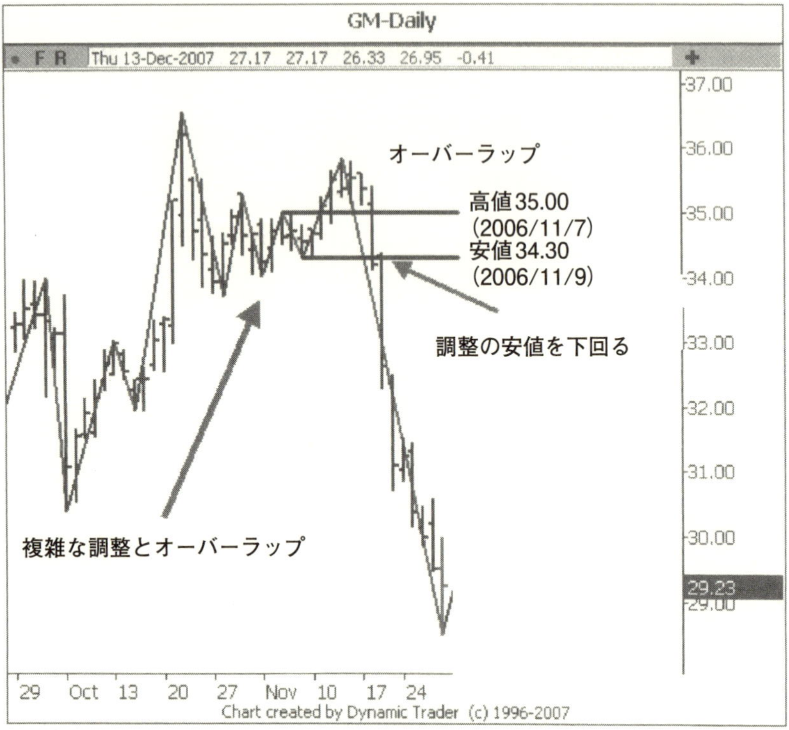

な調整になる場合もある。トレンドの方向にトレードするために、戦略としてはずっと調整の終わりを探すことになる。反転とブレイクアウトの具体的なトレード戦略は本書後半で紹介する。

パターンシグナルがすべてのマーケットのすべての時間枠で予想どおりに展開すれば、いくらでも利益が上がって素晴らしいと思う。**図3.17**はダウ先物ミニ（YM）の60分足だが、もし今回のチャートの足を１本ずつ更新していったとすれば、このパターンからは強気トレンドのなかで調整が起こっているという結論しか出ない。これを複雑

図3.17　典型的な調整パターンでもうまくいかなかったケース

な調整、保ち合い、トレーディングレンジなどと呼ぶこともできるが、大事なのはスイングがオーバーラップしていて典型的な調整の形になっていることだ。しかしこのときは結局大きく下落して、調整パターンで予想した新高値ではなく、新安値を更新した。

最高のデータと戦略と計画でもうまくいかないことは、どんな仕事でもある。マーケットも入手した情報に基づいた予想とは正反対に展開することがあり、計画どおりにいかなかったときに損失を限定するための戦略が重要であることもほかの仕事と変わらない。トレード戦略とトレード管理は、高勝率のセットアップを探すためのテクニカル分析と同じくらい重要だ。本書後半では、セットアップがうまくいかないときは損失を最小限に抑え、うまくいけば利益を最大限に伸ばすためのトレード戦略とトレード管理について仕掛けから手仕舞いまで具体的に学んでいく。

調整を見極めるカギとなるオーバーラップ

マーケットが調整なのかを見極めるための指針の原則はたったひとつしかないため、ABC調整や複雑な調整の例はこれ以上必要ないだろう。スイングがオーバーラップすれば、調整が起こっているという早期のシグナルになる。調整の方向によってマーケットが上下する間にスイングがオーバーラップして調整であることのシグナルを出し続ければ、新しい極端な値を付けず、いずれはトレンドが継続して、マーケットは調整前と同じ方向に進んでいくはずだ。

トレンドと5波動パターン

調整にはたいてい3つのスイングがあり、オーバーラップはトレンドではなく調整であるというパターンの指針となっている。また、複雑な調整になると3つ以上のスイングがあるが、オーバーラップがあればマーケットは調整していていずれ調整前のトレンドが継続し、新高値か新安値を付ける可能性が高い。

トレンドには通常5つのスイングがあり、これらのスイングはオーバーラップしない。エリオット波動の用語で言えば、トレンドは推進波動だが、本書ではトレンドという言葉を使っていく。われわれの関心は、トレンドと調整というマーケットの基本的な2つの状態を見極めることだけにあるからだ。

調整のスイングにはそれぞれアルファベットを振ってある（Ａ波、Ｂ波など）。また、トレンドのスイングには数字を振ってある（第１波、第２波など）。

トレンドには通常５つのスイング（エリオット波動の用語では「波」）がある。エリオット波動派のトレーダーは、５つの波のトレンドに関して３つの規則を用いている。この規則は非常に優れているが、私はそれを１カ所だけ修正して使っている。まずは規則とチャートを見ていこう。ちなみに、下記の規則は通常のエリオット波動のトレンド規則に修正を加えてあるため、ここでは規則ではなく指針と呼ぶことにする。

5波動トレンドパターンの指針

1．第２波は第１波の始点を超えない
2．第３波は、第１波、第３波、第５波のなかで最小にはならない
3．第４波の終値が第１波の終値と重なってはならない

修正を加えたのは３つの規則で、通常のエリオット波動の規則では「第４波は第１波とは重なってはならない」とされているが、私はその部分を「第４波の終値が第１波の終値と重なってはならない」と修正した。過去20年以上の経験から、第４波が第１波のレンジに２～３ティック入り込んでもトレンドが継続して５つの波のトレンドを完成するケースを何度も見てきたためこのように修正したのだ。それから何年もたつが、この規則は私にとってもそれ以外の人たちにとっても問題なく機能している。

図3.18は、SPXの日足チャートを使って３つの指針を説明している。

指針１の第２波が第１波の始点を超えないというのは論理的だ。もし第１波の始点を超えてしまったら新高値か新安値を更新することに

図3.18　トレンドパターンの３つの指針

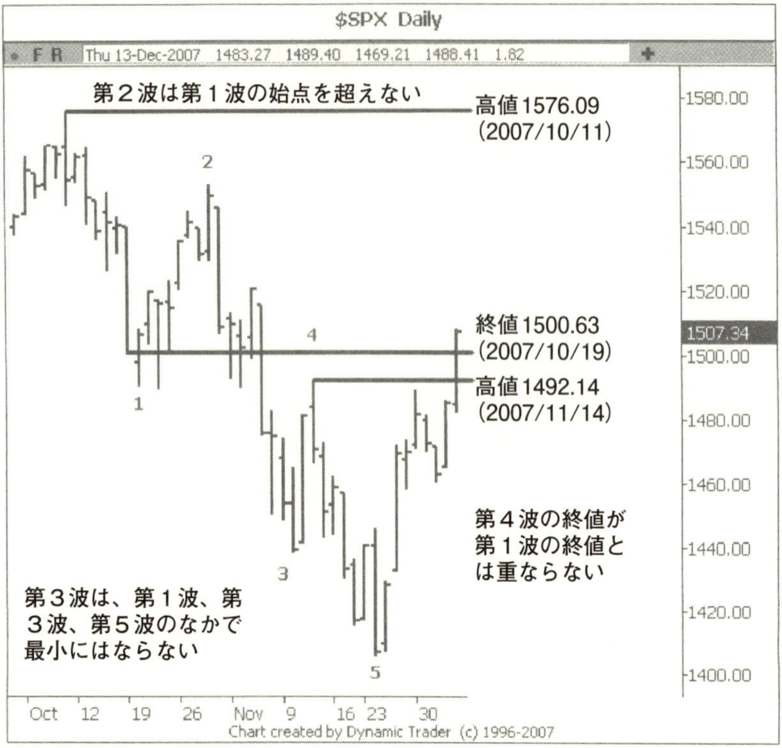

なり、新しいトレンドの始点は無効になってしまう。

第４章では、指針２を使って特定の状況におけるトレンドの最大値を予想する方法を学んでいく。

指針３は調整のオーバーラップの規則と関連している。第１波の終値がオーバーラップしていれば、マーケットが調整ではなくてトレンド途上にある可能性が高いというシグナルになる。

もっとも典型的なトレンドパターンを見る前に、はっきりとさせておきたいことがある。すべてのトレンドが指針に見合う５つの波のパ

図3.19　5波かもしれないトレンド（英ポンド）

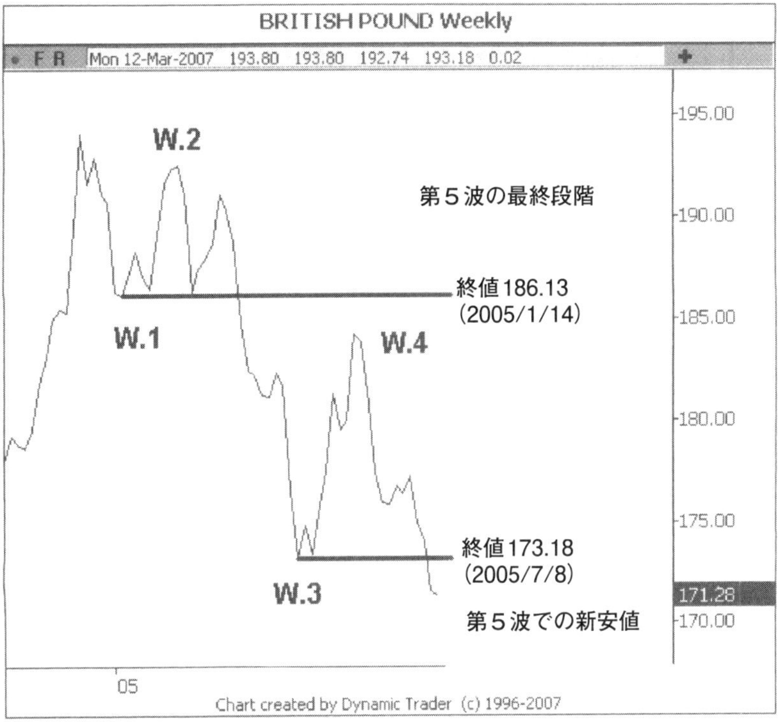

ターンを形成するわけではないということだ。ただ、多くのトレンドはそうなる。トレンドがたいていは最低５つの波（スイング）で形成されていると知っていれば、それは大きな転換を前にした最終段階にあるかもしれないと気づくための価値ある情報になり得る。いくつかのトレンドで、このトレンドパターンが実践的なトレード判断の助けになるかどうかを見ていこう。

図3.19は英ポンド（GBP）の週足チャート（終値）で、最後は理想的な５つの波を形成しながら安値を更新しているが、ここで第５波

が終わっているのかどうかは分からない。この時点でトレンドパターンがどういう助けになるのだろうか。

もし大部分のトレンドが３つの指針に適合する５つのスイングで完成するのならば、少なくとも第１波から第４波は指針に沿って完成していることが分かっているため、現在は弱気トレンドの最終段階にあるのかもしれない。そうなれば下げる余地は比較的限られていることになり、これは価値ある情報となる。GBPが何カ月間も弱気トレンドにあって最近安値を更新したのならば、スイングトレーダーにとっては典型的な弱気のシグナルとなる。そしてこれがあれば、多くのトレーダーが極めて弱気になっているときにわれわれだけが弱気トレンドが終わりに近づいていることに気づくことができる。

われわれは常に直近のデータに基づいて判断を下しているが、実際にはその直近のデータの右側でトレードする。そこで、分かっているデータと推定されるマーケットの位置に基づいて最善と思われる推測をしなければならない。GBPの週足チャートのデータに基づいたパターンの位置から見て、下落の余地は限られている。そうなると、次のスイングの安値のあとはこの弱気トレンドのなかで時間も価格も最大の上昇に転じる可能性が高い。これは価値ある情報だ。そして、モメンタムや価格や時間の位置が次の下降スイングや第５波の潜在的な安値を探す助けになる。

図3.20はSPXの日足チャートだが、最後の足からは何が分かるのだろうか。スイングの安値である３を下回って下落して、このチャートではトレンド指針の条件を満たす４つのスイングがすでに完成している。第４波は第１波の終値には重なっていないが、第５波は弱気トレンドの終了となるかもしれない新安値を付けた。下落幅は第５波の安値を付ける前に限定され、今回の弱気トレンドのなかで期間も長く値幅も大きいもっとも強い上昇が始まる（第２波か第４波の調整）可能性が高いと考えられる。

図3.20　トレンドを構成しているかもしれない５つの波（SPX）

実際にはどうなったのだろう。５波動トレンドの３つの指針を示した**図3.18**をもう一度見てほしい。**図3.18**は**図3.20**と同じものに２～３週間分を足したもので、SPXは急騰している。これは、弱気トレンドが実際に５つのスイングでできていたことを示している。

波の数え方は複雑にしないで、論理的に考えればよい。もし調整の期間や価格がそのトレンドのスイングのそれまでの期間や価格よりも長かったり上回ったりしていれば、１つの完全な波（スイング）と数える。図で説明しよう。**図3.21**はQQQQの日足チャートで、強気ト

図3.21　5波のトレンド（QQQQ）

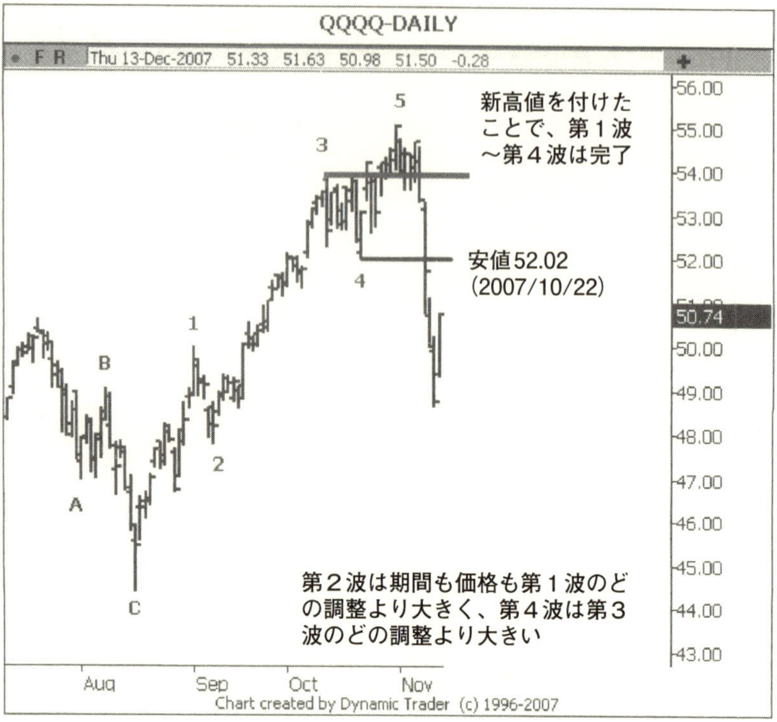

レンドの５つの波に印を付けてある。第２波の下落は４日間で、これは期間も値幅も第１波が上昇する間のどの調整よりも大きかった。この下落で、トレンドのスイング（第２波）の調整は終わった可能性が高い。

そのあとQQQQは大きく上昇して第１波を大きく上回る新高値を付けた。また、第３波の高値を付けたあと、第２波の安値以降のすべての調整よりも期間も値幅も大きい調整が第４波の安値となった。

そして次の新高値で４つのスイングが完成した。大部分のトレンドには5つの波があることから考えると、このあとの上昇幅は限られており、調整の下落がこの5波のなかで最大であれば新しい弱気トレンドが始まる可能性が高いことが、第5波に入る前に分かる。ここでカギとなるのは、第3波の高値と思われる水準を超えて新高値を付ければ、QQQQは8月の安値から始まった強気トレンドの最終段階にあるということで、近いうちに大きく下落すると考えられる。ここでは、第4波の安値を下回ったときが5波動トレンドが終わりを示すシグナルとなる。

波（スイング）は単純かつ論理的に数え、エリオット波動分析のワナに陥って身動きが取れなくならないようにしてほしい。われわれの関心は、マーケットの位置を理解して実践的なトレード判断を下す助けになる2つのパターンのみにある。

QQQQの日足チャートをもう1枚見てみよう。**図3.22**の最後の足はB波の高値の水準を超えて3波の下落を確認している。トレンドには最低5つの波があるため、このパターンは強気トレンドの調整が起こっていることをはっきりと示している。調整は複雑な調整として続いていくかもしれないが、QQQQがいずれは波が最低5つあるトレンドの新高値を更新するということがカギとなる。これはチャートの最後の足の時点では非常に強力な情報で、下落の幅は比較的限られていることと、大幅に上昇するかもしれないことが分かる。

このチャートのデータをもう少し追加しよう。**図3.23**の最後の足ではQQQQが予想どおり高値を更新して、トレンドが継続しているシグナルを出している。トレンドには最低5つの波があるが、この時点では第1波と第2波しか完成していない。つまり、これから第3波～第5波があるということで、QQQQは上昇の余地がかなりある。ここでも調整とトレンドの単純なパターン認識の指針と直近の足の時点で判明しているパターンから論理的に推察した位置によって、強力な情報を得ることができている。

図3.22　調整のあとには波が最低5つあるトレンドが続く

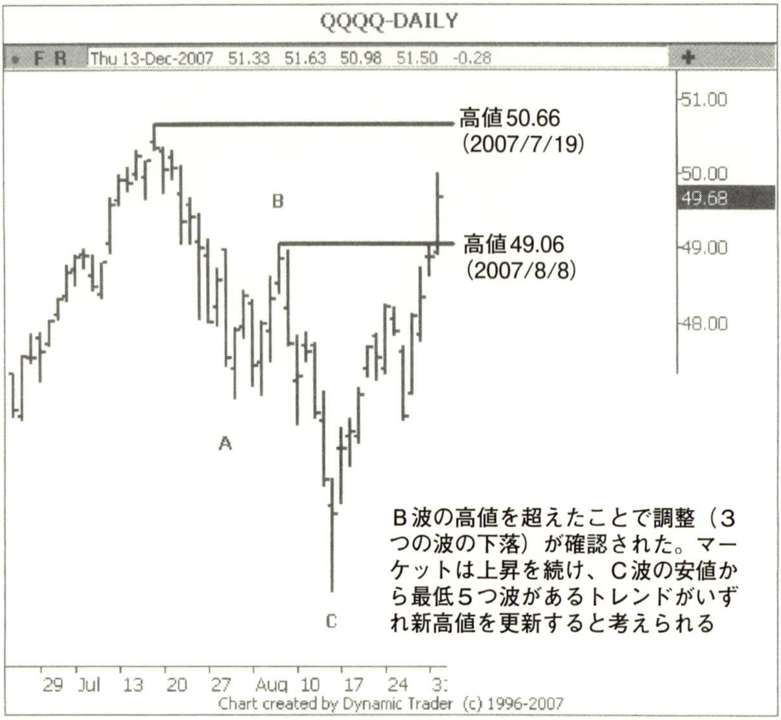
QQQQ-DAILY
F R
Thu 13-Dec-2007 51.33 51.63 50.98 51.50 -0.28
51.00
50.00
49.68
49.00
48.00
高値50.66
(2007/7/19)
高値49.06
(2007/8/8)
B
A
C
B波の高値を超えたことで調整（3つの波の下落）が確認された。マーケットは上昇を続け、C波の安値から最低5つ波があるトレンドがいずれ新高値を更新すると考えられる
29 Jul 13 20 27 Aug 10 17 24
Chart created by Dynamic Trader (c) 1996-2007

さらにデータを追加した**図3.24**では、第4波の安値と目される足のあとでチャートの最後の足が高値を更新した。トレンドの多くは5つのスイングで終わるため、C波の安値から始まったトレンドが終わるまでの上昇の余地は比較的限られている。もう分かったと思うが、結論は最初に見せたチャートのとおりで、QQQQはこのあとすぐに高値を付けてから急落した。

読者がいわゆるエリオット波動のエキスパートになる必要はない。ただ、トレンドや調整の通常の形を基にした単純な理論を使い、トレ

図3.23　トレンドには通常最低5つの波がある

QQQQ-DAILY
F R
Thu 13-Dec-2007 51.33 51.63 50.98 51.50 -0.28
51.07
高値50.66
(2007/7/19)
50.00
49.00
48.00
1
2
A
B
C
QQQQは高値を更新した。トレンドの3つの指針を満たす最低5つの波が形成されるまでは強気トレンドが継続すると考えられる
Aug
Sep
Chart created by Dynamic Trader (c) 1996-2007

ンドや調整におけるマーケットの位置やそのあとの展開を推測したり、新しいデータを入手したら理論的に段階を追って考えたりすることを身につけてほしい。波の数え方を複雑にしたり、波を細かく分割したり、波を分類したりするつもりはない。信頼できるいくつかの単純なパターンと、マーケットの展開に合わせてそれを認識していく方法を覚えておけば十分だ。

図3.24　通常はトレンドの最後となる第５波

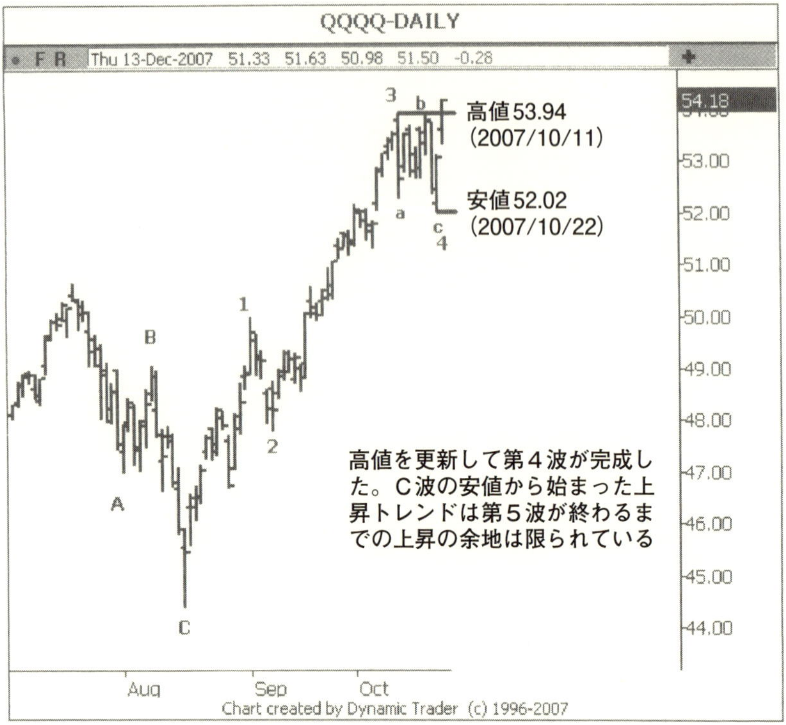

期間と値幅が上回る

少し前に、調整について「期間と値幅が（そのスイングのそれまでの調整での期間と値幅を）上回る」と定義した。ちなみに、W・D・ギャンはこのことを時間や価格のオーバーバランスと呼んでいた。これはスイングが完成したかどうかを判断する単純だが信頼のおける方法となっている。

図3.25もQQQQの日足チャートで、第２波は足４本分下落してい

図3.25　それまでより期間も価格も上回っている第２波

る。ちなみに、それまでで最大の下落は足２本分で値幅も狭かった。QQQQが高値を更新すれば、それまでよりも大きい４本の足の調整は強気トレンドのなかの第２波の調整である可能性が高い。

どのテクニカル分析を使う場合でも、手持ちの情報に基づいて何らかの仮説を立てる必要がある。予想が必ず当たるわけではないが、「期間と値幅が上回る」調整という仮定はうまくいくことが多い。少なくともさらなるデータを入手して間違いだと確信できるまでは使ってよいと思う。

ほかにも「期間と値幅が前回を上回る」調整については、トレンドが完成したあとにそのトレンド内のどの調整よりも大きい調整がある可能性は極めて低いという仮説も立てられる。言い換えれば、第２波か第４波（波が５つの場合）よりも大きい調整がある可能性は極めて低いということだ。これも繰り返し役に立つ価値ある情報と言える。ここでは「可能性が極めて低い」という言葉がカギとなる。トレンドが完了すると、そのトレンドをさらに長い時間枠で見た場合、調整が起こるか反対方向に新しいトレンドが始まる。ただ、異なる時間枠まで考慮するとトレンドの分割など話が複雑になっていき、それだけでも独立した分野になってしまう。率直に言って高勝率トレードの実践的な判断を日々下すためだけならば、そこまでは必要ないだろう。

カギとなる第５波

トレンドに関するもっとも価値のある情報は、第１波から第４波が確認されるとトレンドが最終段階に入るということだろう。私が発行しているDTレポートには「強気トレンドにおいて新高値は第４波が完成したことを確認し、トレンドが完成する第５波が終わるまでの上昇幅は限られている」という文章が頻繁に出てくる。もし高値が更新されれば、多くのトレーダーは非常に強気になる。これはトレンドの初期段階では良い感覚だが、最終段階では高くつくことになるかもしれない。もし第１波から第４波がすべての指針に見合っていれば、次のスイングが高値を更新したときにそれを長い時間枠で見れば第５波で最後の上昇スイングかもしれないと考えることができる。つまり、この情報があれば多くのトレーダーが非常に強気になっているときに天井と大きな転換に備えることができるため、非常に有利になる。

トレンドが通常少なくとも５つのスイングをオーバーラップなしで作るということが分かっていれば、その情報だけでも４つのスイング

図3.26　GMのパターンの位置

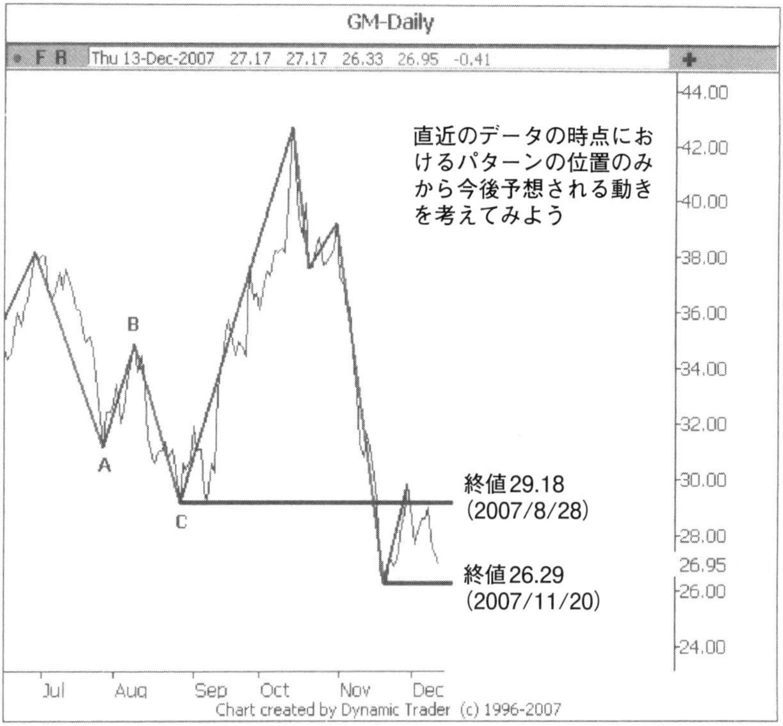

が完成しているときには極めて大きな強みになる。もしマーケットが第５波にある可能性があれば、次のモメンタムの転換が第５波完成の早期シグナルで、それに合わせてトレード管理戦略を調整できるかもしれない。モメンタムを使ってパターンの位置を確認する方法は、あとの章で詳しく紹介する。

図3.26にゼネラル・モーターズ（GM）の終値の日足チャートを載せてある。パターンの位置だけで数日後や数週間後の動きを予想してほしい。

図3.27　GBP/USDのパターンの位置

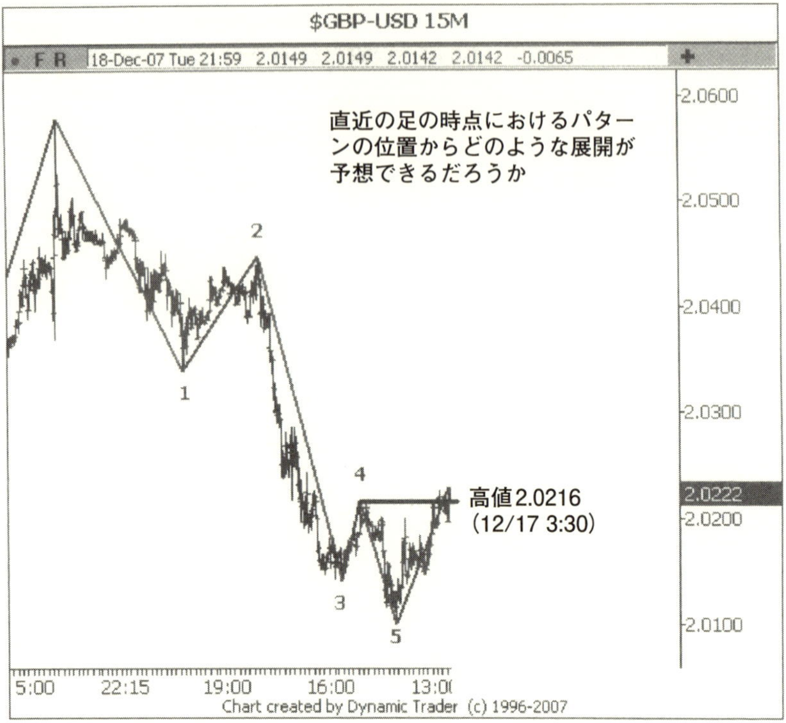

GMは安値を更新したため、下落は調整ではなくトレンドの一部だと思われる。そして、もしそうならば3つの波が完成したことになり、第4波の調整の高値のあとにGMは安値を更新するだろう。これは、この月に入ってすでに30％も下落しているGMの株主にとって良いニュースとは言えない。また、パターンの位置から言えば、GMは下げ止まるまでにまだしばらく下落が続く可能性が高い。つまり、ここは空売りでもしていないかぎり、痛い目に遭うことになる。

図3.27の英ポンドと米ドル（GBP/USD）の15分足チャートでは、

図3.28　オーバーラップしているトレンドの波

直近の足の時点でどのような展開が予想できるだろうか。

ポンドは、５波の下落が第４波の高値と見られる水準を超えたことで確認された。５波動のトレンドパターンの完成のみに基づけば、このあとはどのような動きが予想できるのだろうか。少なくとも時間と値幅が今回のトレンドのすべての調整よりも大きい調整的な上げはあるだろう。また、ポンドは弱気トレンドが継続することになるとしても、その前にしばらくは横ばいから上昇があるだろう。

通常、調整のスイングはオーバーラップしている。トレンドはオーバーラップしていないことが多い。ただ、マーケットが必ず規則どおりに動くわけではない。**図3.28**はSPXの日足チャートで、２年以上の期間を示している。SPXは強い強気トレンドで、高値も安値も切り上がっているが、それぞれのスイングがその前のスイングとオーバーラップしている。これはトレンドの構造に反しているが、こういうこともときにはある。さらに長い時間枠でオーバーラップしたスイングを見ていくと、S&Pにはトレードチャンスとなる小さなトレンドや調整がたくさん見つかる。

パターンの位置だけでトレード判断を下してはならない理由はここにある。これはモメンタム、価格、時間と合わせた４つの主要なファクターのなかの１つにすぎないし、そこに低リスク・高勝率トレード戦略が加わってトレード計画が完成する。強気トレンドの波を分析し尽くすのはエリオット波動マニアに任せて、われわれは高勝率トレードを仕掛けるための実践的なパターン指針だけで利益を上げていこう。

第４章では支持線や抵抗線やトレンドの転換点などの高勝率の目標値を事前に設定する方法を学んでいくが、その前にこれまで学んだモメンタムとパターンの位置を使ってどのようにトレード判断を下せばよいかを見ておこう。

モメンタムとパターンの位置

第２章では、２つの時間枠のモメンタムの位置をフィルターとしてトレードの有望なセットアップを探す方法を学んだ。これまで学んできたモメンタムとパターンを組み合わせてトレードの勝率を高め、初期のエクスポージャーを減らすためにはどうすればよいのだろうか。

ここでもう一度QQQQの日足チャートを見てほしい（**図3.29**）。今回はモメンタム指標が加えてある。もし第４波の極端な値（この場合は安値）を超えれば５つの波のトレンドが完成するシグナルになる。

図3.29　パターンとモメンタムのセットアップ

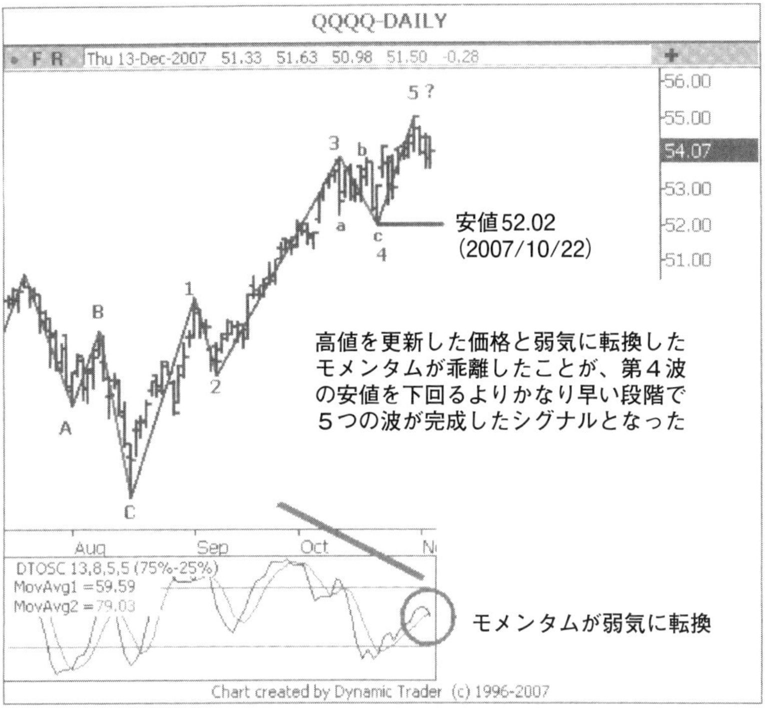

ただ、第４波の極端な値は第５波の高値とかなり離れているかもしれないため、できれば第４波の安値を下回るよりもずっと早くシグナルが出ればうれしい。チャートの最後の足ではモメンタムが弱気に転換した。QQQQの価格は第４波の安値と思われる水準よりもかなり上にあるが、第５波の高値の位置でモメンタムが弱気に転換すれば、おそらく第５波が転換するセットアップが完成する。これは最低限のエクスポージャーでできる空売りのセットアップと言える。すべてのファクターを合わせて単純だが総合的なトレード計画を立てる方法を学

図3.30　ABC調整とモメンタムの転換

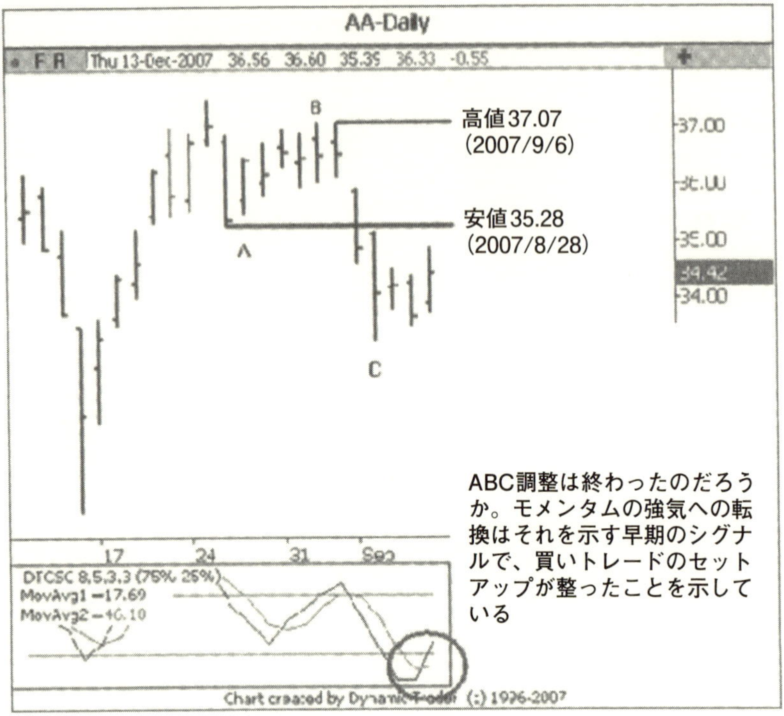
AA-Daily
Thu 13-Dec-2007 36.56 36.60 35.39 36.33 -0.55
B
高値37.07
(2007/9/6)
安値35.28
(2007/8/28)
A
C
37.00
35.00
34.42
34.00
17
24
31
Sep
DTCSC 8,5,3,3 (75% 25%)
MovAvg1 −17.69
MovAvg2 −46.10
ABC調整は終わったのだろう
か。モメンタムの強気への転
換はそれを示す早期のシグナ
ルで、買いトレードのセット
アップが整ったことを示して
いる

んでいけば、完全に独立したいくつかのファクターすべてが同じポジションを示したときが最高の勝率を最小のエクスポージャーで達成できるセットアップとなることはいずれ分かるだろう。

図3.30はアメリカン航空の日足チャートで、これは調整のスイングのところでも例として取り上げた。ABC調整波動の完成は、A波と目されるレンジの安値を下回ってオーバーラップしたときが最初のパターンシグナルとなる。このチャートの最後の足の時点で、アメリカン航空は明らかに3つのスイングを形成しながら下落してABC調

整波動を作り、モメンタムは強気に転換した。パターンの位置とモメンタムの転換を組み合わせることでオーバーラップの前にABC調整の安値で買いトレードのセットアップが整ったことを示す早期シグナルになっている。

モメンタムとパターンだけでは十分ではない

有望なパターンの位置とモメンタムの転換はトレードのセットアップを探すための強力な組み合わせで、これからの章でもさらに詳しく学んでいく。ただ、それよりもさらに強力な価格と時間の位置の組み合わせを次の2章で学んでおこう。

第4章

フィボナッチ・リトレースメントの先にあるもの――支持線や抵抗線やトレンドの転換点を高い確率で示す目標値

Beyond Fib Retracement--High Probability Price Targets for Support/Resistance and Trend Reversal

本章では、どのようなマーケット状況でも事前に非常に狭い目標レンジを予想できる新しくて独自の方法を学んでいく。ここで紹介するダイナミックプライス戦略を使えば、典型的なフィボナッチ・リトレースメントのみを使うトレーダーたちよりもはるか先を行くことができる。

次は、トレンドやカウンタートレンドが転換する可能性が高い価格ゾーンを狭いレンジで事前に探す方法を紹介しよう。ここでは単に支持線や抵抗線を示すだけでなく、あらゆるマーケットやあらゆる時間枠においてトレンドが転換する確率が高い目標価格を予想する方法を学んでいく。このだれでも毎日使える情報は、トレード計画の重要な部分になるだろう。

フィボナッチ・リトレースメントは永遠に利益の出るトレード戦略を導く魔法の道具だといったたぐいのトレード本がたくさんある。ただ、フィボナッチ・リトレースメント自体は便利な概念ではあっても、本章で学ぶ総合的なダイナミックプライス戦略と比べればほんの初歩レベルの戦略でしかない。フィボナッチ・リトレースメントは価格テクニックのひとつにすぎず、完全な価格戦略に必要となる重要な比率は含まれていない。

フィボナッチ・リトレースメントは、トレーディングソフトウエアの多くに組み込まれている。しかし、調整での高値や安値の多くがフィボナッチ・リトレースメントの位置になっているのにもかかわらず、多くのトレーダーはどのリトレースメントが支持線や抵抗線やトレンドの転換点になるのかを事前に探す方法は学んでいない。また、完全な価格戦略にはフィボナッチ比率だけでなく、それらと同じくらい重要な幾何学的比率も必要とされる。リトレースメントは、そのうちのどれかで転換するというだけでは情報として十分ではない。チャート上に３～５つあるリトレースメントのなかで、そのうちのどれが支持線や抵抗線やトレンドの転換点になる可能性が高いのかを見極める手法を探す必要があるのだ。

本章では、事前にトレンドの転換点となる高値や安値の目標値になる可能性が高いリトレースメントの水準だけでなく、トレンドや調整の終了を予想するためのいくつかの非常に重要だがあまり使われていない新しい比率も紹介する。さらに、実践的なトレード戦略に応用できる目標値ゾーンを高い確率で探し当てる独自の効果的な方法も学んでいく。

それ以外にも、本章では内部リトレースメント・外部リトレースメントや代替価格予想と、それを組み合わせることで支持線や抵抗線だけでなく、調整やトレンドが終了する価格ゾーンを狭いレンジで見つける方法も学んでいく。もしすでにフィボナッチ・リトレースメントを知っていても、新しい情報が数多く含まれている本章を飛ばさずに読んでほしい。これまでの価格分析を、まったく新しい段階の実用的な価格トレード戦略に昇華させる準備はよいだろうか。

これまでの約20年間に私はこの手法をあらゆるマーケット（為替から先物、株、ETF、投資信託に至るまで）のあらゆるタイプのトレーダー（デイトレーダーから長期トレーダーまで）に教えてきた。この手法を私はダイナミックプライス戦略と呼んでいる。これをフィボナッチ価格戦略とはしなかった理由は２つある。その１つは、このなかにフィボナッチ数列とは直接関係のない比率も含まれているからで、それらもフィボナッチ比率と同じくらい重要な意味を持っている。そしてもうひとつは、比率を典型的なリトレースメントの手法とは違った方法で使っているからだ。

私は何年もかけてダイナミックプライス戦略の改良と簡素化を重ね、あらゆるマーケットのあらゆる時間枠で使える実用的な価格戦略を作り上げた。まずは内部リトレースメントから始めよう。

内部リトレースメントと調整

リトレースメントには内部リトレースメントと外部リトレースメントという２つのタイプがある。多くのトレーダーになじみのある価格リトレースメントは私が内部リトレースメントと呼んでいるほうに当たる。

内部リトレースメントは100％未満の調整のことで、主にその調整が終了する目標値を探すのに使っている。もしすでにフィボナッチ・リトレースメントについて知っていたとしても、この項目を読み飛ばさないでほしい。ダイナミックプライス戦略を学ぶときに、用語や比率を同じ理解の下で使う必要があるからだ。

内部リトレースメントの比率は、0.382、0.50、0.618、0.786で、百分率（％）で示すことが多い。通常は最初の３つの比率（0.382、0.50、0.618）がフィボナッチ・リトレースメントと呼ばれているが、0.50は実際にはフィボナッチ比率ではない。４番目の比率（0.786）は私のセミナーなどで学んでいなければなじみがないかもしれない。実はこれもフィボナッチ比率ではないが、密接な関係がある重要なリトレースメント比率なので必ずリトレースメントに含めておいてほしい。ちなみにこの数字は0.618の平方根に当たる。

フィボナッチ自身とフィボナッチ比率についてはすでに膨大な数の

トレード本やその他の書籍に詳しく紹介されているため、興味があればそれらを参考にしてほしい。トレーディングでは必ずしも歴史を学ぶ必要はない。私は、フィボナッチ自身や幾何学や構造やそれらに関連した本でこの30年間に入手可能だったものはほぼすべて所有している。このなかの多くはすでに絶版になっているが、とにかく非常に興味深い分野だと思っている。しかし、これらの本をすべて読んでも、３ドルの資金は近所の高いコーヒーショップのカプチーノ１杯にしかならない。ここでは実践的な投資の手法だけに集中することにしよう。トレーディングのために必要なのは数字だけなので、幾何学や調和次数や比率の驚くべき歴史やその使用例については自由時間にでも読んでほしい。これらについて知ることは有意義だが、トレーディングの勉強とは関係ない。

また、マーケットがこれらの価格（と時間）と調和した反応を見せる理由についてもここでは触れないことにする。こちらも素晴らしい分野であり、まだ完全には解明されていないが、われわれの脳にこれらの比率に反応する回路が備わっていることを示す証拠はたくさんある。マーケットでのトレンドや調整は大衆心理がもたらした結果であり、トレンドやカウンタートレンドがこの比率に調和していることは自然な成り行きだろう。ロバート・プレクターが価格データの調和とその理由に関して『ソシオノミックス（Socionomics : The Science of History and Social Prediction）』『パイオニアリング・スタディース・イン・ソシオノミックス（Pioneering Studies in Socionomics）』という２冊の優れた本を書いている。この分野の背景について詳しく知りたければ、これらの素晴らしい研究にぜひ目を通してほしい。

本題からそれてしまったので、話を戻そう。内部リトレースメントとは何なのだろうか。そしてそれをチャートで示すにはどうすればよいのだろうか。

図4.1は、S&Pミニ先物（ES）の60分足チャートで、４つのカギ

図4.1　内部リトレースメント

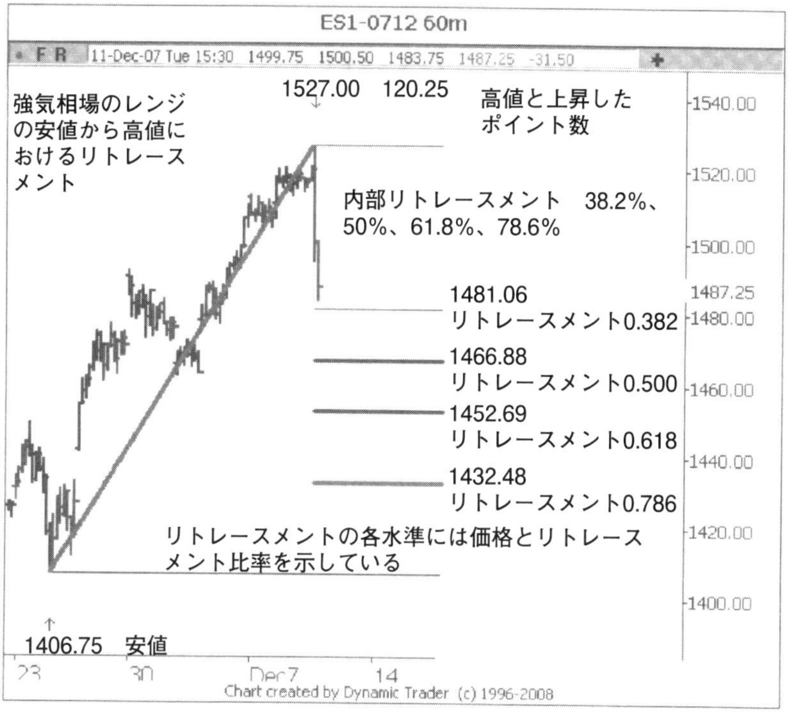

となる内部リトレースメントを示している。

　トレード判断は、カギとなる情報とその情報を素早く正確に入手することにかかっている。本書のチャートには、**図4.1**のようにスイングの高値と安値に矢印が付いている。ダイナミックトレーダーというソフトウエアではこれをデータラベルと呼んでいる。ラベルに表示する情報はユーザーが指定するようになっていて、日付、時間（日中トレードの場合）、価格の変化、価格の変化率、足の数、暦日数、モメンタムのROC（変化率）などから選べるようになっている。また、このソフトは価格の変化やROC、足の数や暦日数、ROCなどを直近のデータラベルから自動的に計算しているため、ラベルだけでもさまざまな情報が示されている。トレーディングソフトは、すべてのチャートについて少なくとも高値・安値の日付や時間が表示できるものを使ってほしい。

図4.1ではESが1406.75から1527.00まで120.25ポイント上昇している。この安値と高値はチャート内に表示しており、上昇幅はチャート上部に表示している。120.25の上昇幅に４つのカギとなる比率を掛け合わせた値を高値から引くと、４つのリトレースメントの水準になる。

トレーディングソフトの多くはリトレースメント機能を備えている。もし読者のソフトにそれがなければ、それはプロのトレーダーが必要とする十分な機能がそろっていないということで、新しいソフトが必要だろう。トレーディングソフトは任意の比率を入力して、**図4.1**のように値幅（足の高値から安値まで）か終値に基づいてリトレースメントが表示できるものを使ってほしい。

図4.2は、ダイナミックトレーダーのなかの価格のリトレースメント比率のメニューの画面で、ここでは比率の選択肢や表示の仕方、ラベルの付け方などを行ごとに色や文字の太さまで含めて選べるようになっている。読者も、少なくとも任意のリトレースメント比率（１よりも大きい比率を含めて）を選べる機能が付いているソフトを使ってほしい。本章後半で出てくるが、１よりも大きい比率はダイナミックプライス戦略のカギとなる要素になっている。

内部リトレースメントとは常に100%未満で、調整の目標値を探すのに使われる。活発にトレードされているマーケットや時間枠では調整の多くが４つのカギとなるリトレースメントの水準かその近くで終わるため、どのマーケットでもカギとなるリトレースメントの水準が分かると大いに助かる。リトレースメントは、どこで調整が終了するかや、ダイナミックプライス戦略がトレード計画にとって非常に重要な部分になっているということを分からせてくれる。**図4.3**は２年間のSPXの週足で、この間に起こった４つの主要な調整はカギとなる内部リトレースメントかその比率に非常に近いところで起こっている。

図4.2　価格のリトレースメントのメニュー画面

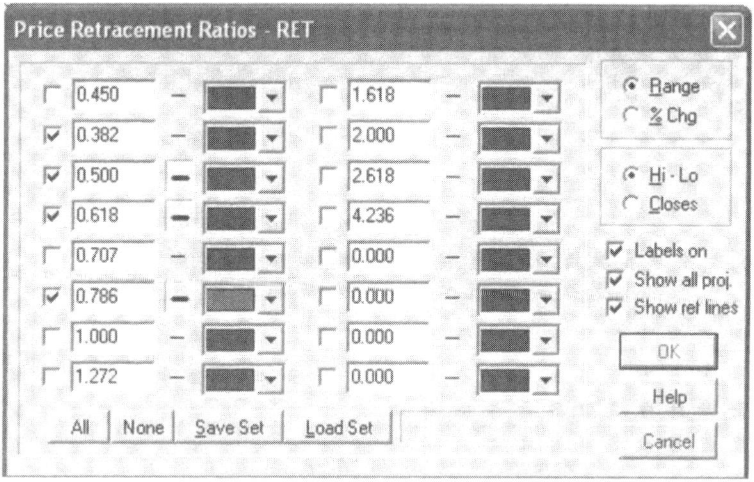

この期間におけるSPXの調整の安値は、カギとなるリトレースメントの水準そのものではなくてもその比率に非常に近いところにあり、50％や61.8％などとはわずか２～３ポイントしか離れていない。さまざまなマーケットや時間枠で調整の高値や安値がカギとなるリトレースメントの水準に極めて近いところにある例はいくらでもあるが、ここでそれを示す意味はあまりないため、その前提で先に進もう。そしてこう仮定すれば（私は過去20年間かけてこれが事実であることを確認している）、次は「４つのカギとなるリトレースメントのなかでどれが調整を終わらせる可能性が高いのか」という重要な問題について考えてほしい（あるいは実際に私に聞いてほしい）。われわれは４つのリトレースメントの水準に達するたびに、転換に備えたトレードを仕掛けるべきなのだろうか。

トレーディング講師の多くは単純なフィボナッチ・リトレースメントを示すだけだが、本章は「フィボナッチ・リトレースメントの先にあるもの」と題してこれまでとは違うレベルの価格戦略を紹介していく。リトレースメントの水準だけでは実践的なトレード戦略の役には

図4.3　内部リトレースメント

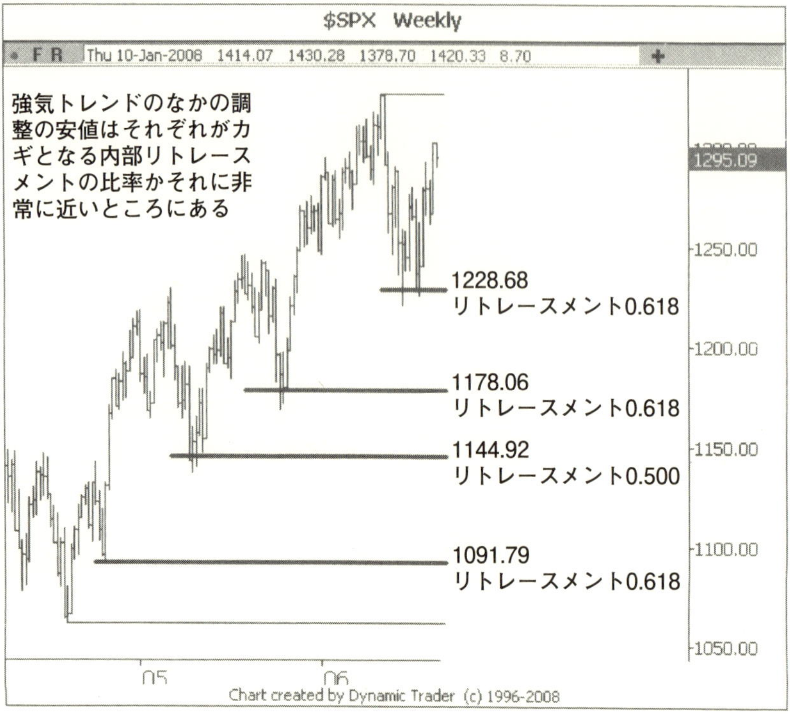

立たない。リトレースメントの水準に達するたびに転換に備えたトレードを仕掛けていたら、むしろ破産しかねない。価格戦略にはどのリトレースメントの水準が調整を終わらせる可能性が高いのかを見分けるための手順が必要になる。ここでは単に支持線や抵抗線を探すだけでなく、調整が終了する水準を知ることによって調整の最後にトレンドに逆行するトレードを手仕舞ったり、長い時間枠のトレンドに沿って仕掛けたりすることができる。また、リトレースメントの価格で転換することを期待して足止めされないように、リトレースメント近辺

でトレンドが転換する価格ゾーンを比較的狭いレンジで探す必要もある。

ここでリトレースメントの高値や安値や調整の転換点の例をたくさん示しても、あまり意味がないと思う。現時点では４つの内部リトレースメントの水準と、調整での高値や安値の多くがその水準かその近辺になるということを知っておけば十分だろう。

それでは、どのリトレースメントレベルで調整が終わる可能性が高いのかを事前に知るためにはどうすればよいのだろうか。それには代替価格予想と外部リトレースメントを使ってどの内部リトレースメントの水準が一時的な支持線や抵抗線ではなく、調整を終わらせるのかを探っていく。外部リトレースメントは内部リトレースメントと密接な関係があるが、内部リトレースメントが調整が転換する目標値近辺であるかどうかを判断するために、代替価格予想をどのように使ったらよいのかを習っていく。

ここでの目的は単に一時的な支持線や抵抗線を探すことではないということをもう一度強調しておきたい。それだけでは大して役に立たないからだ。われわれの目的はあくまで調整やトレンドを終わらせる可能性が高い水準を探すことにある。

内部リトレースメント

４つの内部リトレースメントの水準は、38.2％、50％、61.8％、78.6％。

- ●調整の多くは50％か61.8％のリトレースメント、もしくはその近辺で終わる。
- ●調整の多くは38.2％のリトレースメントでは終わらない。この水準は一時的な支持線や抵抗線でしかない。
- ●調整の多くは78.6％が最大のリトレースメントになる。もし

78.6%よりも上で引ければ、それは調整ではなく、トレンドは新高値か新安値に向かう可能性が高い。

内部リトレースメントと代替価格予想

代替価格予想は、ダイナミックプライス戦略の2つ目の手法である。リトレースメントが逆行するスイングを比較するのに対して、代替価格予想は順行するスイング（代替スイング）を比較する。

代替価格予想は調整ならば0.618と1.00と1.62、トレンドならば0.382と0.618と1.00を使う。まずは調整の代替価格予想から見ていこう。

図4.4は、米ドルと円（USD/JY）の日足チャートで代替価格予想を示している。ここでは次の上昇スイングでABC調整波動が終わる目標値を探している。そこで、スイングOAを測定してその0.618と1.00と1.618に当たる場所をBの安値から伸ばし、目標値として設定する。

チャート内には、それぞれ価格と代替価格予想と比率を記してある。われわれの関心はAの高値を超える目標値にあるが、0.618の代替価格予想はAを下回っているので該当しない。

調整の多くの高値は、代替価格予想かその近辺で付ける。このとき、もしそこが内部リトレースメントかその近辺であれば、その調整の高値は内部リトレースメントと代替価格予想の両方に近いことになる。言い換えれば、もし内部リトレースメントと代替価格予想が近ければ、調整が転換する可能性があるところを比較的狭いレンジで予想することができる。代替価格予想は、どの内部リトレースメントが調整の高値・安値になる可能性が高いかを事前に示してくれるのだ。

図4.5は、**図4.4**と同じチャートに内部リトレースメントを書き加えてある。100%代替価格予想は50%リトレースメントのわずか2～

図4.4　内部の代替価格予想

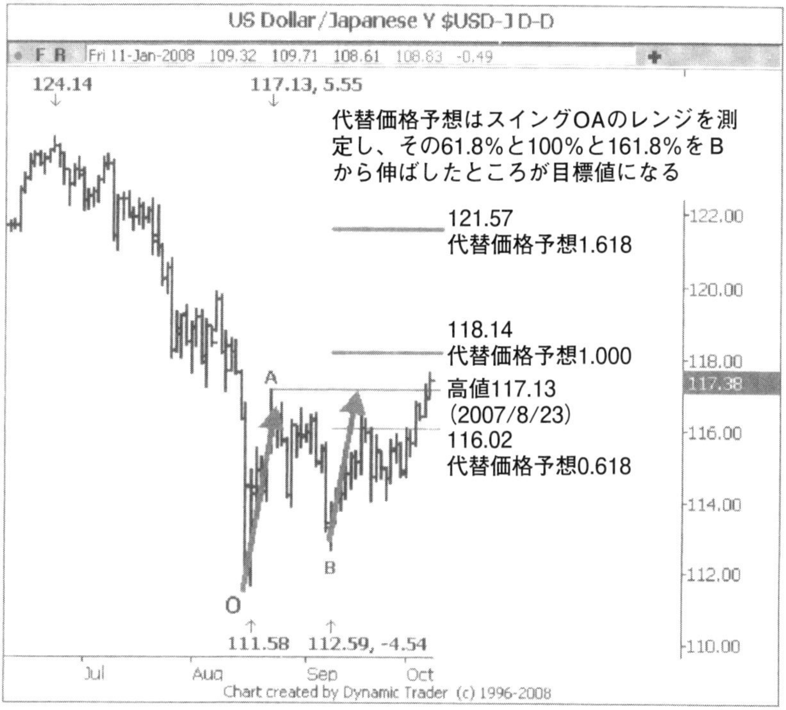

３ティック上にあり、そこをゾーン１としてある。また、161.8%代替価格予想は78.6%リトレースメントと近く、そこをゾーン２とした。ちなみに、61.8%リトレースメントの近くに代替価格予想はない。

61.8%リトレースメントの近くに代替価格予想がなければ、ここで重要な抵抗線ができたり調整の上げが終わったりする可能性は低い。つまり、もし円が調整で上げているのであれば、それが終わるのは50%リトレースメントか78.6%リトレースメントの近くである可能性が高く、61.8%の近くになる可能性は低くなる。100%代替価格予想は、代替価格予想の目標値になることがもっとも多いところで、高値・安値を付ける可能性が高い。つまり、50%リトレースメントと100%代

図4.5　代替価格予想

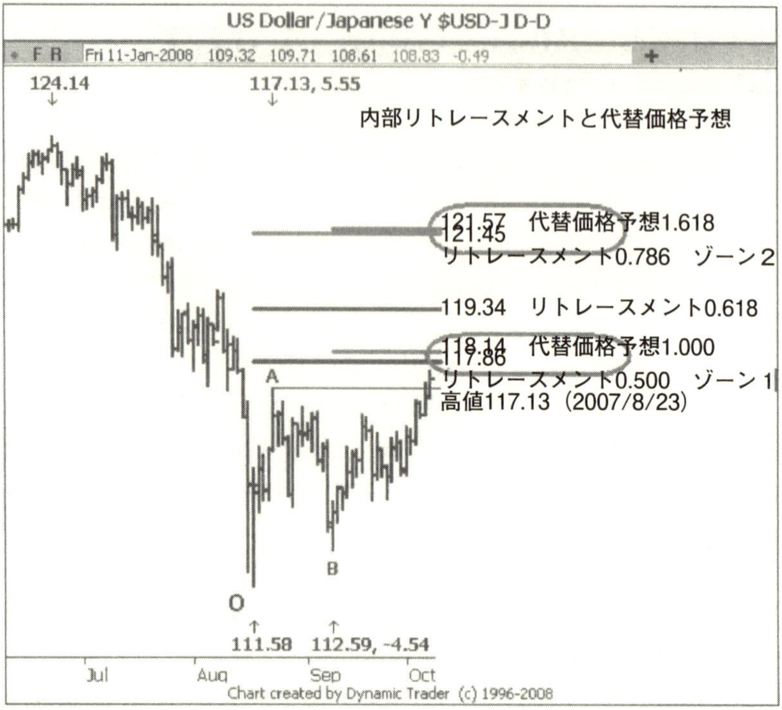

替価格予想を含む117.66～118.14円（ゾーン１）の範囲で、調整の高値を付ける可能性が高い。しかし、もし円がこのゾーンを超えて上昇すれば、61.8％リトレースメントを素通りして78.6％リトレースメントまで一気に上がってから調整の高値を付ける可能性が高い。

図4.6は、ダイナミックトレーダーの代替価格予想のメニュー画面で、リトレースメントの設定画面と同様、スイングのレンジ（Hi-Lo）や終値、価格レンジやROC（変化率）などさまざまな比率を使って予想値を設定できるようになっている。

読者にもこのような選択肢があるトレーディングソフトを使ってほしい。ソフトによってはこのような機能を代替価格予想ではなくエク

図4.6　ダイナミックトレーダーの代替価格予想メニュー画面

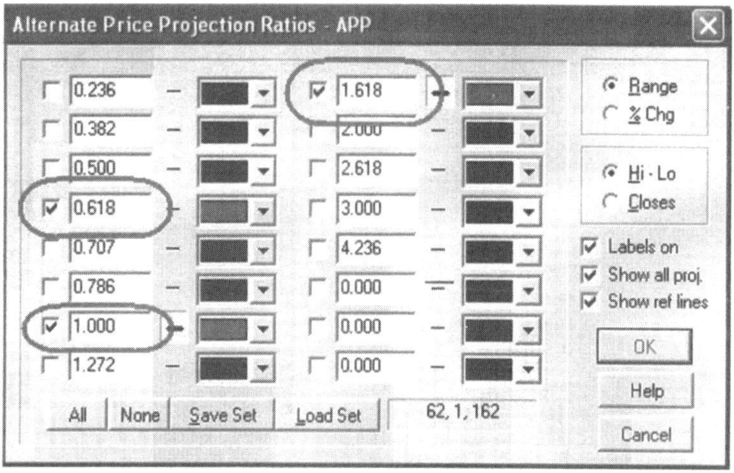

ステンションと呼んでいるものもあるが、この名称は機能を正しく表していないと思う。いずれにしても、3つの点から予想値を立てられるようになっていれば（2点で値幅を測定し、3点目からその比率分を伸ばす）、目的は達せられる。代替価格予想はリトレースメントと同じくらい重要な価格戦略なので、ぜひこのような予想機能を備えたソフトを使ってほしい。

ここで、これまで学んだカギとなる価格要素の概念がしっかりと根付いているかどうかを確認するため、簡単なおさらいをしておこう。

- 調整の多くの高値や安値は4つのカギとなる内部リトレースメントかその近くになる。
- 調整の高値や安値になる可能性がもっとも高いリトレースメントは、3つのカギとなる代替価格予想の近くにある。言い換えれば、代替価格予想を使えば調整が終わる目標値となるリトレースメントがどれかを事前に予想することができる。
- もっとも注目するのは、常に100％代替価格予想。

●リトレースメントと代替価格予想を組み合わせると、トレンドの転換点となり得る比較的狭いレンジが分かることが多い。
●もし代替価格予想がリトレースメントの近くになければ、それはせいぜい支持線か抵抗線で重要な水準ではない。調整の高値や安値の予想はリトレースメントを重視する。

図4.7も、右下にABC調整波動で61.8％リトレースメントと100％代替価格予想を含む狭いレンジができている。161.8％代替価格予想は78.6％リトレースメントからは遠く離れているため、調整の安値になる可能性が高いのは61.8％リトレースメントのほうだということが事前に分かる。

ここで何ページも割いて調整の高値や安値がリトレースメントと代替価格予想で特定できる狭いレンジにあることを示す例を大量に掲載することもできるが、本書の目的は事後の例ばかりを集めて読者を驚かすことではなく、その方法を教えることにある。ここでは代替価格予想の意味と、それが多くの場合、調整を終わらせる可能性が高いリトレースメントを事前に教えてくれるということを学んでほしい。内部リトレースメントと代替価格予想の使い方を示す例は、本章後半と第6章にも多く掲載されている。

当然ながら、代替価格予想がリトレースメントの近くにないために狭いレンジで目標値が予測できないこともある。しかし、それができたときは、2つの予想値が合致した辺りで調整が終わる可能性が高まるため、そこは低リスクの優れたトレードセットアップとなる。われわれの目的は許容できるエクスポージャーで高勝率の結果を出す条件を探すことであり、常に特定のマーケットでトレードすることではない。トレーディング自体ではなく、トレーディングで成功することを重視してほしい。言い換えれば、最高の条件が整うときを忍耐強く待って、トレードを検討することに集中してほしい。

図4.7　代替価格予想

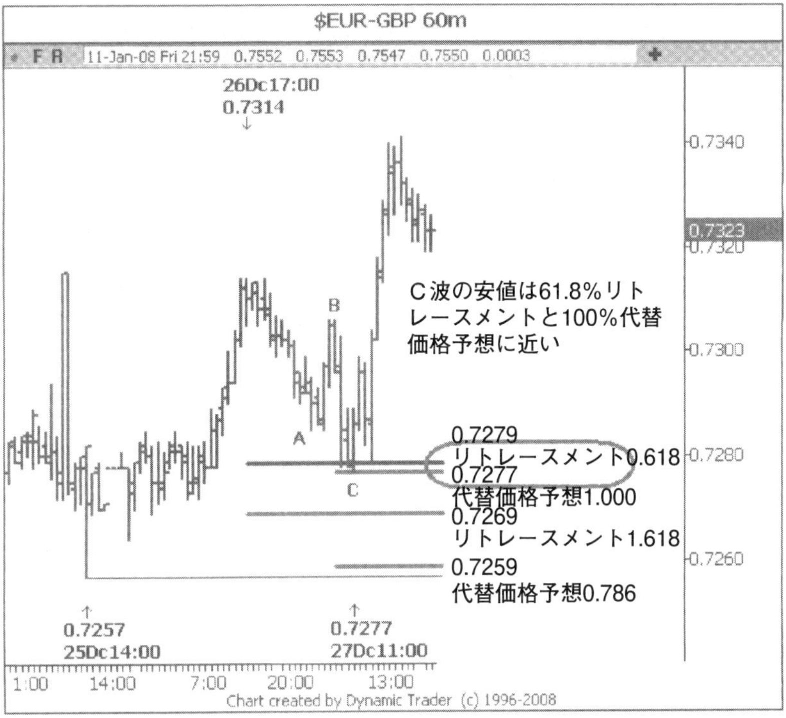

代替価格予想のさらなる利用

図4.8はS&Pミニ先物の60分足チャートである。これは弱気トレンドにある時期で、ここにピボットの印を０から４まで付けてある。これまでの例のように代替価格予想を使った調整の高値・安値の有望な目標値を探す方法は、トレンドにも応用できる。このチャートでは、２つの弱気スイング（０～１と２～３）の100％代替価格予想を４の高値から延長している。

高値や安値がトレンド内の前のスイングの100％代替価格予想近辺になることはよくある。また、すべてのスイングの値幅がほぼ同じに

図4.8　外部代替価格予想

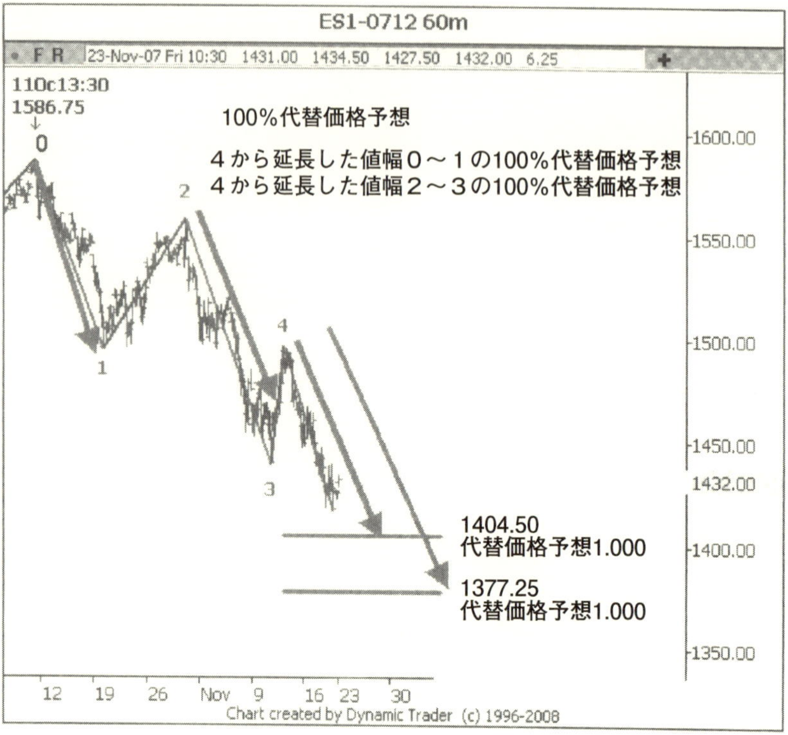

なることもある。いずれにしても、前のスイングの100％代替価格予想は常に把握しておいてほしい。100％代替価格予想だけで十分自信を持って目標値を予測することはできないが、ほかの重要な予測値もその近辺にいくつかあれば、比較的狭いレンジでの目標値を設定できる。

図4.9もESの60分足だが、別の代替価格予想を用いている。ここではピボット０の高値からピボット３の安値までの値幅を用いて、ピボット４の高値からその値幅の38.2％と61.8％分だけ延長したところを目標値としてある。２つの目標値は、第１波～第３波の値幅の38.2％代替価格予想と61.8％代替価格予想を第４波から延長した値でもあ

図4.9　別の外部代替価格予想

る。このトレンドの第５波は、この２つの代替価格予想のどちらかに非常に近くなることが多い。

図4.10は**図4.8**と**図4.9**の予測を組み合わせたもので、レンジ０～１の100％代替価格予想と61.8％代替価格予想を４から伸ばしたところはわずか１ポイントしか離れていない。２つの予測が重なる1404.50～1405.50という狭いレンジは、次のピボット安値が付いて弱気トレンドが終わる可能性が高い価格付近と言える。

図4.11はユーロと米ドル（EUR/USD）の15分足チャートで代替価格予想の別の使い方を示している。このチャートでは、同じトレンド内の調整はその値幅がほぼ同じ場合が多いことを利用して、ピボットＥの高値からＡ～ＢとＣ～Ｄの100％代替価格予想をそれぞれ示している。前の２つの調整は値幅がほぼ同じなので、２つの100％代替

図4.10　代替価格予想を使った目標安値

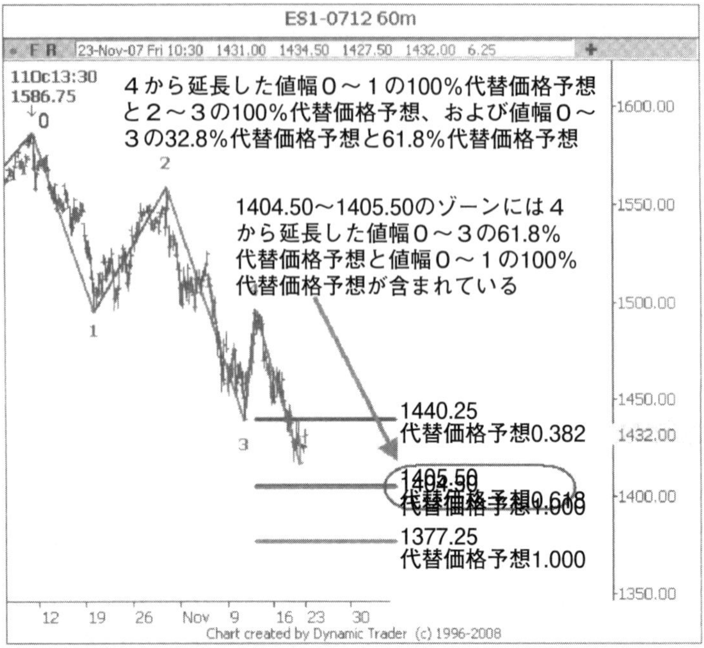

価格予想に基づいた目標値は比較的近い位置にある。そして、実際に次の小さな調整の安値は目標値内に入ってから新高値に向かって上昇していった。

マーケットは、同じトレンドや調整の前のスイングから一定の比率の場所で転換することが多い。活発に動いているすべてのマーケットやすべての時間枠でなぜこのような調和的な動きが繰り返されるのかは分からないが、理由はどうでもよい。ダイナミックプライスシステムは、この繰り返しを利用したシステムで、トレンドや調整のさまざまなスイングが同じ比率で転換するという事実に基づいて、少なくとも２つか３つの予測値が含まれる狭い価格ゾーンを探していく。この手法のメリットは、有望な支持線や抵抗線やトレンドの転換点などを事前に予想するためのカギとなる予想値や比率の数が比較的限られて

図4.11　支持線を予測するための代替価格予想

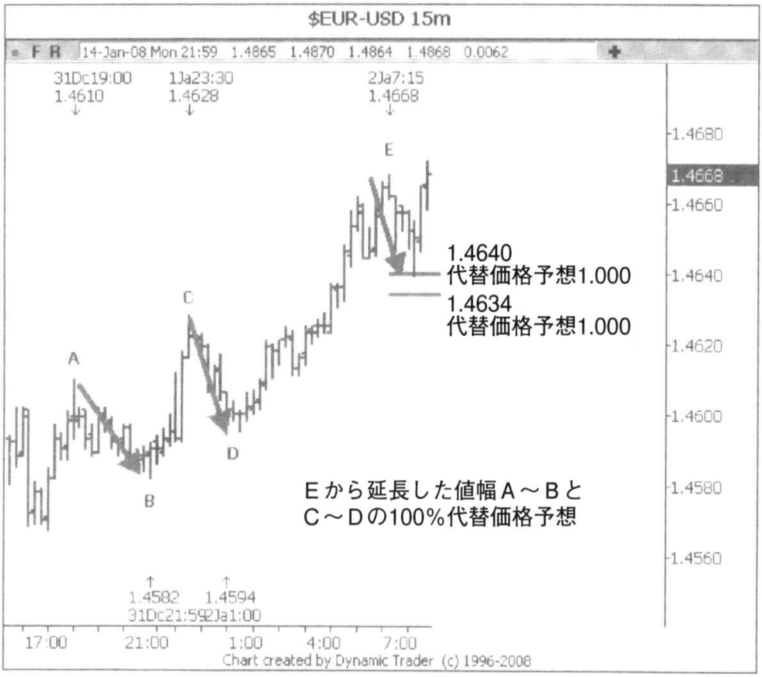

いることにある。

代替価格予想

調整のスイング	61.8%、100%、162%
トレンドのスイング	38.2%、61.8%、100%

- ●調整の代替価格予想でもっとも多いのは100%代替価格予想。もし調整でカギとなる内部リトレースメントと100%代替価格予想で出した価格が狭い値幅のゾーンに達したら注意が必要。
- ●調整のスイングが162%代替価格予想を超えることはほとんどない。
- ●38.2%代替価格予想と61.8%代替価格予想のトレンドの目標値

は、複数のスイングを使った予想に使われる。例えば、５波動トレンドの第４波の高値・安値から第１波～第３波の値幅の代替価格予想で第５波を予想する場合など。

トレンドや調整の最後のスイング探しを助ける外部リトレースメント

次のタイプのリトレースメントはあまり使われていないが、本当はもっと使うべきだろう。外部リトレースメントとは100％を超える比率のことで、通常1.27、1.62、2.62などがよく使われている。表記は少数ではなく百分率（％）で表されることが多い。外部リトレースメントも、おなじみの内部リトレースメントと同じように計算する。外部リトレースメントはトレンドやカウンタートレンドの最後のスイング（例えば５波動トレンドの第５波やABC調整波動のＣ波や複雑な調整の最後のスイング）を探すのに非常に役に立つ。もちろんマーケットがトレンドやカウンタートレンドの最後のスイングにあるかどうかが必ず分かるわけではないが、もしパターンの条件を満たしていれば外部リトレースメントはトレンドの反転の可能性がある目標値を探すための重要な要素になり得る。

図4.12は、前出のUSD/JYの日足チャートと同じものだが、３つの外部リトレースメントのみを書き込んである。

ここには値幅Ａ～Ｂの127％と162％と262％の外部リトレースメントが示してある。トレンドが転換することが多いもっとも典型的な外部リトレースメントは127％と162％なので、その２つには常に注目しておく。この例では262％が弱気トレンドのスイングの高値を上回っているため、調整の終了にはならない。次は内部リトレースメントと代替価格予想を書き込んで、狭い範囲に３種類の予想値がそろってい

図4.12　100%を超える外部リトレースメント

るかどうかを調べてみよう。

図4.13は同じUSD/JYの日足チャートだが、予測値が見やすいように少し拡大してある。このチャートにはこれまで学んだ3つのタイプの予測値（内部リトレースメント、代替価格予想、外部リトレースメント）がすべて載っている。

ここには近接している狭い価格ゾーンが3つある。ゾーン1には50%内部リトレースメントと100%代替価格予想と127%外部リトレースメントが含まれており、3つのタイプすべての値が含まれる唯一のゾーンになっている。つまり、ゾーン1がもっとも有望なABC調整の高値の目標値と考えられる。**図4.14**では、実際に調整の高値がゾーン1で付き、そのあとマーケットは下落して新安値を付けた。

外部リトレースメントは主にトレンドや調整の最後のスイングの

図4.13　外部リトレースメントを使った調整の目標値

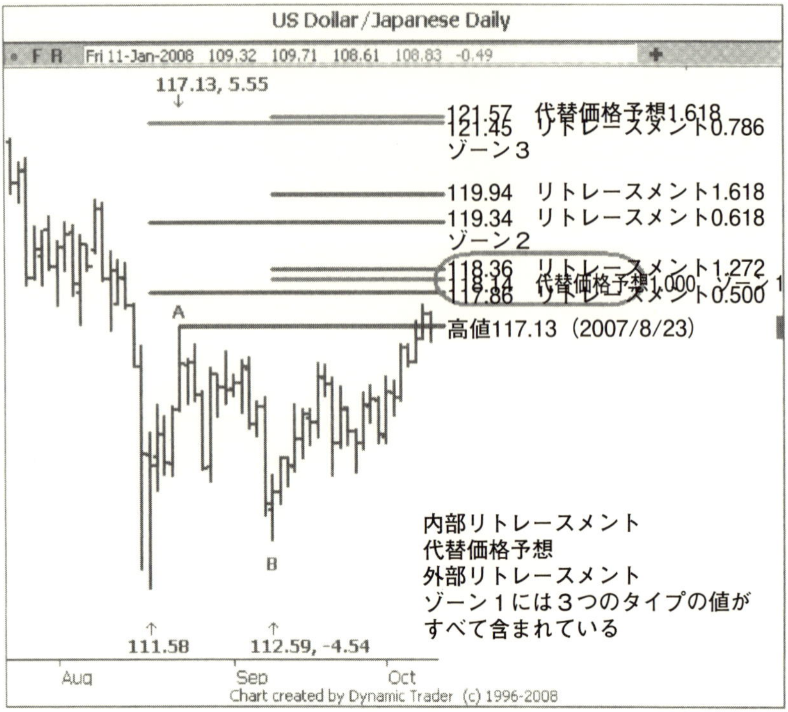

終わりを探すときに使われる。これまでの例は調整と思われるところの最後のスイングの終わりを探す助けとして使われていた。次の**図4.15**は、ダウ平均（DJIA）の日足で、５波動トレンドの最後のスイングが第４波の調整からちょうど162％外部リトレースメントのところで起こっていることを示している。

図4.16のユーロと米ドル（EUR/USD）の60分足の例でも、162％外部リトレースメントのところで安値を付けている。

第３章で学んだように、すべてのトレンドが５つのスイングで終わるわけではないが多くはそうなる。もしマーケットが指針を満たして４つのスイングを終えたら、第５波が終わる目標値として第４波から

図4.14　ゾーン１の目標値のなかで付けたＣ波の高値

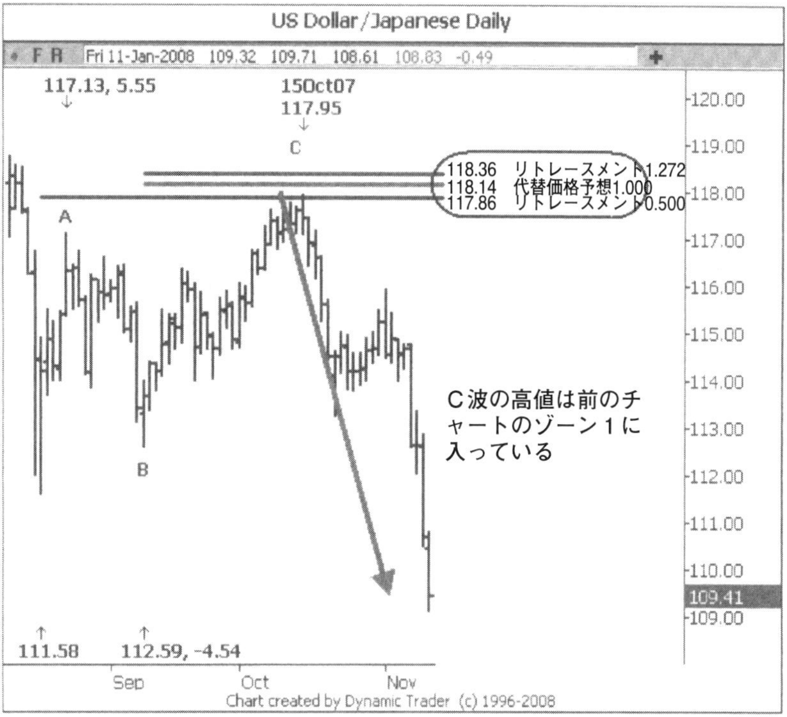

127％と162％の価格を必ず注意して見るようにしてほしい。

外部リトレースメント

外部リトレースメントに通常使われる比率は127％と162％と262％。

- ●外部リトレースメントは、トレンドやカウンタートレンドの最後のスイングを探すときに役に立つ。
- ●外部リトレースメントは単独で目標値を探すものではなく、代替価格予想や内部リトレースメントの確認として使う。

図4.15　127%と162%外部リトレースメントによる支持線の目標値

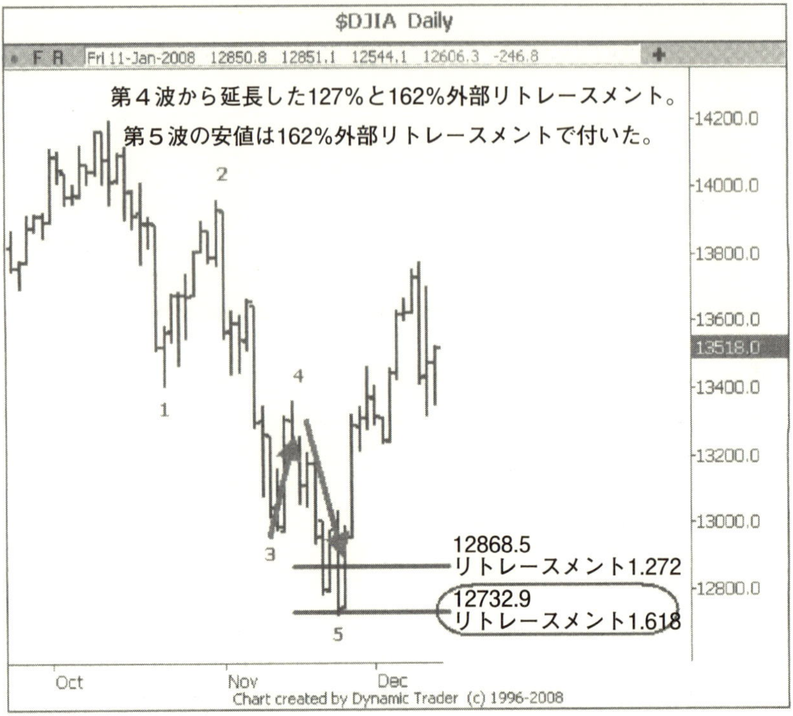

パターン別の目標値

私は過去20年をかけて、もっとも頻繁に起こるエリオット波動のパターンごとに高い確率で到達する目標値を探し出した。この手法は、波の終了の目標値と呼んでいる。第３章では、マーケットのすべての時間枠のなかからもっとも頻繁に起こるABC調整波動パターンと５波動トレンドパターンのみを取り上げた。この２つはすべてのパターンのなかでも具体的に波の終わりを示す目標値を予測できるもっとも単純で、もっとも役に立ち、もっとも信頼できるパターンだと思う。長年私の実践的なトレーディング用教材で学んできたトレーダー

図4.16　外部リトレースメント上にある第５波の安値

の多くは、この２つのパターンのみに集中してすべてのトレードを行っている。読者も、勝率が非常に高い１種類か２種類のセットアップに特化することを検討してみてほしい。ほかの仕事にも言えることだが、セットアップの種類は少なくてもスペシャリストとして極めれば、成功する可能性は高くなる。

パターンにはABC調整波動パターン以外にもたくさんあるが、ABC調整波動パターンの最低限の条件が整えば、ABC調整波動パターンの可能性を考慮してＣ波の目標値を予測しておく必要がある。同様に、エリオットの５波動トレンドパターンの指針を満たす５つのスイング（波）が完成しないで終わるトレンドもたくさんあるが、指針を満たす４つのスイングが完成したらトレンドを終わらせるかもしれない第５波の目標値を予想しておかなければならない。ただ、これはダイナミックプライス戦略がほかのパターンには使えないということではない。本書後半には、すべてのトレード戦略が３波動のABC調整波動パターンや５波動トレンドパターン以外の動きにも使えることを示す例を多く掲載してある。次は、どんなマーケットのどんな時間枠にもある３波動のABC調整波動パターンや５波動トレンドパターンの終了する目標値を高確率で当てる点に注目してほしい。

ABC調整波動パターンの目標値

調整のなかでも単純なABC調整波動パターンは頻繁に起こるタイプで、ガートレーパターンとも呼ばれている。このタイプは、２つのスイングが完成したかどうかを確認するための最低限の指針が明確になっている。そして、２つのスイング（A波とB波）が完成していれば、C波終了の目標値を見極めるための具体的な価格戦略がある。

C波終了の有望な目標値は、すでに学んできた３つの予測で事前に分かる。実際、これまで見てきたいくつかの例はその方法でABC調整波動パターンの目標値を予測してきた。マーケットが本当に調整しているのかどうかは分からないが、もしABC調整波動パターンになった場合に備えて有望な目標値を予測する方法を学んでおこう。

C波終了の目標値を予測する

前のトレンドの内部リトレースメント　38.2％、50％、61.8％、78.6％

A波の代替価格予想　61.8％、100％、162％

B波の外部リトレースメント　127％、162％、262％

- C波の理想的な目標ゾーンには、すべてのタイプの予測値がひとつずつ含まれている
- 大部分の調整は内部リトレースメントの4つの予測値のどれかの近くで終わることが多いため、3つのタイプのなかではもっとも重要
- 次に重要なタイプは代替価格予想
- 3番目に重要なタイプは外部リトレースメント
- C波の目標ゾーンになる可能性が高いのは、内部リトレースメントと代替価格予想が含まれているレンジ

3つの予測値を算出したら、すべての予測値が含まれる比較的狭いレンジが理想的な目標値となる。3つの予測値は、内部リトレースメント、代替価格予想、外部リトレースメントの順に重要で、目標値には最低でも内部リトレースメントと代替価格予想の予測値をひとつずつ含んでいる必要がある。

図4.17はユーロと米ドル（EUR/USD）の日足チャートで、3つの予測値が書き込んである。ここにはたくさんの価格が書き込んであって、このなかのどこかで安値を付けるであろうことは一目で想像がつく。これは正しい考え方だが、大事なのはこのなかのどれがABC調整波動パターンを完成させる安値の有望な目標値かが事前に分かることであり、もちろんそれは分かる。

図4.17の2つのゾーンには、比較的近い場所に3つの予測値がすべて集まっている。ゾーン1には50％内部リトレースメントと62％代替価格予想と127％外部リトレースメントが含まれている。ただ、チャートの最後の足は値幅が広く、1日でA波の安値を超えたうえにゾーン1も下回っているため、ゾーン1は候補から外す。

ゾーン2には62％内部リトレースメントと100％代替価格予想と162

図4.17　C波の目標値（EUR/USD）

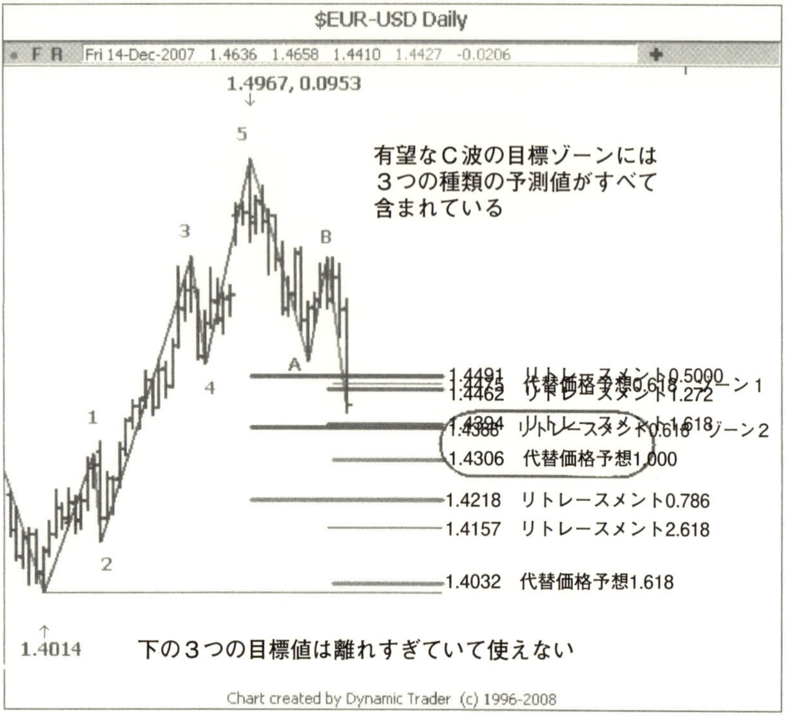

%外部リトレースメントが含まれている。もしEUR/USDでABC調整波動パターンが起こっているならば、C波の安値の有望な目標値はゾーン2と考えられる。その下の3つの予測値はそれぞれが離れているため、有望な支持ゾーンにはならない。このようにして、図中の9の予測値のなかからABC調整波動パターンを完成させる安値ゾーンを比較的狭いレンジで事前に予測することができる。

事前に調整が起こっているかどうかはけっして分からないが、長い時間枠のモメンタムや価格やパターンや時間の位置に基づいて調整の有無を仮定することはできる。調整はABC調整波動パターンなのかそれよりも複雑なのかも分からないが、われわれは調整が最低３つのスイングから成るという前提で予測を立てていく。

内部リトレースメントを中心として３つの予測値から比較的狭いレンジを探すことで、ABC調整波動パターンを終わらせる可能性が高い目標値を完全に客観的な方法で予測し、事前に備えることができる。そして、もしこのゾーンに達したら価格が転換する可能性が高い条件を満たしたことになる。トレーディングもほかの仕事と同じで、知っていることと知らないこととできることを見極めて、それに基づいて判断を下していく。

図4.18は、金銀鉱山株価指数（XAU）の終値チャートである。そこに３種類のＣ波の目標値をすべて書き入れてある。このなかで、すべての種類の予測値が比較的狭いレンジで集まっているゾーンがひとつある（丸印）。この終値チャートを見るかぎり、もしXAUがABC調整波動パターンに入っているのならば、Ｃ波はこのゾーンで安値を付ける可能性が高い。

この２つのABC調整波動パターンの例で、私はあえて結果を示さなかった。現時点での目的は予測の立て方を学び、主要なリトレースメントの近くにある転換の可能性が高い目標値を事前に探すことにある。それができるようになれば、どんなマーケットでもどんな時間枠でも調整の転換に備えることができる。私は、もう20年近くこれらの目標値を使って反転を予測している。われわれがほぼ毎日発行しているDTレポートでは先物や株やETFや為替など主なマーケットの日中チャートから月足チャートまでこの手法を使っている。このダイナミックプライス戦略をトレード計画に組み込めば、事前に予測して備えていた目標値でトレンドや調整が頻繁に転換することに驚くだろう。

ただ、有望な支持線や抵抗線や転換点のゾーンを探すためにすべての予測値を算出するのは面倒だと不満を言う生徒もたくさんいる。こ

図4.18　C波の目標値（XAU）

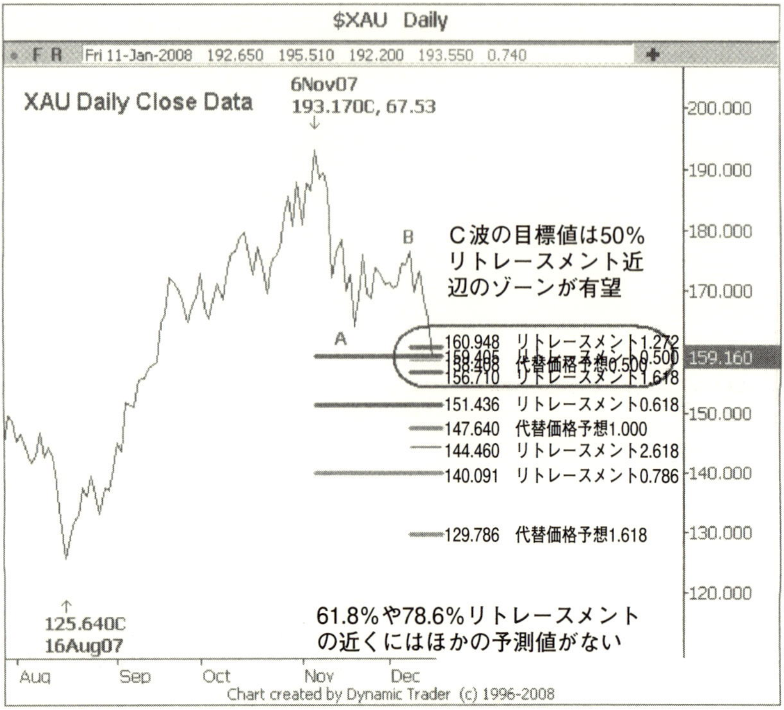

れに対して私はいつも「トレード判断を下すために必要な情報を得るための努力をするつもりがないのならば、トレードする資格はない」と答えてきた。近年、さまざまなトレーディングソフトや詐欺まがいのシステムなどが出回っているせいか、成功するためにすべき作業があることを理解していないトレーダー志望者が大勢いる。トレーダーの成功は、特定のソフトやシステムがもたらしてくれるものではないし、強力なコンピューターや総合的なトレーディングソフトや安いデータだけで成功した人はいない。これらはトレード判断を下すために

必要な情報を素早く正確に提供するだけで、成功の決め手にはなり得ない。トレーディングも努力と知識と経験だけが成功をもたらしてくれるという点では、ほかの仕事と変わらない。

第５波終了の目標ゾーン

第３章で学んだとおり、トレンドは５波動のパターンがもっとも多い。もちろんすべてのトレンドが第３章で学んだエリオット波動の指針に見合う５波動を完成させるわけではないが、４つ目が完成すれば５つ目が完成したときにトレンドが終わる可能性が高いことを想定しておく必要がある。

私は長年、第５波が終了する目標値を予測し、実際にそのとおりになってきたことは毎日DTレポートが示している。４つのスイングが完了したときは、必ずこれらの予測を使って第５波終了の目標ゾーンを狭いレンジに絞り込んでほしい。

第５波動トレンドパターン終了の目標値の予測

第４波から延長した第１波～第３波の代替価格予想　38.2％、61.8％、100％

第４波から延長した第１波の代替価格予想　100％

第４波から延長した外部リトレースメント　127％、162％、262％

- 第５波の理想的なゾーンにはすべての種類の予測値がひとつずつ含まれている
- 予測値を重要な順番に並べると、第１波～第３波の32.8％と61.8％代替価格予想、第１波の100％代替価格予想、第４波の127％と162％外部リトレースメントとなる

●商品市場の第５波から延長するとき以外で、第１波～第３波の100％代替価格予想と第４波の262％外部リトレースメントが目標値になることはほとんどない

図4.19はESの60分足チャートで、これは価格予想の例にも使ったものだ。今回は第５波終了の目標値として３つの種類の予測値を書き込んである。３つの種類とは、①第４波の極端な値から延長した第１波の値幅（ポイント０～１）の100％代替価格予想、②第４波の極端な値から延長した第１波～第３波の値幅（ポイント０～３）の38.2％と61.8％代替価格予想、③第４波の値幅（ポイント３～４）の127％と162％外部リトレースメント――のことで、すべての種類が含まれている狭いゾーンは1404.25～1405.50しかない。

もしESが下げ続けて1405.50付近に達すれば、第５波の安値の転換シグナルとなるモメンタムやパターンには大いに注意しなければならない。そのあとの結果が気になるかもしれないが、現時点でそれは重要ではない。大事なのは４つのスイングが完成したときに第５波終了の目標値を算出できるようになっておくことだ。完璧にいった事後の例ならいくらでもあるが、ここは一歩ずつ進めていかなければならない。本書を読み進めていくなかで、モメンタムやパターンや時間の位置を実践的で低リスクのトレード戦略に統合し、この重要な情報を仕掛けから手仕舞いまで活用していく方法をひとつずつ学んでいってほしい。

図4.20はコストコの日足チャートで、これも第５波終了の目標ゾーンとなる可能性が高い。ここでも３つの種類の第５波終了の予測値を算出して、すべての種類を含む71.66～72.56のゾーンが見つかった。チャートの最後の足はこのゾーンからほんの２～３ポイントしか離れていない。コストコは３カ月に及ぶ強い強気相場をへて最後の足で高

図4.19　第５波終了の目標値（ES）

値を更新した。これ以上の上昇には限界があり、そのあとの大きな下落の可能性を警戒しておく必要がある。

これまで、ABC調整波動パターンと５波動トレンドパターンというもっとも頻繁に起こるパターンの有望な目標値を事前に探す方法を学んできた。調整となり得る２つのスイングが完成したときにはC波の高値や安値に備え、トレンドとなり得る４つのスイングが完成したときには第５波の高値や安値に備えてほしい。波の終了やダイナミックプライス戦略がトレード計画において非常に重要な要素であり、ト

図4.20　第５波終了の目標値（コストコ）

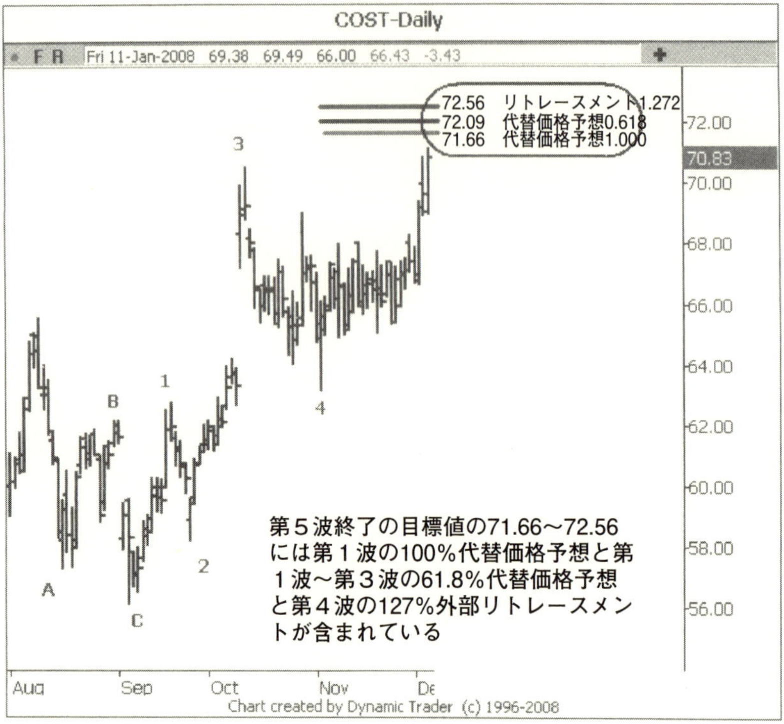

レード戦略やトレード管理の大きなエッジ（強み）になることはいずれ分かると思う。

価格とパターンとモメンタム

　もし価格戦略が正確な支持線や抵抗線やトレンドの転換点をピンポイントで示すことができれば、それ以上の情報はトレード判断に必要ない。ただ、本章で学んでいるダイナミックプライス戦略は私が過去

20年以上の間に見たなかでもっとも速くて簡単で信頼できる価格戦略だが、この戦略でさえすべての実際の高値や安値が事前に予測した目標値とぴったり合うわけではない。もし価格の位置のみでトレード判断を下さないのならば、これらの支持線や抵抗線やトレンドの転換点を使った戦略をトレード計画の一部としてどう利用すればよいのだろうか。

前の２つの章ではモメンタムとパターンの要素を学んできた。このように、本書では各要素を章ごとにひとつずつ積み上げていくことで、完全なトレード計画が完成する過程を見ることができるようになっている。ここで、モメンタムやパターンや価格のファクターを組み合わせて高勝率トレードの条件を設定した例をいくつか見ておこう。

図4.21は、前にＣ波終了の目標値を予測したときに使ったXAUの終値チャートで、今回は数値がよく見えるように予想値を２つだけ表示している。上側は外部リトレースメントで、下側はリトレースメントである。

この下落は、ABC調整波動パターンの可能性を示唆している。XAUは事前に予測されていたＣ波の目標ゾーンに達し、その２日後に日足のモメンタムが売られ過ぎゾーンから強気に転換した。パターンも価格もモメンタムもＣ波が終わって安値を付ける条件を満たしているため、このあとは上昇して新高値を目指すと考えられる。

XAUチャートの最後の足の時点で、そのあとABC調整波動パターンの安値を付けるかどうかは分からない。XAUはすぐに下落して新安値を更新するかもしれないし、さらに複雑な調整に展開していくかもしれない。ただ、XAUが典型的な調整（３つのスイングから成る）の最低限のパターンの条件を満たして理想的なＣ波の目標ゾーンに達したことと、日足のモメンタムが強気に転換したことだけは分かっている。われわれは常に分かっていることに基づいてトレードしているということを思い出してほしい。この時点では、許容できるエクスポ

図4.21　価格とモメンタムの転換

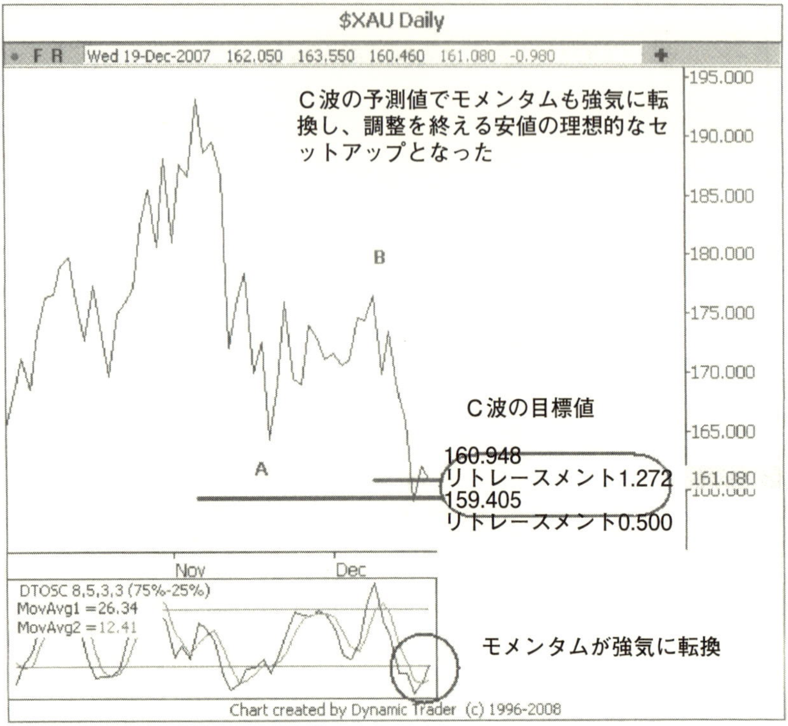

ージャーの範囲内で高勝率の結果をもたらす条件が整ったことが分かっている。

買いトレードの初期のエクスポージャーがわずか２～３ポイント（最後の足の終値とこれまででもっとも安い終値の差）であることや、潜在利益が35ポイント以上（調整と思われる動きが始まった高値までの値幅）であることは高額なトレード管理ソフトやスプレッドシートがなくても分かる。もしこれらの条件が整えば、トレードする価値はあるのだろうか。もしあると思わないのならば、本書を閉じてゴルフ

図4.22　価格とモメンタムが強気に転換

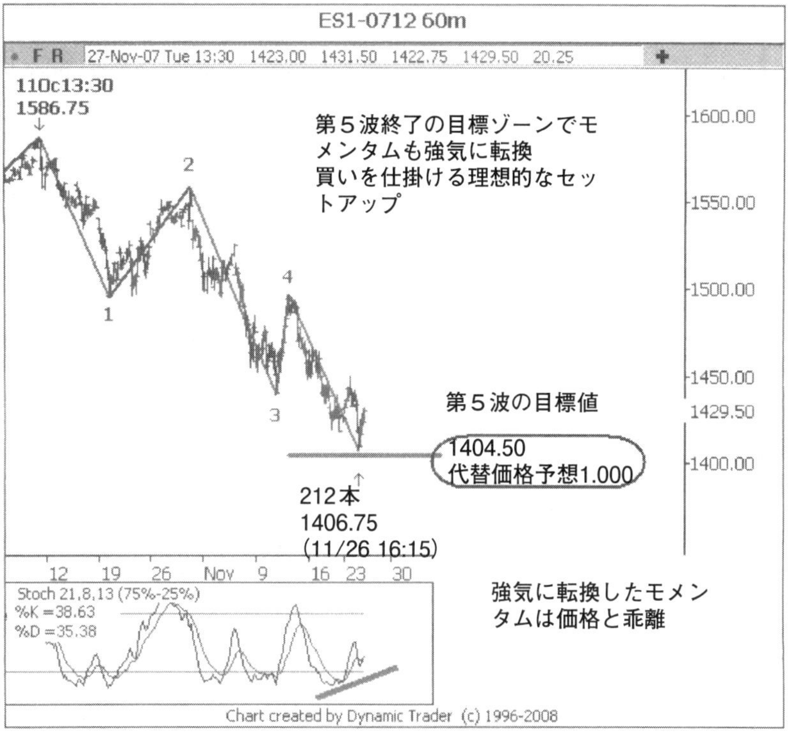

にでも行って楽しんできたほうがよい。そして、トレーディングという仕事について何らかのセンスと理解を得てから戻ってきてほしい。

図4.22はES（S&Pミニ先物）の60分足チャートで、第５波終了の目標値の例に用いたときは３つのタイプの予測値が２ポイント以内に集まって目標値になる可能性が高いゾーンができていた。今回は、見やすくするために100％代替価格予想のみを表示してある。

最後の足の時点でS&Pは第５波の安値の有望な目標値に達し、モメンタムは強気に転換して価格とはダイバージしている。これは上昇の余地が大きく、最低限のエクスポージャーで買いを仕掛けるための理想的なセットアップになっている。

ここでも、今何が分かっているのかを考えてほしい。パターンと価格とモメンタムが、5波動トレンドパターンが安値を付けて完成する典型的な位置にあることは分かっている。また、安値を更新するとすれば下落幅は比較的限られているが上昇の余地は大きい。ただ、本当にトレンドが転換する安値を付けてそのあと大きく上昇するかどうかは分からず、S&P500はそのまま下げ続けるかもしれない。それでも、トレード計画の目的である「許容できるエクスポージャーの高勝率の条件」は見つかった。これこそがトレードセットアップなのである。

これらの例はモメンタムとパターンと価格のファクターをトレード計画の一部として使う方法のほんの一端だが、第6章と第7章では仕掛けと手仕舞いの計画を含めてさらに多くの例を紹介していく。ただ、その前に次の第5章で時間のファクターについて学んでおこう。

言い訳はできない

20年前、私は本章で紹介した価格戦略を手書きのチャートと電卓を使って実行していた。そのあとスプレッドシートが登場し、それに移行した。1980年代末から1990年代半ばにはトレーディングプログラムが売り出されたが、任意の比率でリトレースメントや代替価格予想が使えるものは1つか2つしかなかった。私はそのなかでもっとも良いプログラムを使っていたが、このソフトは途中で開発と販売が途絶えてしまった。

そこで私は一連の作業を完全かつ簡単に行ってそれをチャートに使いやすく表示できるようにするため、自分独自のチャートとトレーディングのソフトをデザインすることにした。そして1990年代末、ダイナミックトレーダー・バージョン1を発表した。このなかには、ほかのトレーディングソフトにはないさまざまな機能が入っていた。今日では多くのプログラムがこれに追いつき、任意の比率でリトレースメントや代替価格予想を算出できる機能を備えている。もし読者が使っているプログラムがそうでなければ、これらの機能が備わっているものに変えたほうがよい。適正なトレーディングツールをそろえるためのコストはこの仕事に最低限必要な支出であり、トレード判断を下すために必要な最高の情報を得るためのツールは欠かせない。このことについて言い訳は認められないのだ。もしいくつかの限られたマーケットでのみトレードしている場合は、大変だが手書きチャートと電卓でもトレードすることはできる。私も長年そうしてきた。

しかし、絶対に避けてほしいタイプのソフトウエアがある。それは支持線や抵抗線やトレンドの転換点の目標値を自動的に設定するとするたぐいのソフトだ。これらはエリオット波動を数えるソフトなどと同様に、ソフトウエアが自動的に売買シグナルを出してくれると思っている経験が乏しくて知識もなく怠惰なトレーダー志望者に向けて売られている。しかし、すべての変数をプログラムに組み込んでおくことはできないため、自動的に目標値を設定するシステムは使用するデータが大きな問題を生みかねない。ソフトウエアはコンピューターに指示を送るための道具で、電卓に毛が生えた程度の物でしかない。そのため、インプットのアルゴリズムの質がアウトプットの質を左右することになる。

CTCR（コモディティー・トレーダーズ・コンシューマー・レポート）を編集していた故ブルース・バブコックの言葉を借りれば、「成功はお金では買えない」。トレーディングで成功したければ、時間をかけて知識と経験を積み、自分自身で判断を下さなければならない。つまり、トレーディングもほかの仕事とまったく同じなのだ。適切な情報に基づいて論理的な判断を下す方法を学ぶ気持ちがあれば、トレーダーとして成功するチャンスは大いにある。もし特定のトレーディングシステムや自動的に価格やタイミングを教えてくれるシステムを買えば成功できると思っているのならば、トレード資金を知識のある真剣な勝ち組トレーダーたちに吸い取られるよりもお金を必要としている慈善団体に寄付したほうがマシだろう。成功をお金で買えると思っている人が、いずれ高い授業料を払うことになることは間違いない。

これまでは、主に仕掛けの条件を見つけることを考えてきた。本書の後半では、具体的かつ客観的な仕掛け戦略や損切りの調整、手仕舞いの目標値などを完全なトレード計画の一部としてひとつずつ学んでいく。

ただ、その前にトレード計画の４つ目で最後のテクニカル要素となるマーケットタイミングを紹介しておこう。

第5章

従来のサイクル分析を超える手法

Beyond Traditional Cycles

本章では、どのようなマーケット状況でも支持線や抵抗線やトレンドの転換点の目標日や目標時間を非常に狭い範囲で事前に予測する方法を学んでいく。このダイナミックタイム戦略を学べば、実践的なトレード戦略のタイミングツールとともに従来のサイクル分析よりもはるかに優位に立つことができるからだ。

マーケットタイミングと聞くと、多くのトレーダーは従来のサイクル戦略を思い浮かべる。この戦略は、高値から高値へのサイクルや安値から安値へのサイクルの平均的な長さに基づいて高値や安値を予測するものだが、この種のサイクル分析における前提はあまり現実的ではない。

従来のサイクルは、サイクルの平均的な長さを基にしている。サイクルの平均的な長さは、平均を算出するための値幅の数字がどれほどの期間で達成されたかが考慮されていないため、あまり役に立たないことが多い。もし平均的なサイクルを算出するのに使った連続するサイクルが短期間に形成されていれば、平均値も役に立つのかもしれない。しかし、実際には長期間にわたって形成された場合もあり、平均値で次のサイクルを予測する意味はほとんどない。

従来のマーケットサイクル分析は、サイクルの長さが一定でそれが永遠に続くことを前提としているが、現実はそうではない。価格のサイクルもボラティリティのサイクルも時とともに変わっていく。過去には定常的に見えたサイクルも、最近のマーケットでは変わっているかもしれない。サイクルは静的なものではなく動的なもので、典型的な安値から安値や高値から高値のサイクルの長さは強気相場と弱気相場で違うだけでなく、ボラティリティや価格サイクルの変化にも影響を受けて変化していく。さらに、マーケットは価格のトレンドやカウンタートレンドの動きに比例して高値や安値を付けることも多い。

第４章で述べたとおり、トレンドや調整の高値や安値はトレンドや調整の直近のスイングの一定割合のところか、その近くで付けることが多い。実は、期間に関しても同様の方法で転換の目標時間を探すことができる。本章では、私が過去20年間に開発した目標時間の理論的で実践的な分析方法を学んでいく。私は、非常に複雑なダイナミックタイム戦略をすべてのトレーダーがトレード計画の一部に組み込めるような単純な形に修正した。この方法を使えば、どんなマーケットのどんな時間枠でも事前にトレンドが転換する可能性が高い目標値を、たいていは足３～４本程度の差で見つけることができる。まずは時間のリトレースメントについて学んでいこう。

時間のリトレースメントと調整

時間のリトレースメントと価格のリトレースメントは構造は同じだが単位が違う。私は何年も前にギャンの価格とタイミングの戦略を学んでいるときに、ほとんどの調整が主要な価格リトレースメントかその近くで起こるとすれば、同じことが時間のリトレースメントにも言えるのではないか、という考えが浮かんだ。ギャンの価格とタイミングの分析は複雑に見えるが、要約すれば「ほとんどの高値や安値は、トレンドやカウンタートレンドの１つ、または複数のスイングの一定比率のところにある」という単純な概念に行き着く。第４章では、支持線と抵抗線、そして何よりも重要なトレンドや調整の転換点が起こる有望な目標値を事前に探すための価格リトレースメントと代替価格予想の求め方を学んだ。もしほとんどの転換点が主要な比率の目標値かその近辺で起こるのならば、時間の目標もやはり主要な比率の時点かその近くで起こるのではないだろうか。

私は過去20年間をかけてこの考えが正しいことを確認した。時間のリトレースメントも価格リトレースメントと同じように機能するが、ここでは同じ比率を時間軸に適用する。時間リトレースメントの比率は0.382、0.50、0.618、1.00、1.618だが、調整の目標値を探すときは0.382と0.618と1.00を使う。比率は価格リトレースメントのときと同様、百分率（％）で表示することが多い。

図5.1はXAUの日足チャートである。８月半ばから11月初めにかけての58日間は強力な強気相場である。チャート内の高値の上の表示は、高値を付けたのが2007年11月７日で、８月16日の安値からの期間は足58本（58日）だということを示している。XAUは、チャートの最後の足の時点で急落している。チャートの下部には、0.328と0.618と1.00の時間リトレースメントの日付が記してあるが、これは高値を付けた11月７日から強気相場の期間であった足58本に対してそれぞれの比率を算出している。

時間リトレースメントも価格リトレースメントとまったく同じように予測する。まずトレンドの時間の単位を測定し、時間リトレースメントの比率を掛けて算出した期間をトレンドの最後の足に加える。強気トレンドでも弱気トレンドでもその調整（押し・戻り）は38％～62％時間リトレースメントのゾーンで終わることが多い。価格の内部リトレースメントでは比率ごとに特定の価格に注意していたが、調整の時間リトレースメントの場合はABC調整波動パターンの終わる可能性が高い目標値として、38％から62％の比較的幅をもった期間にまず注目する。この情報は単純だが非常に役に立つ。もしマーケットが調

図5.1　時間リトレースメント

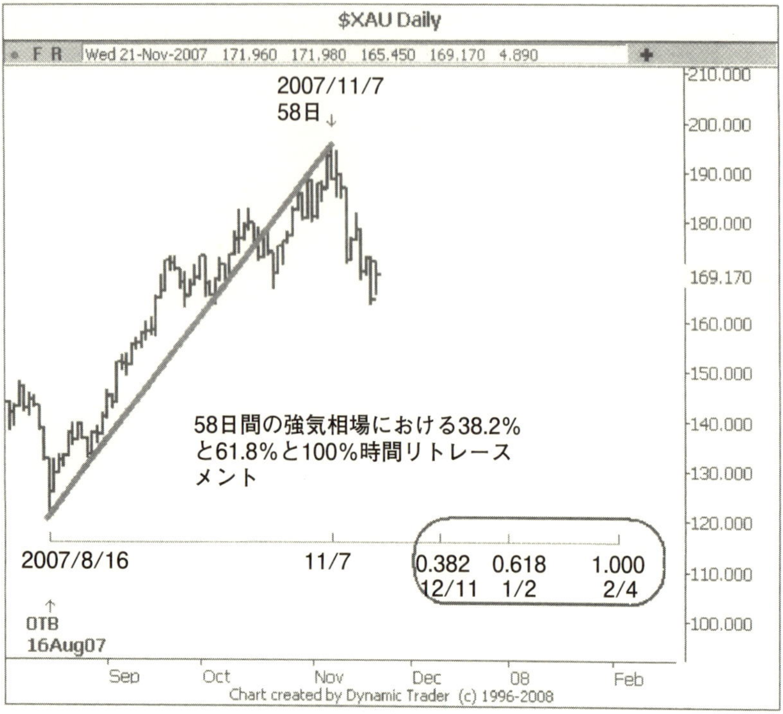

整に入れば、おそらく38%時間リトレースメントよりも早く終わることはなく、複雑な調整に発展しないかぎり62%までには終わる可能性が高い。

もし調整が目標値に達してモメンタムも転換したのに38%時間リトレースメントに達していなければ、そこはせいぜい一時的な支持線か抵抗線であって調整の終了ではない可能性が高い。もし調整が目標値やモメンタムの支持線に達したときに、調整の典型的な時間リトレースメントゾーンにも入っていれば、調整の高値や安値を付けるセット

図5.2　「Time Projection Ratios Using 2 Dates」のメニュー画面

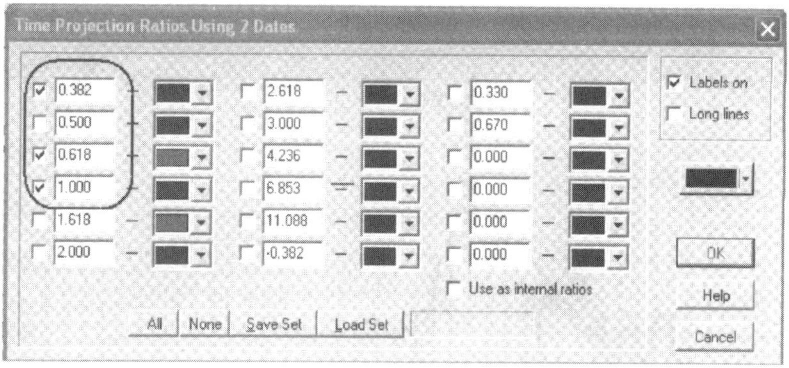

アップが完成したと考える。

図5.2は、ダイナミックトレーダー（DT）というソフトの「Time Projection Ratios Using 2 Dates」（２つの日付を使った時間リトレースメント予測）の画面で、これは価格リトレースメントの画面とよく似ている。この機能は２つの点を指定して期間を測定し、任意の比率を算出して２番目の点から延長するようになっている。時間リトレースメントは、チャート内の横線に比率と目標日（目標時間）を合わせて表示してある。

もし読者のソフトにこのような時間予測の機能がない場合でも、日足ならスプレッドシートを使って簡単に算出できる。私は何年間もそうしてきた。ただ、スプレッドシートを使って日中の予測をするのは簡単ではないため、予測をチャートに表示できるソフトを入手するか日足を長い時間枠のトレンドのみに使うようにすべきだろう。

ただ、38％から62％の時間リトレースメントゾーンは比較的幅があるので、これをもっと狭い範囲に絞って調整の高値や安値の有望な目標時間をピンポイントで示すことはできないだろうか。そこで、２つ目の時間のファクターとして代替時間予測を紹介しよう。どこかで聞いたことがある名前ではないか。実はこれも代替価格予想と同じ考え方だが、価格軸ではなく時間軸を使って算出していく。

時間リトレースメント

38.2%、50%、61.8%、100%、162%

- もっとも単純なABC調整波動パターンは、38.2%から61.8%の時間リトレースメントの範囲で終わる可能性が高い
- 複雑な調整は100%時間リトレースメントまでに終わることが多い

代替時間予想で時間リトレースメントの範囲を絞り込む

代替時間予想はダイナミックタイム戦略の２つ目の時間のファクターとなる。代替価格予想が同じ方向の異なる価格スイングを比較するのと同じように、代替時間予想は同じ方向の異なる時間の幅を比較していく。

代替時間予想で調整に使う比率は0.618と1.00と1.618で、これも代替価格予想と変わらない。算出方法を見ていこう。

図5.3は**図5.2**と同じXAUの日足チャートだが、ここでは11月の高値以降のみ示している。O～Aの期間を測定し（８日）、３つの代替時間予想比率を算出して、それを12月11日のＢ波の高値と思われる日から延長していく。

チャートには、３つの代替時間予想が示してある。通常は３つの予測値すべてを１本の横線上に示してあるが、今回は３つの予測値が近くてデータラベルが重なってしまうため、見やすくなるよう別々の線で表示してある。

図5.3　代替時間予想

62％代替時間予想は、３つのスイングで構成されるABC調整波動パターンの３つ目のスイングのもっとも近い目標日で、今回の例では12月18日になっている。また、100％代替時間予想は代替時間予想の目標日のなかでＣ波ができる可能性がもっとも高く、今回は12月21日になっている。調整の３つ目のスイング（今回は12月31日）は、通常162％代替時間予想の日を過ぎることはない。

３つの代替時間予想を予測する過程で、２つの重要なことが分かった。ひとつはABC調整波動パターンの第３スイングが終わる有望な

図5.4　「Time Projection Ratio Using 3 Dates」のメニュー画面

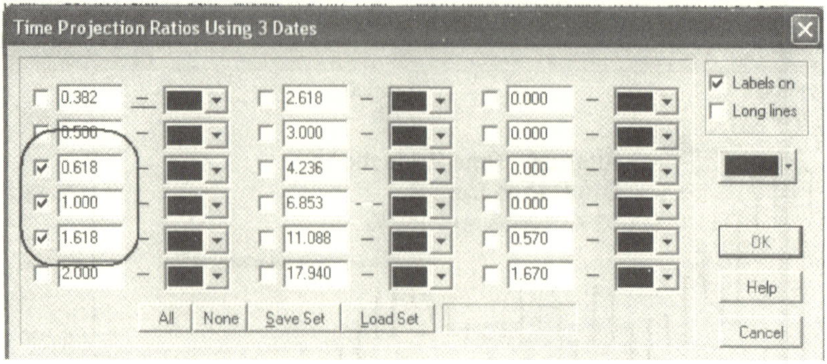

目標日の最小値と最大値で、もうひとつは３つの代替時間予想のなかで32.8％～61.8％時間リトレースメントに含まれないものは除外してよいということだ。時間リトレースメントと代替時間予想は２つ合わせることで、調整が終わる目標日を理論的かつ具体的に探す助けとなってくれる。

図5.4は、「Time Projection Ratio Using 3 Dates」（３つの日付を使った時間リトレースメント予測）のメニュー画面で、ユーザーは好きな比率を選んで組み合わせることができる。このシステムは最初の２つの期間を測定し、指定した比率の期間を３つ目の日付から延長するようになっている。

３つの代替時間予想は、調整の第３スイングが終わる可能性が高い最短、有望、最長の目標日や目標時間を示してくれる。もちろんこれだけでも役に立つタイミングの情報だが、時間リトレースメントと組み合わせればさらに有益な情報になる。

図5.5は**図5.3**と同じ日足チャートで、時間リトレースメントと代替時間予想を合わせて表示してある。ここはまず、３つの代替時間予想がすべて38％～62％のゾーン（12月11日～１月２日）に入っていることに注目してほしい。最短目標日の62％代替時間予想は12月18日で、

図5.5　時間リトレースメントと代替時間予想

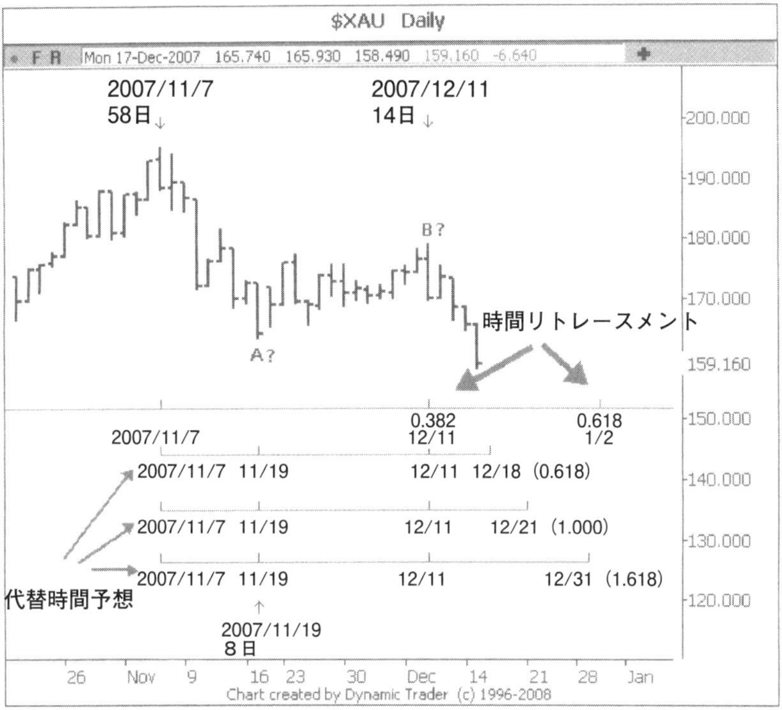

最長目標日の162％は12月31日であることから、すぐに調整の安値を付ける日を時間リトレースメントゾーンの範囲にしたがって２日分だが短縮することができる。今回は62％代替時間予想が12月18日なので、それよりも前に安値を付けて調整が終わる可能性は低く、通常ならば100％代替価格予想の12月21日近辺で終わる可能性が高い。またＣ波の最長目標日は、162％代替時間予想の12月31日と考えられる。

これまで価格リトレースメントと代替価格予想のように時間リトレースメントと代替価格予想を組み合わせて目標日や目標時間を探す方

図5.6　安値・安値サイクル

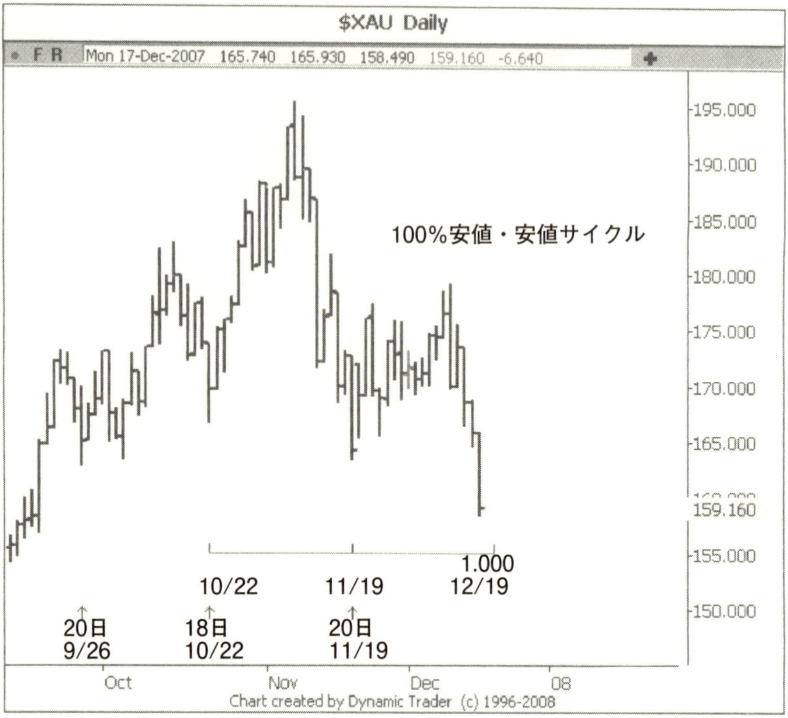

法を見てきた。両方とも価格軸と時間軸という違いはあるが、似たような方法で目標日や目標時間を算出していく。代替価格予想は価格リトレースメントのなかから支持線や抵抗線やトレンドの転換点になる可能性が高い場所を厳選し、代替時間予想は比較的幅のある時間リトレースメントゾーンから転換の可能性が高い目標日や目標時間を絞り込むのに使われている。

ここであとひとつ時間のファクターを追加して、調整で安値を付ける時間範囲をさらに狭められるかどうか試してみよう。

図5.7　安値・安値の時間の範囲

そのほかの時間のファクター

それまでのスイングに対する時間のファクター（比率）はほかにもいくつかある。もっとも重要なのは、直近の高値・高値サイクルと安値・安値サイクルである。次の安値はどの辺りで付けるのかを予想するとき、最近の安値・安値サイクルにかかった時間はそれを予測する助けになる。この手法は従来のサイクル分析と似ているが、直近のいくつかのサイクル、なかでも直近の完全なサイクルに注目する点が違っている。

図5.6もこれまでと同じXAUの日足チャートだが、今回は直近の安値・安値サイクルを100％延長して12月19日と予測している。過去数回の安値・安値サイクルが16～20日の期間だったことから、12月19日の安値は十分可能だと考えられる。

直近のいくつかのサイクルは比較的詰まっていてそのリズムが継続するのであれば、完全な高値サイクルか安値サイクルに基づく予測は有望だろう。**図5.7**には、直近の安値・安値サイクルの期間を直近の安値から延長してある。もし最近の安値・安値サイクルの期間が継続すれば、次の安値は12月13～19日の間に付ける可能性が高い。

時間の目標範囲

これではあらゆるところに目標日があるように見えるかもしれないが、混乱のなかにも道筋はある。すべての時間の予測は意味のないランダムな日付ではなく、予測はグループごとに独自の情報を提供している。そして、それらすべてを基にして有望な目標日や目標時間にたどり着くための理論的な経緯がある。

本書では、調整は最低３つのスイングがある単純なABC調整波動パターンだという前提で話を進めているが、実際にはそうならない場合もある。ただ、調整がそのまま複雑な調整に発展していく可能性があっても事前にはけっして分からないため、最低限の予想を前提としておく。３スイングの調整のほとんどは38.2～61.8％時間リトレースメント範囲のなかで完成する。最初の注目点であるこの時間リトレースメントは、直前のトレンドの範囲の大きさによっては比較的長い期間に及ぶこともあり得る。そこで、比較的長い期間を代替時間予想と安値・安値と高値・高値の予測を使って狭めていきたい。

調整の可能性がある２つのスイングが完成したら、62％と162％代

図5.8　C波の安値の目標日

替時間予想を算出する。スイングの安値や調整の終わりかもしれない地点は3つの主要な代替時間予想のひとつかそのすぐ近くになる可能性が高いが、そのなかで時間リトレースメント範囲の外側に位置するものがあればそれは除外する。

次に、安値・安値（または高値・高値）を100%延長する。もし直近の安値・安値サイクルの期間が比較的短ければ、次の安値は100%安値・安値の予測の近くになる可能性が高い。あるいはもっとも早い日からもっとも遅い日まで予測することもできる。ここでも、直近のサイクルを重視すべきである。

それぞれの時間の目標には、それぞれに特定の理由や目的がある。それぞれの時間の目標は以前のスイングに応じて論理的に導かれている。まずは時間リトレースメントの範囲を算出し、それを代替時間予想とサイクル予測で狭めていく。この３種類の予測で比較的狭い時間の範囲に絞り込めれば、それが調整の最後の安値となる可能性が高い目標時間となる。この手法は何かに似ていないだろうか。これは、調整で高値や安値を付ける可能性が高い価格ゾーンを事前に探すダイナミックプライス戦略と基本的に同じである。

図5.8は、３種類の時間予測をすべて書き込んである。少し見にくいが、XAUがABC調整波動パターンに入っているという前提で、６つの予測値を合わせてＣ波の有望な目標日を論理的に導き出してみよう。

11月７日に高値を付けたXAUは、12月17日の最後の足で安値を更新した。このときすでに38％～62％時間リトレースメントの範囲である12月11日～１月２日の期間に入っている。ここまではよいだろう。３つの代替時間予想は、62％の12月18日から162％の12月31日までの範囲になっており、100％は12月21日になっている。ただ、最短の62％代替時間予想と典型的な100％代替時間予想がわずか３日しか離れておらず、別々に扱うには近すぎるため、２つの代替時間予想の両側に足を１本ずつ足した12月17～22日の期間に注目することにする。100％安値・安値の予測は12月19日で、代替時間予想予測のちょうど真ん中にある。代替時間予想と安値・安値サイクル予測によって、Ｃ波の安値で調整が終わる可能性がある目標日を、比較的幅のあった時間リトレースメントの範囲から４日まで縮めることができた（実際には週末が含まれている）。

これは直近のトレンドや調整かもしれない動きのスイングの実際の時間範囲に基づいた強力な情報で、最近のトレンドやボラティリティ

図5.9　調整の安値における時間と価格とパターンとモメンタムの転換

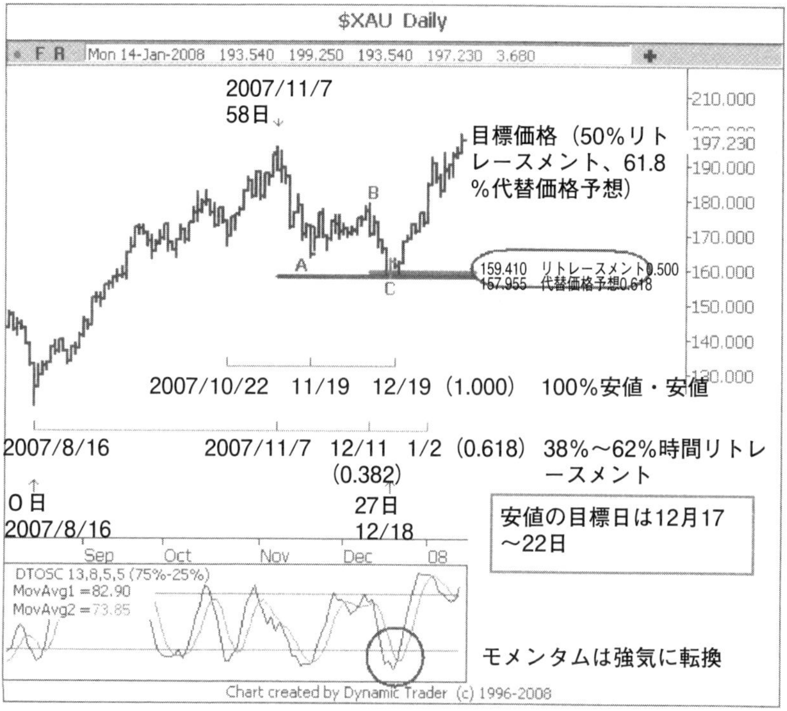

には該当しなくなっているかもしれないいわゆる過去のサイクルに基づいた予測とは違う。

実際の展開は、**図5.9**に示してある。Ｃ波は事前に予測した12月17～22日の目標日のなかにある12月18日に安値を付けた。また、価格のほうはやはり事前に予測した50％価格リトレースメントと62％代替価格予想が重なった目標価格で安値を付け、ここでは日足のモメンタムが価格と時間の極端な値の２日後に売られ過ぎから強気に転換した。時間と価格とパターンとモメンタムがすべて同じところを指していれば、それはＣ波の安値の有望な目標値で、強気トレンドが継続して新高値に向かう理想的なセットアップと考えられる。

しかし、38～62％時間リトレースメントの範囲で安値をいつも付けるのだろうか。答えはノーだが、単純な調整のほとんどはそうなる。少なくともこの範囲は調整の安値を付ける可能性がある典型的な最短の目標日や目標時間で、38％時間リトレースメントよりも前に安値を更新しても、そこで調整は終わらない可能性が高いということを知らせてくれる。このような情報は、それだけでも非常に実践的で価値がある。しかし、３つの代替時間予想のどこかでは単純な調整の安値を必ず付けるのだろうか。答えはノーだが、多くはそうなる。特に、最近の安値・安値サイクル数回が比較的狭い範囲であればその可能性は高い。

ダイナミックタイム戦略は、時間予測を理論的に選択して比較的長い目標日を狭い範囲に絞りこんでいく。ときには足２～３本程度まで絞り込めることもある。同じ戦略は、活発にトレードされているすべてのマーケットや時間枠に応用できる。

これまで単純なABC調整波動パターンを使ってすべての過程を説明してきたが、ダイナミックタイム戦略はこの単純な調整にとどまらず、すべてのマーケットの状況に応用できる。調整がどのような形になるのかを事前に知ることはできないどころか、目の前の動きが調整なのか新しいトレンドなのかも分からない。しかし、もし長い時間枠でのトレンド分析が調整を示唆していれば、まずは最低３つのスイングがあると想定する。そして、もし３スイング以上に展開しても、ダイナミックタイム戦略が調整が終わる目標日を探す手助けをしてくれるから落胆しないでほしい。

さらにいくつかの例を見ていこう。**図5.10**はユーロ・英ポンド（EUR/GBP）の15分足を約２日分示している。ただ、私はデイトレードを勧めているわけではない。私のデイトレードに対する考えと、

図5.10　複雑な調整の目標時間

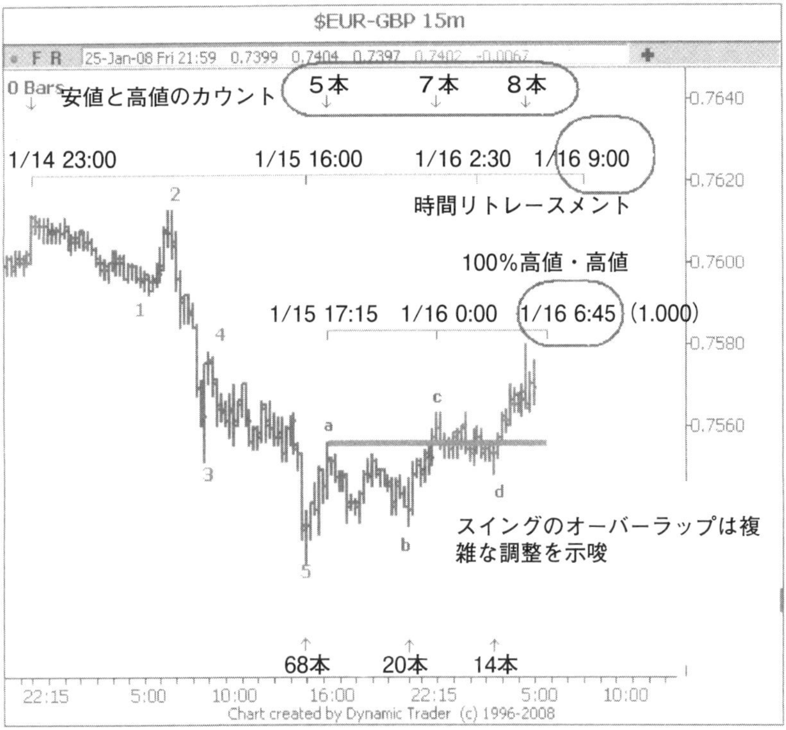

多くのトレーダーがデイトレードを避けるべきだと考える理由は最終章で述べている。ちなみに、デイトレーダーでなくとも、日中のセットアップをスイングトレードや長期トレードに利用することはできる。

ユーロは５波動で５の安値まで下落し、そのあとちゃぶつきながら上昇した。上昇時にスイングがオーバーラップしていることは、これが新しい強気トレンドではなく、何らかの複雑な調整になるというサインになっている。ここでの目的は、調整が終わる高値の有望な目標時間を探すことにある。

チャート内上部の横線は、62％と100％時間リトレースメントを示している。ちなみに、３スイング（ABC調整波動パターン）の典型的な目標時間である38～62％時間リトレースメントの範囲はすでに超えている。また、複雑な調整の大部分は100％時間リトレースメントまでに終わることが多いが、これは、調整のスイングの時間の範囲がトレンドのスイングの時間の範囲よりも通常は短いことを考えれば理にかなっている。100％時間リトレースメントは、チャートの最後の足からほんの２～３本先なので、近いうちは調整の高値を付ける可能性が高い。

100％高値・高値の予測が最後の足の高値からほんの２～３本先にあるということは、もし調整がまだ終わっていないとしてももうすぐ高値を付けるというもうひとつのサインになっている。今回のチャートでは、見やすさを優先して代替時間予想は書き込んでいない。ただ、過去２回の安値・高値カウントは足が５本（５日）と７本（７日）だったが、最後の足はすでに８本目で直近の代替時間予想を超えている。このことも、近いうちに少なくとも一時的な高値を付けることを示唆するもうひとつの時間のファクターと言える。

オーバーラップが示唆するとおり、この上昇が調整ならば、この調整はすでに付いた高値かこの先の足２～３本の間に付く高値で終わると考えられる。ここで時間のファクターについて論理的に考えてみよう。５波動から成る弱気トレンドの100％時間リトレースメントはほんの足２～３本先にあり、これは複雑な調整の最大目標時間であることが多い。また、100％高値・高値サイクルはほんの足２～３本先にあり、直近の高値をその前の安値・高値カウント（代替時間予想）よりも足１本多いところで付けている。つまり、３つの時間のファクターすべてが調整の上げは終わりか終わりが非常に近いことを示唆している。このようなときは近いうちに下落に転じ、それも小さな下げではなく新安値に向かうと考えられる。言い換えれば、このパターンと

図5.11　調整の高値が完成する時間と価格とモメンタムとパターン

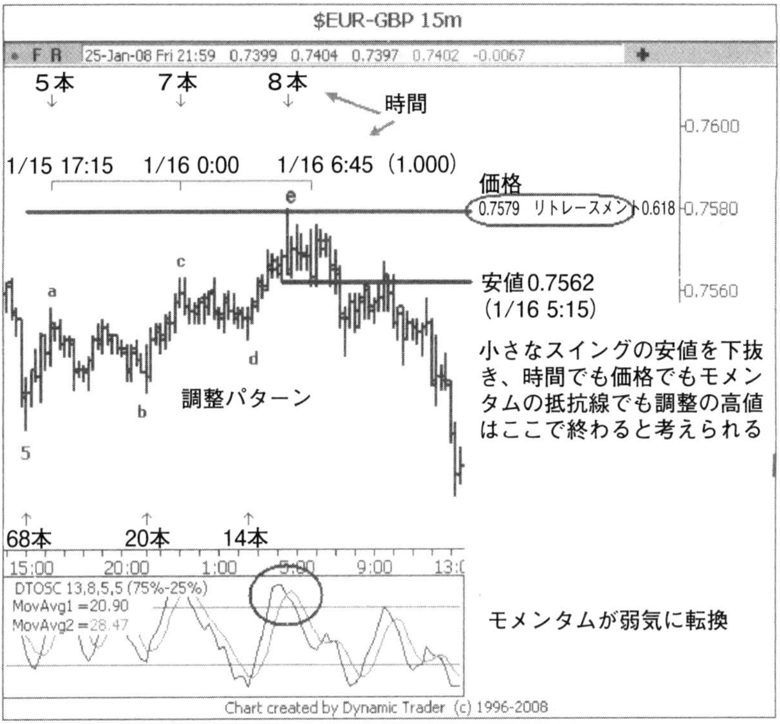

時間のファクターは一時的な高値ではなく、複雑な調整の最終的な高値で、そのあと再び弱気トレンドが新安値を目指して下げていく。これは具体的なトレード戦略に使える価値ある情報に間違いない。

続きは**図5.11**に示してある。ユーロは61.8％価格リトレースメントに達してモメンタムは弱気に転換し、すぐに下げて新安値を付けた。時間のファクターを使った予想が15分足の高値と正確に合っていたわけではないが、複雑な調整が高値を付けて終わる可能性が高いことを示す足が２～３本以内にあり、新安値に向けた下落に備えて空売りす

図5.12　マイナーな調整の高値の予測時間（15分足）

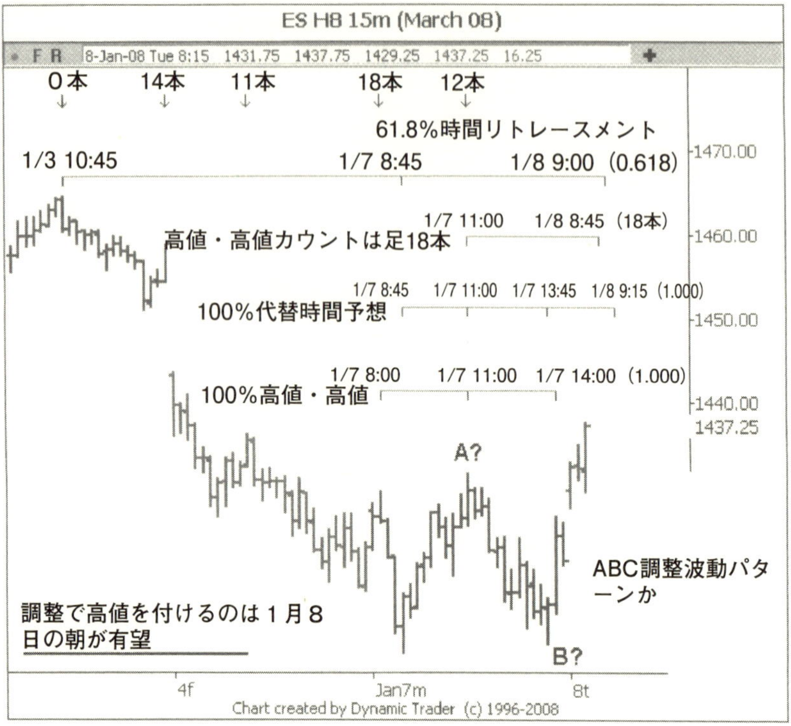

るようはっきりと知らせてくれた。この分析はデイトレードだけでなく、もう少し長い数日程度の空売りにも使うことができる。

通常、時間のファクターはトレンドや調整が高値や安値を付けて終わる目標時間を非常に狭い範囲で予測してくれるが、本当の価値は何が有望で何がそうでないかを知らせてくれることにある。今回のケースでは、ユーロの調整で高値を付ける可能性があるレンジの限界に非常に近いため、トレード戦略に従って下落と新安値に備えるよう知らせてくれた。

時間の範囲を、パターンや価格やモメンタムの位置と合わせて考えると、最小限のエクスポージャーで高勝率のトレードを仕掛けることができる非常に強力な戦略となる。

次は、**図5.12**のES（S＆Pミニ）先物の15分足チャートを見てほしい。もし安値からの上昇が弱気トレンドの戻りならば、この調整が終わる目標時間はいつになる可能性が高いのだろうか。通常、15分足であれば調整の高値の目標時間を１～２時間の範囲で探すことができる。この情報がトレーディングにどれほど役に立つか考えてほしい。また、これが長い時間枠のトレンドの方向に小さな調整で仕掛けるタイミングを探す助けになることにも注目してほしい。

このチャートには、３つのスイングを持つ典型的なABC調整波動パターンの極値である61.8％時間リトレースメント（１月８日午前９時）と、100％代替時間予想（１月８日午前９時15分）と100％高値・高値の予測（１月７日午後２時）を書き込んである。また、直近の高値から数えた高値・高値カウントが足18本だということも書いておいた。弱気トレンドの始まり以来、もっとも長い高値・高値カウントは18本であることから、次の高値も18本目（１月８日午前８時45分）までには終わると予想できる。

チャートの最後の足で、ESはすでに100％高値・高値の予測を超えて新高値を更新している。ほかの３つの時間のファクターも、８時30分から９時15分（15分足の終了時間）の45分の範囲に入っている。もしESがABC調整波動パターンで上げているのならば、高値を付けて調整が終わる目標時間は１月８日の午前8時30分～９時15分になる可能性が高い。

実際の結果を見る前に、３つの時間のファクターを使って調整の有望な高値を予測する方法についてもう一度論理的に考えてみよう。われわれには調整がどのような形になるかは分からないが、ESはABC調整波動パターンを終えそうな位置にある。典型的なABC調整波動

図5.13　目標時間での転換

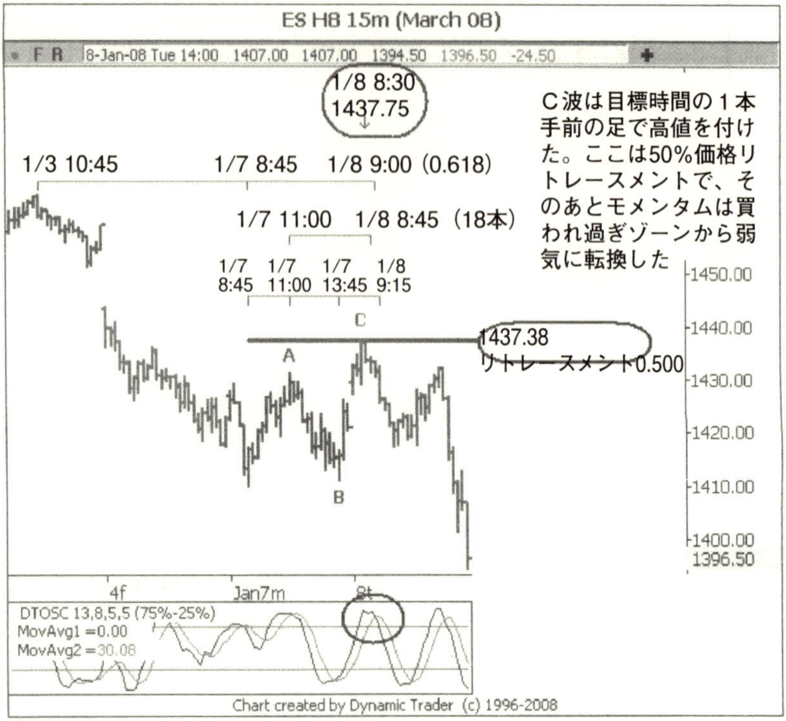

パターンは61.8％時間リトレースメントよりも手前の100％代替時間予想近くで終わる。また、最近の高値・高値カウント（15分足）の最高は足18本だった。これらの時間のファクターはすべて１月８日の15分足３本以内にあり、もしこの狭い時間の範囲に達すれば、近いうちに調整の高値を付けたあとに下落や新安値に備えた空売り戦略に移行しなければならない。そのためには、価格とモメンタムの位置に注意しておく必要がある。

結果は**図5.13**に示してある。C波は予測レンジの３本よりも１本

図5.14　そろそろ高値か

手前の８時15分の足で高値を付けた。高値は50％価格リトレースメントでモメンタムは買われ過ぎゾーンに入っている。これは調整が高値で終わり、そのあと下落して新安値に向かう理想的な時間と価格とモメンタムとパターンのセットアップになっている。

４つのファクター（時間、価格、パターン、モメンタム）が転換を示すレンジで調整のすべての高値や安値を付けるわけではないが、多くはそうなる。トレーダーはこうなる可能性が高い条件を事前に探し出してそれを利用できるよう準備を整えておく必要がある。テクニカ

図5.15　調整の高値を目標日以内に付けなかった例

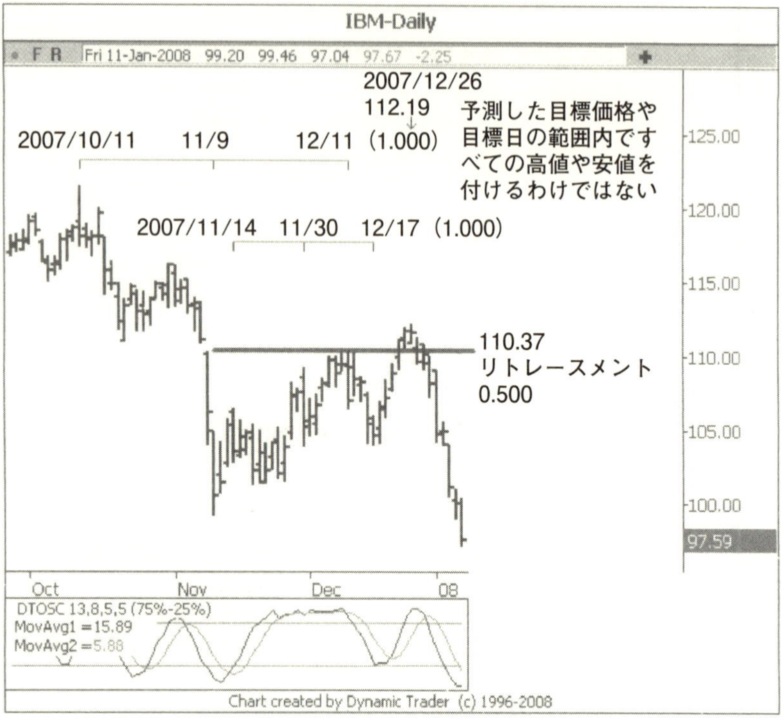

ル分析やトレード戦略の目的はそこにあるのだ。

図5.14はIBMの日足チャートで、安値からの上昇は調整パターンのすべての特性を備えている。最後の足の時点では時間の各ファクターは接近していないが、IBMは12月11日に100％時間リトレースメントに達した。複雑な調整は通常100％時間リトレースメントまでに終わる。直近の小さな上昇スイングは６日で、これは100％安値・高値代替時間予想に当たる。直近の高値・高値サイクルの100％の足は約１週間後にある。これらの時間のファクターに基づいて、IBMは有望

な時間の範囲の限度で調整の高値に達した。また、この高値は50％価格リトレースメントで、モメンタムは弱気に転換した。これも調整を終えて下落から新安値に向かう理想的なセットアップになっている。

実際の結果は**図5.15**に示してある。IBMは数日間下落したあと上昇して新高値を付けた。調整の最後の高値は12月26日で、これはどの時間のファクターからも離れている。ただ、100％時間リトレースメントを超えて新高値を付けると、これまで学んできたダイナミックタイム戦略はあまり役に立たない。予測した目標日以内にすべての高値や安値を付ければよいのだが、そうはならない。われわれにあるのは、転換する可能性が高い比較的狭い範囲の目標日と最長の目標日を探すための時間戦略だが、これも確実ではない。しかし、これ以上望んだり期待したりするのは無理だろう。もしあとの章で学ぶトレード戦略を使ってトレードを執行すれば、損失が出たとしてもそれはトレーディングという仕事の一部であり、許容範囲に収まるようにしていく。トレードの目的が常に正しくあることではないということを忘れないでほしい。それはあり得ない。われわれの目的は、許容できるエクスポージャーで高勝率になる条件を見つけることなのである。

タイムバンド

金融サイクル分析の父と称されているウォルター・ブレサートが1980年代初めに開発したタイムバンドは従来型のサイクル分析と似ているが、それよりも的確で実用的になっている。この手法を使えば、あらゆるマーケットのあらゆる時間枠で高値や安値の目標日や目標時間を素早く簡単に探すことができる。いつものように、さっそく実例を使ってタイムバンドの算出方法を見ていこう。

図5.16は、数カ月分のダウ平均の日足チャートで、チャート上部には高値の日付と前の高値からの足の本数を書き込んである。これら

図5.16　高値・高値カウント

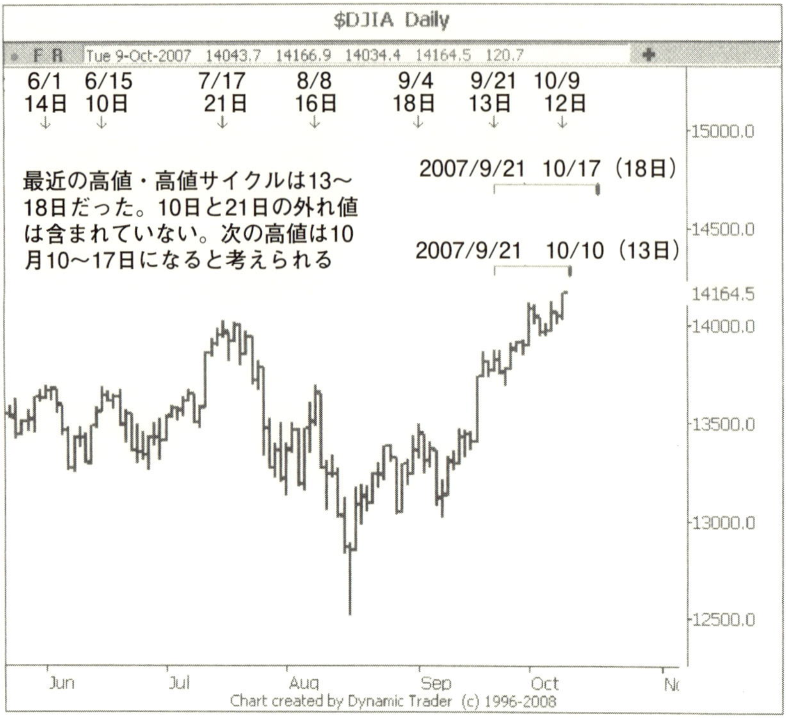

の高値とここには示されていないチャート左側にある数回分を合わせると、高値・高値期間は10～21日だった。もし高値・高値の期間のリズムがこのまま継続すれば、次の高値は９月21日の直近の高値から10～21日の間に付くと考えられるが、これでは範囲が広すぎてあまり役に立たない。

高値・高値予測から外れた値は６月の10日と７月の21日の２つがある。もしほとんどが比較的短い期間になっていれば、極端に短いレンジや長いレンジはカウントから除外する。今回は、極端な期間を外すと高値・高値の期間は13～18日になる。面白いことに、除外した10日と21日は連続しているのでそれを合わせると31日となり、これは平均的な高値・高値の期間の約２倍の長さになっている。

最後は９月21日に高値を付けた。この日から13～18日先は10月10～17日で、もし直近の高値・高値のリズムが継続すれば、次の高値はこの期間になる。これは比較的狭い期間だが、これをさらにあと何日か縮めたい。

目標日をさらに狭い範囲に絞ってタイムバンドを完成させる方法を学ぶ前に、いくつか言っておくべきことがある。まず、高値や安値のピボットは慎重に選ばなければならない。多くの場合、適切なピボットはスイングの明らかな高値や安値だが、マーケットがそれまでの高値・高値カウントの範囲内で揉み合いになったときも見ておかなければならない。

過去20年間に、私はサイクルの高値や安値を自動的に検出するためにたくさんの手法を試してきた。このなかには価格変動のROC（変化率）を使ったものや、ATR（真の値幅の平均）を使ったもの、ギャンのスイングチャート、モメンタムサイクルなども含まれている。しかし、どれも一部のピボットが抜けたり、該当しないピボットまで含んでいたりして満足のいく結果は得られなかった。そこで、私はダイナミックトレーダーに自動スイングモードという機能を組み込んだ。これは価格のROCかATRを使って高値や安値を選ぶ機能で、最初に走らせるとかなり時間の節約になる。ただ、それでも必ず漏れはあるため、あとでスイングファイルを編集する作業は残る。

いわゆるサイクル・ソフトウエアのたぐいで、ユーザーのインプットなしにピボットが分かるとする製品には気を付けてほしい。これまで何度も述べてきたように、トレーディングもあらゆる点において普通の仕事と変わらない。つまり、成功をお金で買うことはできず、知識と経験を身につけて判断を下していくしかないのだ。タイムバンド

図5.17　安値・高値サイクルと高値・高値サイクルのオーバーラップ

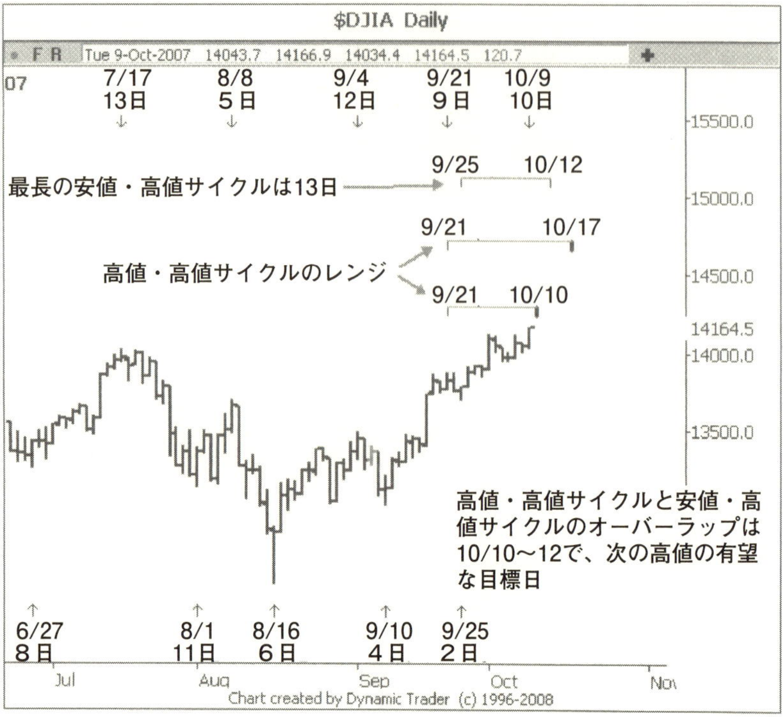

の目標値となる適切なピボットを探すのは約80％が客観的な作業だが、どのような場合でもある程度の常識を使ってどれを含めるかを判断していかなければならない。

また、外れ値のカウントを除外するかどうかも判断しなければならない。これはたいていは明らかで、もしほとんどの期間が比較的狭い範囲にあり（例えば**図5.16**のダウ平均）、その両端に外れ値があれば除外すればよい。もし各期間が均等に分散していて明らかな外れ値がなければすべて使ってもよいが、結局タイムバンドの予測としては幅が広すぎて役に立たないかもしれない。いずれにしても、マーケットから得られる情報を基にして最高の結果を生み出すよう判断を下す必要がある。

そして最後に、信頼できるタイムバンドの予測にはサンプルがいくつあれば十分なのかを決めなければならない。答えはおそらく読者の想像よりも小さい数で、５～６で十分だろう。私が10～12以上のピボットの高値や安値を使うことはほとんどない。もしすべてのサイクルの長さが比較的狭い範囲に収まっていれば、最近のリズムが継続すると想定できる。われわれの関心ははるか昔ではなく、最近の時間のリズムにある。われわれは今日のマーケットでトレードしているのであり、そのためには何カ月も何年も前のことではなく、現在のトレンドやボラティリティや時間のリズムが知りたいのだ。

２つ目のタイプのカウントでタイムバンドを完成させて、比較的幅広い高値・高値バンドをさらに狭い範囲に絞り込めるかどうか試してみよう。

今回は、タイムバンドの高値を探すために安値・高値をカウントするが、ここでも高値・高値サイクルと同じ高値のピボットを使う。**図5.17**には２つの高値のピボットの間にある安値に印を付けてある。この新しいカウント法での高値の足の本数とは、安値を付けた日から高値の日までの本数であり、安値の足の本数とは、高値を付けた日から安値を付けた日までの本数である。

今回のチャートは、足の数を減らしてピボットを見やすくしてある。安値・高値カウントの範囲は５～13日で、チャート左側の表示されていない部分に短い日が多く含まれている。今回は明らかな外れ値はないためすべての範囲を使うことにする。ただ、これは非常に幅の広い範囲なのでこれだけでは役に立たない。この時期のダウ平均の安値・高値レンジは短めから長めに移っているようなので、今回は安値・高値カウントの上限である13日のみを表示してある。９月25日から13日

図5.18　高値を予測するタイムバンドでの転換

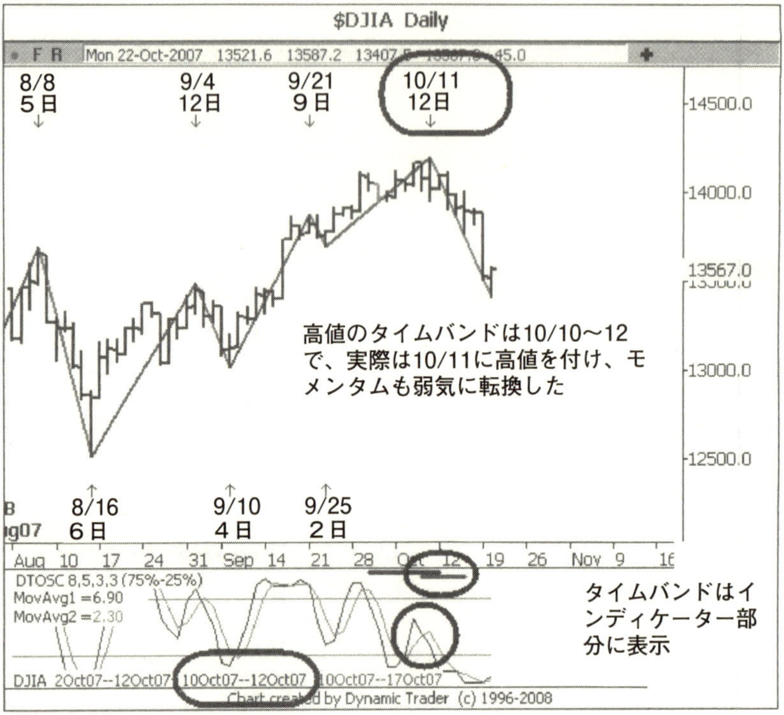

後は10月12日で、もしこの数カ月間の安値・高値のリズムが継続するならば、同程度の高値が10月12日までに付くと予測できる。

高値・高値カウントと高値・安値カウントを組み合わせて２つの範囲がオーバーラップしたところがタイムバンドで、ここで次に同程度の高値を付ける可能性が高い。**図5.17**の情報だけでもオーバーラップ期間は10月10日（最小の高値・高値カウント）～10月12日（最大の安値・高値カウント）だと分かる。

結果は**図5.18**に示してある。高値を付けたのは10月11日で、10月

図5.19　ダイナミックトレーダーのタイムバンドのセットアップ画面

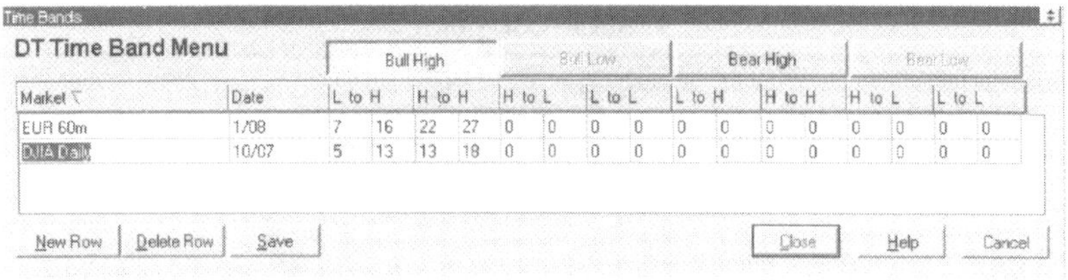

10～12日のタイムバンドとぴったりと合っている。ダイナミックトレーダーにはタイムバンド機能があり、画面のインジケーター部分に表示できるようになっている。チャート下部のタイムバンドの中央に、高値・高値と安値・高値がオーバーラップした期間（10月10～12日）がある。タイムバンドのレンジはインジケーターの上の買われ過ぎゾーンにも示してあり、タイムゾーンとモメンタムの位置を合わせて見られるようになっている。

10月11日、ダウ平均は高値のタイムバンドのなかで反転の包み足になり、モメンタムは弱気に転換した。これは空売りの良いセットアップとなる。前に「同程度の」高値を付けると予想できると書いたが、これはタイムバンド内の高値と、タイムバンドを算出するために使ったデータの高値が同程度だということを意味している。今回の例では、算出期間がすでに強気トレンドに入っていたため、直近の高値からの下げも２～３日から２週間程度かかると考えられる。

タイムバンドが教えてくれるのは、これまでと同程度の高値を付けるだろうということだけで、例えば次の高値がそれまでよりも重要かどうかは教えてくれない。しかし、それだけでもトレード戦略にとっては役に立つ大事な情報と言える。もしパターンや価格や長い時間枠のモメンタムの位置が長い時間枠での転換を示唆していれば、その重

図5.20　高値・高値カウントと外れ値

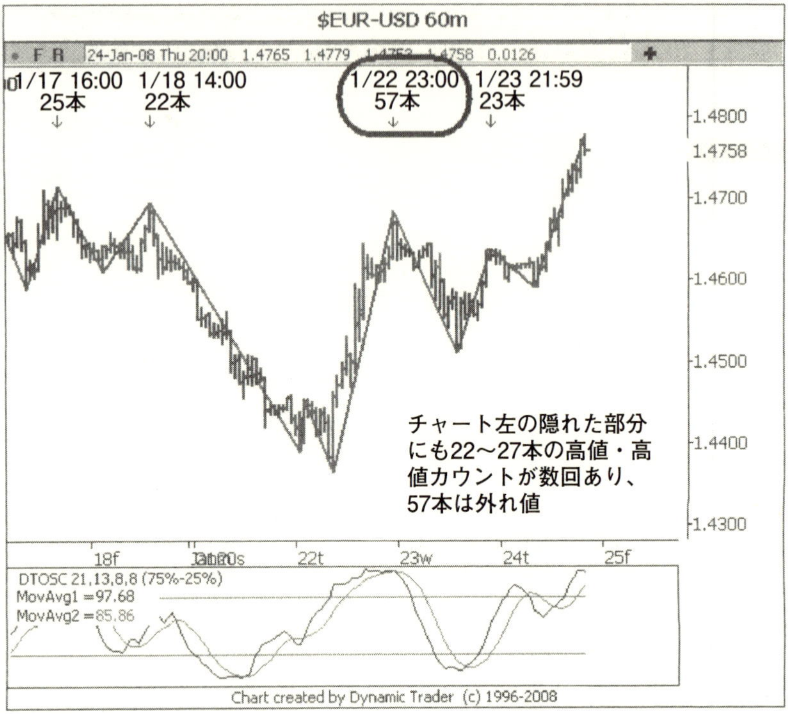

要な高値や安値を付けると思われる目標時間を狭い範囲で示すタイムバンドは助けになる。トレード戦略の各部分で、長い時間枠の転換が起こりそうなときに、その時期を短い時間枠の時間や価格やモメンタムやパターンを使って狭い範囲で予想することができるからだ。

図5.19にダイナミックトレーダーのタイムバンドのメニュー画面を載せておく。最初の列はマーケットやシンボルと時間枠（例えばDaily＝日足、60m＝60分足など）を示している。あとは、先のダウ平均の日足チャートならば安値・高値レンジの5～13日と高値・高値

図5.21　高値のタイムバンド（EUR/USDの60分足）

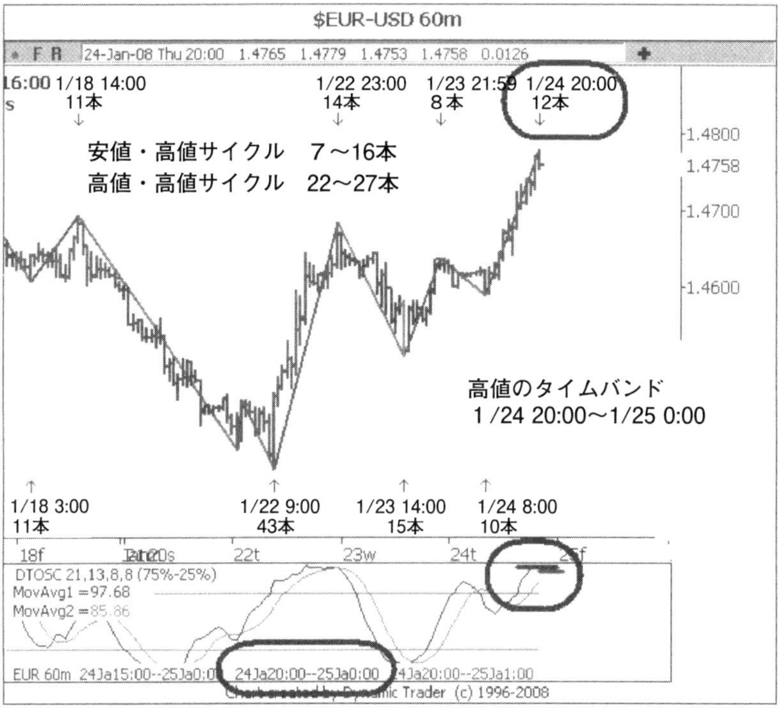

レンジの13～18日を入力すると、タイムバンドの結果が**図5.18**のようにインジケーター部分に表示される。

ダイナミックトレーダーのタイムバンド・メニューには、「Bull High（強気高値）」「Bull Low（強気安値）」「Bear High（弱気高値）」「Bear Low（弱気安値）」と題した列がある。通常、強気相場と弱気相場では時間のリズムが違うため、それぞれに範囲を入力できるようにしてある。

タイムバンドはどんなマーケットのどんな時間枠にも応用できる。

図5.22　高値のタイムバンドの転換

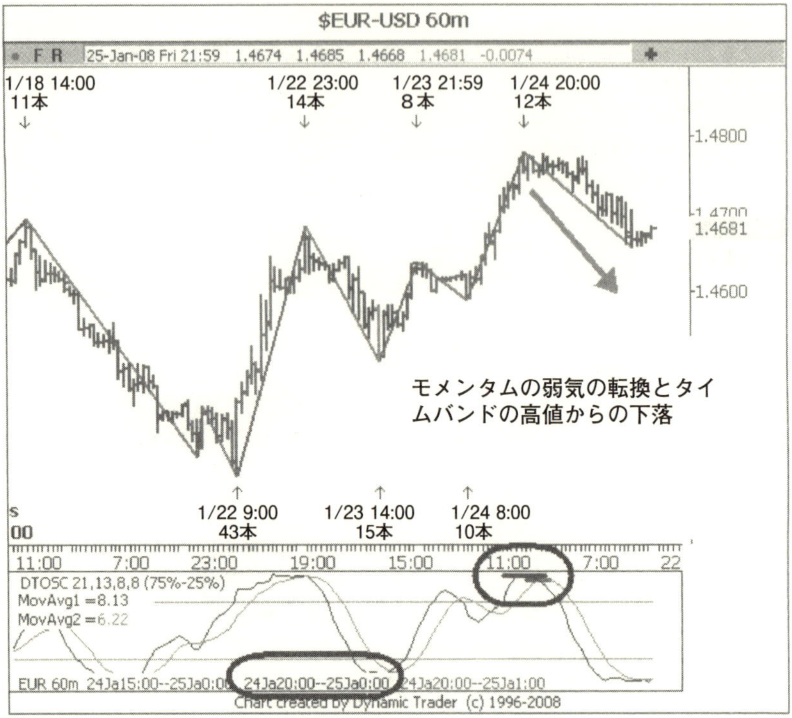

次の例は**図5.20**のユーロ・米ドル（EUR/USD）の60分足チャートで、高値に印を付けてある。文字が重なると見えないため、チャートには一部のデータのみ示してある。チャートの左側の表示していない部分の高値・高値サイクルは足22～27本だが、チャート上にはほかの約2倍の長さの57本のときがある。今回は、この57本を外れ値として除外し、チャート左側の隠れた部分を含めて22～27本の範囲を使うことにする。

図5.21は同じEUR/USDだが、今度は高値と安値の両方に印を付

けてある。安値・高値カウントは左側の隠れた部分を含めて７～16本の範囲になっている。高値・高値サイクルと安値・高値サイクルが重なった高値のタイムバンドは１月24日の20時から１月25日の０時で、過去２～３週間の時間のリズムが継続すれば、最低でも足10～18本の間に高値を付ければ、このタイムバンドと重なる可能性は高い。

最後の60分足は、１月24日の20時で、これは高値のタイムバンドの最初の足に当たる。モメンタムは買われ過ぎゾーンにあり、少なくとも数時間は高値圏にあることを示している。ユーロはこれまでと同程度の高値を付ける状態に少なくとも10～18時間はあると考えられる。この予想では足43本分下落したときの外れ値のことは考慮していない。

このあとの展開は、**図5.22**に示してある。

私が「もしこれまでの時間のリズムが継続すれば……」と繰り返し書いてきたことを思い出してほしい。最近のサイクルの範囲がどれほど狭くても、次の高値や安値がこれまでの時間のリズムを繰り返すかどうかは分からない。そのため、私はいつも気を付けて書いているし、そうすべきだと思っている。繰り返しになるが、トレード戦略やテクニカル分析は将来の予測の確率を調べる手法でしかない。今回のケースも高値を付けるのはタイムバンドよりも早いかもしれないし、遅いかもしれないが、最近の時間のリズムが次の高値や安値でも続くという前提に立てば、タイムバンドの範囲で付ける可能性が高いということでしかない。つまり、われわれに期待できるのはうまくいく確率が高いということだけだが、低リスク・高勝率のトレード戦略に用いるためならばそれで十分だろう。

タイムバンドは事前に高値や安値を付ける確率が高い目標時間を探すための非常に論理的かつ効果的な手法で、どんなマーケットのどんな時間枠でも利用できる。これをトレード計画に組み込めば極めて便利なうえに、トレード戦略の一部として許容できるエクスポージャーで高勝率の条件を探すのに役立つだろう。

図5.23　C波のDTP

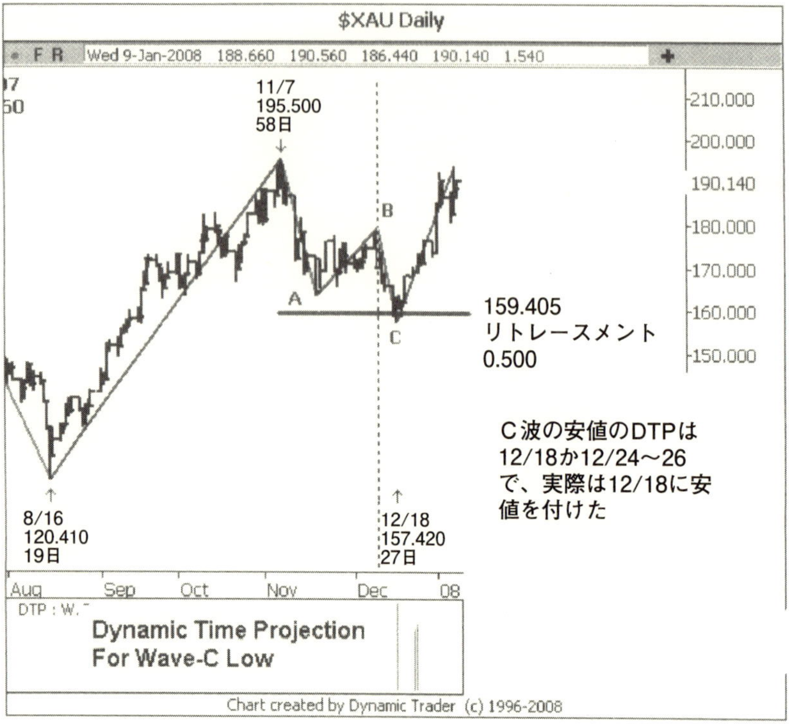

さらなる時間のファクター

前項でダイナミックタイム戦略を使って調整が終わる目標時間を探す方法を紹介した。もし調整が終わる可能性が高い条件を探すことができればメジャートレンドの方向にトレードを仕掛けることができるため、これまでは調整に注目してきた。

同じ手法は、５波動やそれ以外の構造のトレンドが終わる目標時間を事前に予測するときにも使える。ただ、トレンドにはスイングの予

図5.24　５波動構造の安値のDTP

測や比率がたくさんかかわってくるため、ダイナミックタイム戦略を使った方法は省略した。この予測はダイナミックトレーダーのソフトがなければ難しいため、ダイナミックタイム戦略を使ったトレンドの目標値の説明は別の機会にする。ただ、これから学んでいく仕掛けから手仕舞いまでのトレード計画にトレンドの目標値は必要ないので心配はいらない。

これまで時間戦略の項で述べてきたとおり、すべての予測値を残しておくとチャートは非常に見にくくなる。そこで、ダイナミックトレーダーにはダイナミック・タイム・プロジェクション（DTP）レポートなどいくつかの独自の時間予測がプログラムされていて、本書で学んださまざまな時間予測やそれ以外のパターン構造に合わせた予測をインジケーター部分に棒グラフで表示できるようになっている。この棒グラフは、本書で学んだ時間リトレースメントや代替時間予想や高値・高値と安値・安値予測とそれ以外のいくつかの予測値がもっとも重なる期間を視覚的に示してくれる。

図5.23は、前に使ったXAUチャートのC波のDTPを示している。スコアがもっとも高かったのは12月18日で、これは時間のファクターから探した目標時間とも合っている。DTPレポートも本章で学んだ情報を使っているが、数値を瞬時に集めて目標時間を表示してくれる。

DTPはどのようなパターン構造でも目標値を算出できる。**図5.24**は第４章で５波動トレンドパターンの安値の目標価格を算出したときに使ったESの60分足チャートに、５波動構造の安値のDTPを追加してある。今回の最高スコアは11月26日の午後遅い時間で、実際にその時間に安値を付けた。

ダイナミックタイム戦略をすべてのマーケットのトレード計画で常に利用したければ、私の会社のウエブサイトでダイナミックトレーダーのプログラムを見るよう勧める。もちろんこれまで学んできた手法はダイナミックトレーダーがなくても可能だが、あれば時間を大幅に節約できる。

結論

本章では、タイムバンドやダイナミックタイム戦略などいくつかの実践的な時間戦略を学んできた。これらを毎日あらゆるマーケットのあらゆる時間枠で使えば、トレード結果は大いに向上するだろう。

これまでの章では、トレードを検討するために高勝率となる条件を探すことに注目してきた。次章では実際にトレードを執行するために、仕掛けや最初の損切りなどについて具体的に学んでいく。そのあと、手仕舞い戦略とトレード管理を学べば完璧なトレード計画が完成する。

第6章

仕掛け戦略とポジションサイズ

Entry Strategies and Position Size

本章では、２つのまったく客観的な仕掛け戦略を紹介する。ここでは、あらゆるマーケットの状況で使える具体的な仕掛けと最初の損切りポイントや、あらゆるトレードの最大のポジションサイズなども学んでいく。客観的な仕掛け戦略は、トレードが成功するためのカギとなり、いったん判断を下したあとは感情や決断力のなさを排除してくれる。また、どのようなトレードでも最大のポジションサイズが分かっていることは、トレーディングで成功するための重要な要素となる。

これまでに複数の時間枠のモメンタムやパターンや価格や時間といった４つのファクターを使って、高勝率のトレードを検討するための条件を探すことについて述べてきた。ただ、これらの条件は整えば必ず仕掛けるということではなく、あくまでトレードの可能性を示しているにすぎない。

そこで本章では仕掛けの価格や最初の損切り点など、トレードを執行するための具体的な条件を学んでいく。トレードはほとんどは執行されるが、ときにはマーケットが期待したとおりの動きを示さなかったり、トレードを執行するための条件に達しなかったりすることもある。

これまで学んできたことに基づいて最高のトレード条件を探すためには多少の判断が必要だが、仕掛け戦略は完全に客観的になっている。調整やトレンドが転換するための条件が整ったら、あとは考えたり迷ったりする余地はない。客観的な仕掛け戦略に従うだけだ。

本章では、仕掛け戦略を２つだけ学ぶ。両方ともトレードを仕掛ける前に、期待した方向にマーケットが動かなければ執行はしないという点では似ている。これは不可欠な条件だ。目標価格に指値を置いて仕掛けるという方法は勧めない。目標価格を通り過ぎてマーケットがさらに逆行するというリスクが大きすぎるからだ。マーケットが期待した方向に向かうことを確認してから仕掛けるほうがよいだろう。

仕掛け戦略とは、売買価格と最初の損切り価格を具体的に示す必要がある。これまで「この近辺で買って損切りをこの近辺に置く」などといったあいまいな戦略を習ってきたかもしれないが、それは単なる提案で戦略ではない。ブローカーは「この近辺で買う」などといったあいまいな注文は受けてくれない。そこで、価格を特定して注文を出すために、マーケットの位置に基づいた実践的で単純で何よりも理論的な仕掛けの戦略を学んでいく。

損切りは、セットアップを無効にする価格に合わせて正確に置くことがカギとなる。マーケットがどうなれば、トレードを促した状況が無効になってしまうのだろうか。その答えは損切りを置く場所となる。もし仕掛けを促したマーケットの状況が崩れれば、そのポジションを維持する理由はない。それよりも、許容範囲を超えて壊滅的な損害を被る前に、素早く損切りして損失を小さく抑えたい。

本章で学ぶのは仕掛け戦略のみで、このなかには具体的な仕掛け価格と最初の損切りなどが含まれている。ちなみに、マーケットが予想どおりに動いたときに損切りを調整する方法や手仕舞い戦略については第７章で述べる。本章で取り上げる例のほとんどは、主として具体的な仕掛け戦略に焦点を合わせている。そのため、セットアップの可能性を示す基となったモメンタムやパターンや価格や時間の位置に関する詳細は最小限にとどめている。まずは仕掛けから第７章の手仕舞いまでをひとつずつ学び、そのあとですべてのファクターを使った総合的なトレード計画を立てていこう。

さらに本章では、最大エクスポージャー（リスク）と最大ポジションサイズについて、あらゆるマーケットのあらゆる状況のあらゆるトレードに応用できる完全に客観的な判断の仕方も学んでいく。

仕掛け戦略１――トレイリング・ワン・バー戦略

トレイリング・ワン・バー高値またはトレイリング・ワン・バー安値の仕掛けは非常に単純かつ論理的な戦略で、損切りを仕掛けに非常に近い場所に置くことができる。この方法は、転換の条件が整ったあとに短い時間枠でのモメンタムが転換したら、直近の足の１ティック上（または下）に逆指値注文を置き、その注文がヒットせずに次の足ができたら、その足の１ティック上（または下）に逆指値注文を動かして仕掛けていく。最初の損切りは、仕掛け直前のスイングの安値（または高値）よりも１ティック外側に置く。

例を見てみよう。**図6.1**はXAUの日足チャートである。最後の足では50％リトレースメントに達し、安値・安値サイクルに近く、日足のモメンタムは強気に転換している。ほかにもこれまでの章で学んだいくつかの時間や価格のファクターに支持されており、どれも現在の値位置がＣ波の安値である可能性を示している。この時点では長いほうの時間枠である週足のモメンタムが売られ過ぎか強気であると仮定すると、短い時間枠の日足のモメンタムが強気に転換すれば長い時間枠で買いを検討する条件が整う。第２章で、長い時間枠が売られ過ぎになれば即座に下落する余地は限られており、次に短い時間枠でモメンタムが強気に転換すればそのあとすぐに長い時間枠でも強気に転換することを学んだ。長い時間枠で売られ過ぎているときは、買いトレードに備える必要がある。

XAUは時間でも価格でもＣ波と思われる波の安値を示唆しており、短い時間枠の日足のモメンタムが強気に転換しているため、この仕掛

図6.1　トレイリング・ワン・バー高値戦略での買いトレード

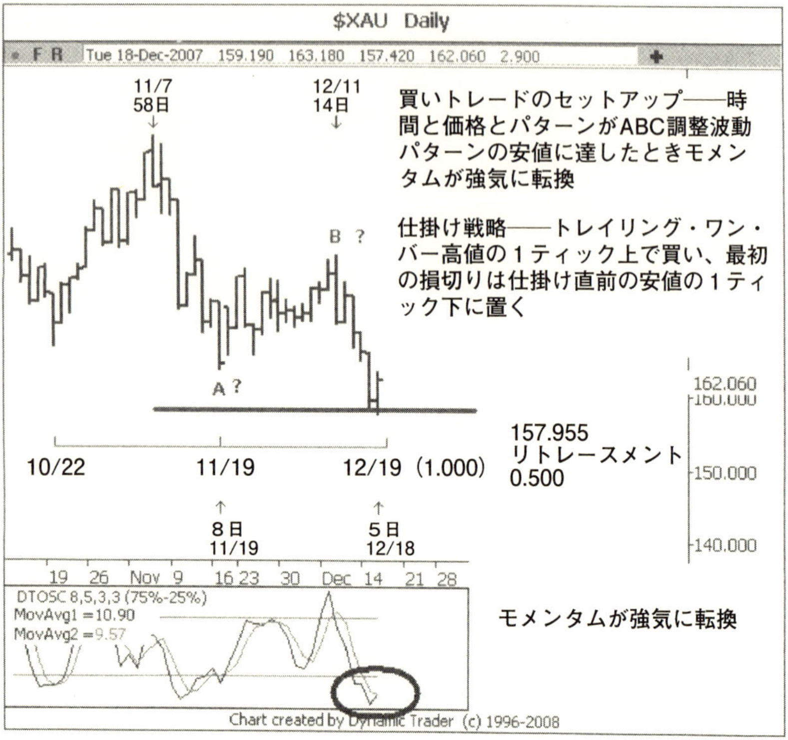

け戦略に従って、日足のトレイリング・ワン・バー高値の1ティック上で仕掛けて、最初の損切りを直前のスイングの安値の1ティック下に置く。

結果は**図6.2**に示してある。翌日、XAUは前日の高値を超え、損切りに達することなく数日間上昇を続けた。この時点で、XAUがどれくらい上昇したかや損切りをどのように調整したか、あるいはどのように手仕舞ったかは関係ない。現段階では、転換する条件が整ったときにトレードをどのように執行したかということのみに集中してほ

図6.2　トレイリング・ワン・バー高値で仕掛けた買いトレード

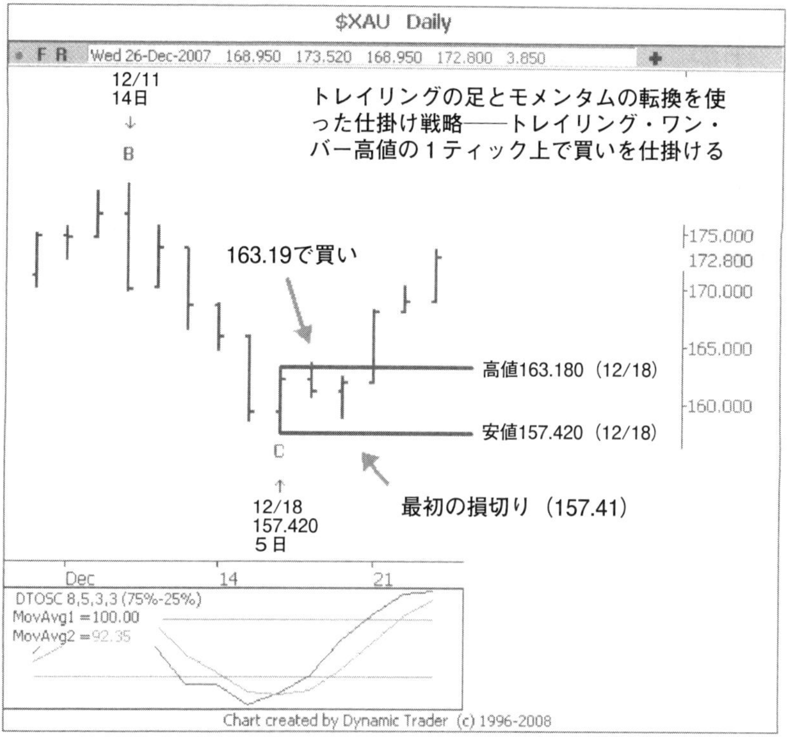

しい。

トレイリング・ワン・バー高値（またはトレイリング・ワン・バー安値）の仕掛けと損切りの戦略は非常に単純かつ論理的で、トレードを仕掛ける前に直近の高値（直近の安値）を超えることでマーケットが予想した方向に動いていることを確認しなければならない。ただ、仕掛けが次の足で執行されるとは限らない。トレイリング・ワン・バー高値やトレイリング・ワン・バー安値を超えてトレードを仕掛けるまでには足数本分くらいは待たなければならないこともある。**図6.3**はモメ

図6.3　トレイリング・ワン・バー安値の仕掛け戦略

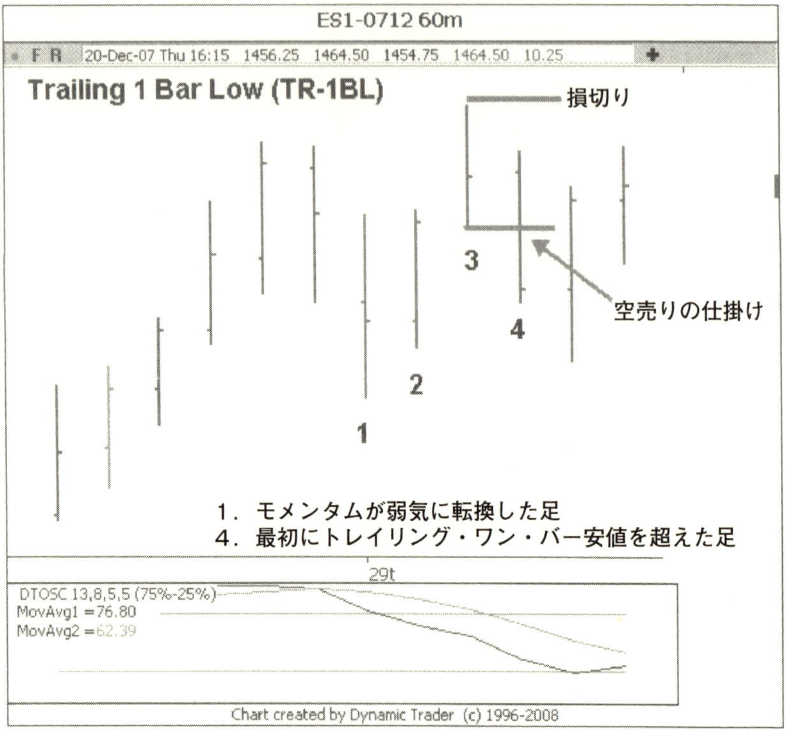

ンタムが弱気に転換したところを拡大したもので、実際に仕掛けるまでトレイリング・ワン・バー安値の仕掛けを調整したところに注目してほしい。

ここでは、モメンタムが弱気に転換した足を１としてある。その次の足から、売りの逆指値注文を直前の足の安値の１ティック下に置いて空売りを仕掛けるタイミングを待つ。２の足と３の足は前の足の安値を超えなかったため空売りは執行されなかったが、４の足はトレイリング・ワン・バー安値を超えたため空売りが執行された。そこで最初の損切り注文（買い戻し）を、モメンタムが弱気に転換したあとの最高値の足で直近のスイングの高値でもある３の足の高値の１ティック上に置く。

短い時間枠のモメンタムが弱気に転換したあとは、その弱気の状態が続いて売られ過ぎゾーンに達していなければトレイリング・ワン・バー安値の仕掛け戦略は有効になっている。しかし、もし直前の足の安値を下回ってトレードが執行される前にモメンタムが強気に転換したり、売られ過ぎゾーンに達したりしたら、仕掛けるのはやめる。そうなるともう短い時間枠のモメンタムの状態は空売りの仕掛けに有効ではないからだ。もし執行したくても実際にはできないかもしれないし、できたとしても足数本分くらいは待たなければならないだろう。トレイリング・ワン・バー安値やトレイリング・ワン・バー高値の戦略の良い点は、トレンドがすぐに期待した方向に進まない場合に、転換直後に仕掛けるよりも良い価格で仕掛けたり有利なサイズで仕掛けたりできることにある。

図6.4は仕掛け戦略が執行される前に無効になったときの状態を表している。１の足はモメンタムが弱気に転じたあとの最初の足となる。トレイリング・ワン・バー安値の仕掛け戦略を使うと、次の３本の足は安値が直前の足の安値を下回っていないため、売りの逆指値注文がヒットしていない。そして４本目となる２の足でモメンタムが強気に転換したため、それ以降の空売りのセットアップはすべて無効になり、トレイリング・ワン・バー安値の戦略は取り消された。次の空売りのセットアップは、長い時間枠が弱気で売られ過ぎゾーンに入っていない状態のときに、モメンタムが弱気に転換するまで待たなければならない。

図6.5の最後の足では、60分足のモメンタムが第５波の支持線と思われるところで強気に転換した。もしこのとき長い時間枠である日足のモメンタムが強気か売られ過ぎゾーンに達していれば、短い時間枠

図6.4　モメンタムが強気に転換して無効になったトレイリング・ワン・バー安値での空売りセットアップ

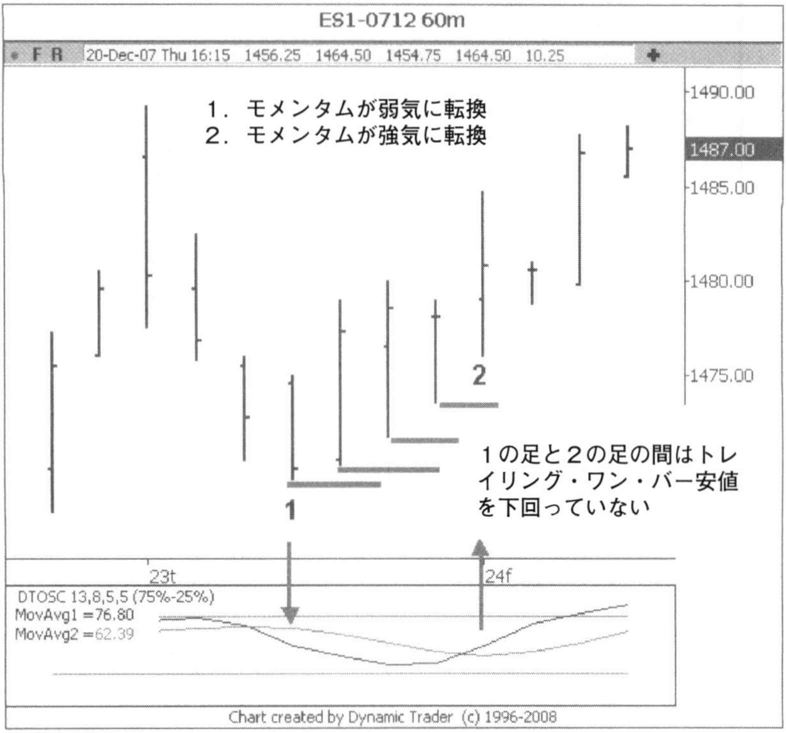

の60分足のモメンタムが強気に転換したあとで買いを検討することになる。そこで直前の足の高値よりも１ティック上の1431.25ドルに買いの逆指値注文を置いて仕掛ける。そして、もしこのトレードが執行されれば、最初の損切りは仕掛ける直前のスイングの安値よりも１ティック下である1406.50ドルに置く。この安値を下回れば今回の仕掛けの根拠だった転換が無効になり、トレードに適した状態ではなくなる。そうなれば、トレードを保有し続ける理由がないからだ。

もしこの買いトレードが1431.25ドル（直近の高値の１ティック上）

図6.5　トレイリング・ワン・バー高値の買いのセットアップ

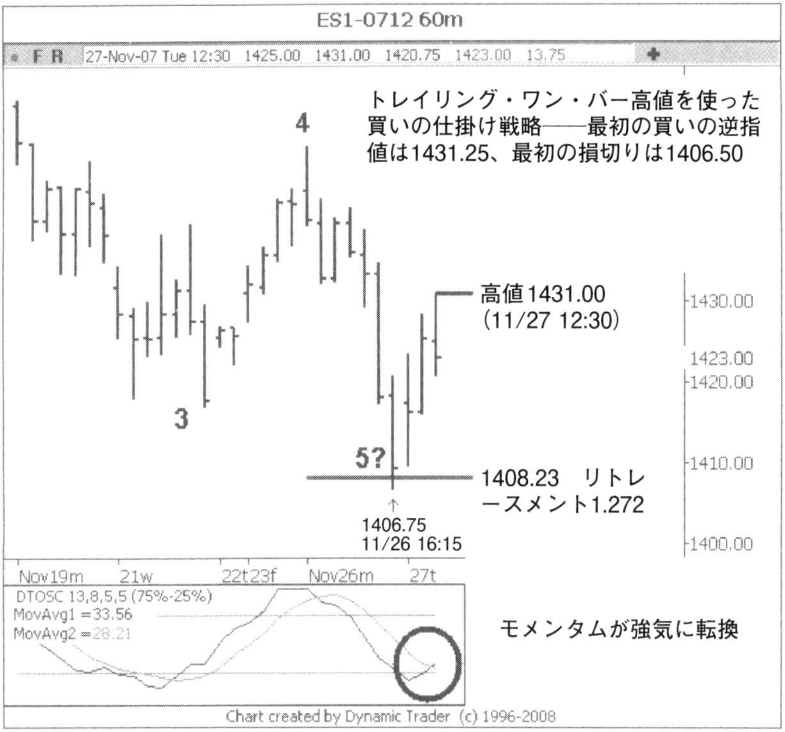

で執行されれば、損切りを1406.50ドル（直前のスイングの安値よりも１ティック下）に置き、エクスポージャーは１枚当たり24.75ドルとなる。セットアップが無効になるのは直近の安値を下回った場合だけなので（仕掛けと安値の間の適当な場所ではない）、損切りをこれよりも近くに置くことはしない。ちなみに、１枚当たり24.75ドルのエクスポージャーは、レバレッジの大きい先物トレーダー（私を含めて）の許容額よりも大きい。仕掛け価格や損切り価格やエクスポージャーはわれわれが決めるのではなく、マーケットが足の長さに応じて

図6.6　損切りに達して小さい損失に抑えられた空売りポジション

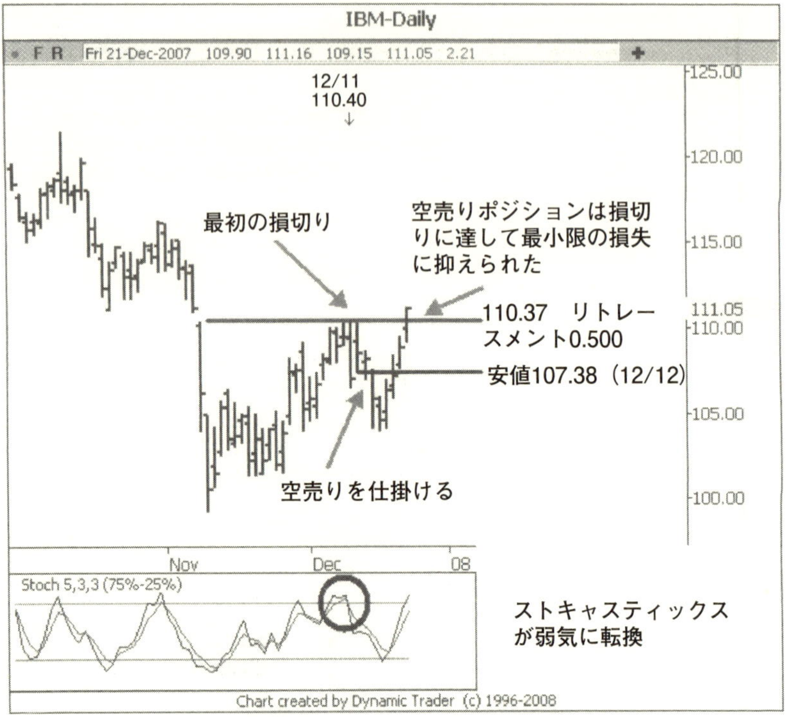

教えてくれる。われわれにはセットアップの潜在リスクは管理できないが、リスクを許容するかどうかとポジションサイズをどうするかは管理できる。本章後半では、あらゆるトレードについて最大のエクスポージャーとポジションサイズを客観的に判断する方法を説明する。

エクスポージャーが許容できない場合には、２つの解決策がある。１つ目は、60分足でセットアップが完成したら、次に短い時間枠（例えば15分足）でセットアップができるのを待つ方法である。短い時間枠でもセットアップができるという保証はないが、できたときはエクスポージャーはずっと小さくなる。２つ目は、レバレッジが小さい（あるいはまったくない）マーケットでトレードする方法で、例えばETF（上場投信、S&Pに連動したSPYなど）ならばやっと探し出した高勝率トレードのセットアップを利用して、小さいエクスポージャーで仕掛けることができる。マーケットの選び方については、本章後半で詳しく述べる。今は仕掛け戦略に集中して話を進めていこう。

図6.6はIBMの日足チャートである。長い時間枠である週足のモメンタムが弱気か、短い時間枠の日足で見て買われ過ぎのために空売りのセットアップになっていると思ってほしい。12月中旬に、ストキャスティックスの日足のモメンタムが弱気に転換したとき、価格は50％リトレースメントにあった。そして２日後、IBMはトレイリング・ワン・バー安値を下回って空売りが執行されたため、最初の損切りを仕掛け直前のスイングの高値よりも１ティック上に置いた。数日後、この空売りトレードは損切りに達し、小さい損失に抑えることができた。

トレイリング・ワン・バー高値（トレイリング・ワン・バー安値）仕掛け戦略を使えば、仕掛け価格や最初の損切りを完全に客観的に決めることができる。この方法のメリットは、転換してすぐに仕掛けられることが多いうえ、損失が出た場合でも小さく抑えることができることにある。

もし損切りに達しても、トレードの条件がそろっていれば同じ戦略を続けることができる。IBMの例では、長い時間枠である週足がまだ弱気か、日足が買われ過ぎになっているため、次に日足のモメンタムが弱気に転換すれば新たな空売りのセットアップができる。IBMの上昇はまだ調整の条件を満たしているため、日足のモメンタムの高値がこの調整の最後のスイングとなる可能性もある。

図6.7はユーロ・英ポンド（EUR/GBP）の日足チャートで、第５波が目標値ゾーンに達している。最後の足（１月15日）で、日足のモメンタムが弱気に転換した。仕掛け戦略に従って短い時間枠である60

図6.7　長い時間枠である日足の空売りセットアップ

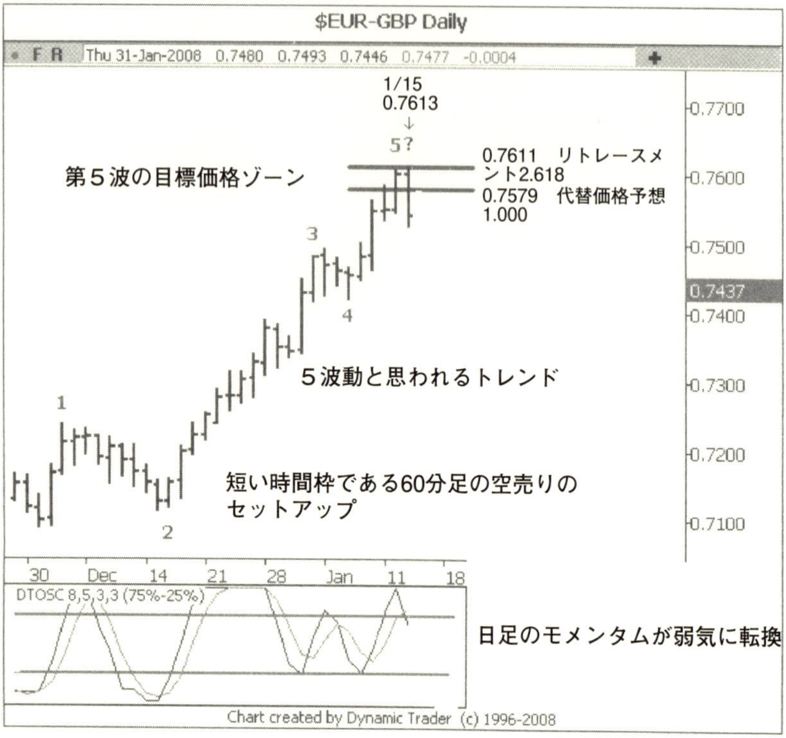

分足でトレードのセットアップを探す。

図6.8は、**図6.7**で長い時間枠である日足のモメンタムが弱気に転換したあとの１月15～16日を60分足で示している。１月16日の朝、ユーロは61.8％価格リトレースメントに達し、100％時間リトレースメントにも足があと２～３本のところまで迫った。これらはすべて調整の特徴を示すパターンであり、60分足のモメンタムが弱気に転換してトレイリング・ワン・バー安値の仕掛け戦略の条件が整った。60分足が弱気に転換してから２本目の足のトレイリング・ワン・バー安値を

図6.8　長い時間枠である日足の空売りのセットアップ

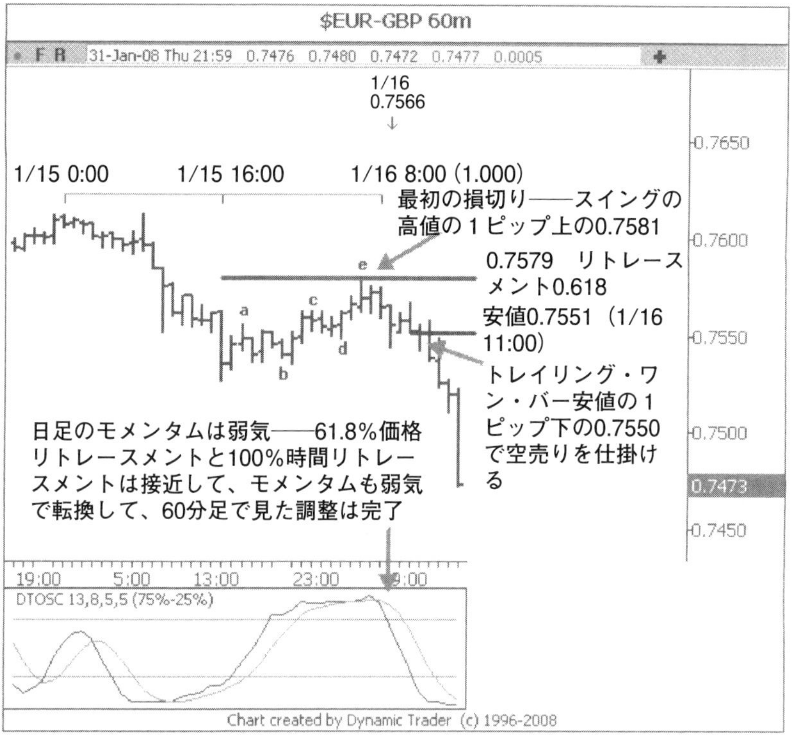

下回ったところで空売りを仕掛けて最初の損切りを調整の高値の１ピップ上に置く。

もし本当にトレーディングで儲けたいのならば、メジャートレンドの方向でトレードをしなければならない。そして、もっともトレンドがあるマーケットと言えばおそらく通貨市場（FX）以外にないだろう。週足と日足でセットアップを探したらメジャートレンドを狙って仕掛け、ティック単位（FXならピップ）ではなくポイント単位の利益を目指してほしい。**図6.9**はユーロ・米ドル（EUR/USD）の週足チャ

図6.9　長い時間枠である週足のセットアップ

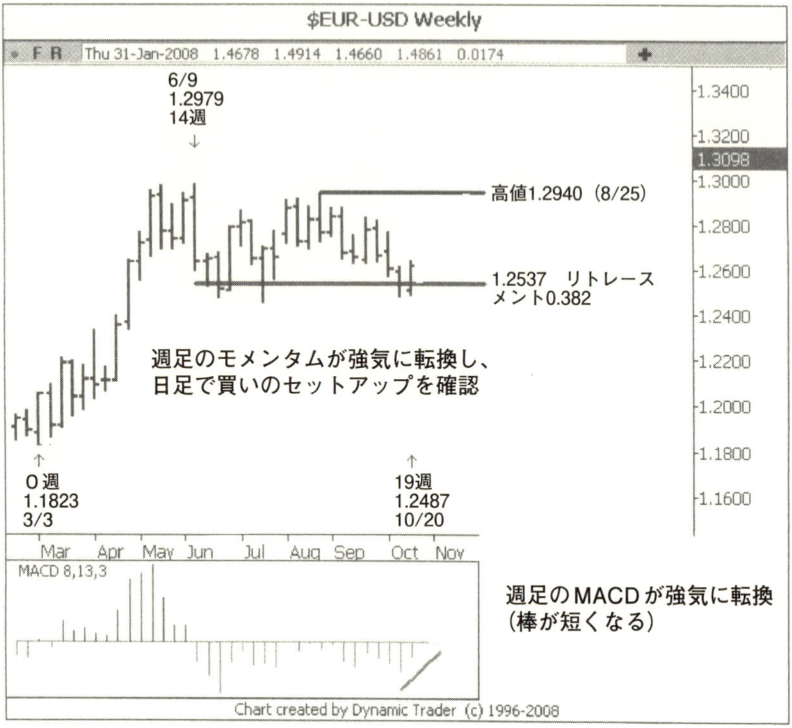

ートで、最後の足で週足のMACDのヒストグラムがシグナルラインを上抜いて強気に転換した。MACDには買われ過ぎや売られ過ぎゾーンがないため、長い時間枠のセットアップができたかどうかはモメンタムが転換したあとに（短い棒がシグナルラインの下から上に移る）考える。

価格は調整と思われるパターンのなかで38.2％価格リトレースメントを三度試した。従来のチャート派やスイングトレーダーならばトレーディングレンジを上抜けるまで待ってから買うが、それをすると損

図6.10　トレイリング・ワン・バー高値を使った仕掛け

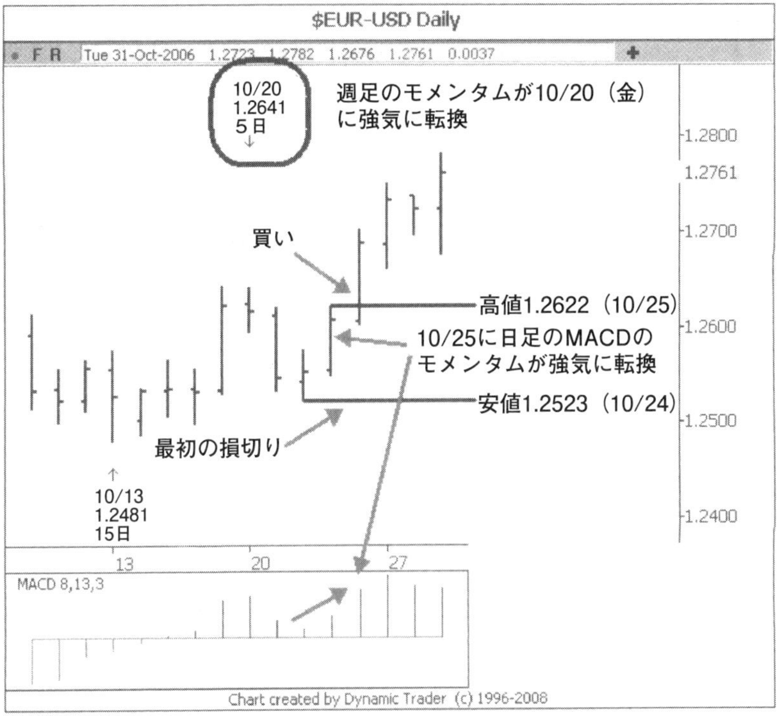

切りが遠くなる。2つの時間枠のモメンタムを使ったセットアップとトレイリング・ワン・バー高値の仕掛け戦略を使えば、比較的少ないエクスポージャーで買いを仕掛けることができる。さらに、もしユーロが最終的に上昇トレンドを形成しなくても、損失額は非常に小さく抑えることができる。

図6.10はEUR/USDの短い時間枠である日足チャートで、週足のモメンタムは10月20日の週に強気に転換した。10月20日の日足には、チャート上部に印を付けてある。客観的な仕掛け戦略に従えば、週足

のモメンタムが強気の間に日足のモメンタムが強気に転換したあと日足のトレイリング・ワン・バー高値で仕掛ける。10月20日から３本目の足でMACDヒストグラム（モメンタム）は強気に転換した（シグナルラインの上でヒストグラムの棒が前の棒よりも長くなっている）。翌日に、前日の高値よりも１ティック上に買いの逆指値注文を置いて、強気に転換する直前のスイングの安値から１ティック下に損切りを置いた。通貨は安定したトレンドが数週間から数カ月間続くことがよくある。週足と日足のセットアップは、最低限のエクスポージャーで大きな潜在利益を狙うための理想的な時間枠と言ってよいだろう。また、レバレッジをかけずに（あるいは小さくして）、長期の買いポジションを建てたいときはETFを使う方法もある。

トレイリング・ワン・バー高値やトレイリング・ワン・バー安値の仕掛け戦略は完全に客観的であり、たいていは最小限のエクスポージャーで可能な設定を示してくれる。これには素晴らしい利点がいくつかある。まず、トレードは価格がトレイリング・ワン・バー高値やトレイリング・ワン・バー安値を超えて予想した方向に動かなければ執行されないということだ。また、この設定は仕掛けと損切りの価格が明確に示されているため、仕掛ける前に最初のエクスポージャーが必ず分かっている。もしエクスポージャーが許容範囲を超えていれば、トレードをやめるか、レバレッジを最小限に抑えるか、先物やさらに高レバレッジのFXなどではなく、ETFや投資信託のようなレバレッジのないマーケットでトレードすることができる。

もしマーケットがすぐに予想した方向に動いて直前の足の高値や安値を超えなくても、それから足２～３本のところでさらに有利な価格か小さいエクスポージャーで仕掛けられるかもしれない。また、もし短い時間枠のモメンタムが長い時間枠のモメンタムの方向とは反対に転換してセットアップ自体が無効になれば、次のセットアップができるまでトレードは仕掛けない。

これまで挙げた例の多くは、仕掛けたあとマーケットが予想した方向に動いて成功した。ただ、ここでの目的はこの仕掛け戦略を理解し、状況に応じて仕掛け価格と損切り価格を正確に見極めることにある。実際には仕掛けた直後にマーケットが反転して損切りに達し、損失が出るトレードもたくさんある。しかし、この方法ならば損失は比較的小さいが潜在利益は比較的大きくなる。さらに、本章前半で見た例のように仕掛けには至らないセットアップも多い。次章では、トレードを仕掛けから手仕舞いまで管理して、形成されつつあるトレンドの大部分をとらえることを目指した損切りの調整や手仕舞い戦略を学んでいく。

ただ、その前に２つ目の仕掛け戦略であるスイングを使った仕掛けを紹介しよう。

仕掛け戦略２――スイングエントリー戦略

概念はもちろん重要だ。しかし、それを行動に移す前にその概念が理にかなっていることを確認しなければならない。仕掛け戦略の概念は、仕掛ける前にマーケットが予想した方向に動いてスイングの高値や安値を超えるということで、ここはトレイリング・ワン・バー高値やトレイリング・ワン・バー安値の仕掛け戦略と変わらない。最初の条件も同じで、調整やトレンドの転換を示す２つの時間枠のモメンタムと価格とパターンと時間の条件がそろっていなければならない。これは買いならば、長い時間枠が強気か売られ過ぎゾーンに達しているということで、空売りならば、長い時間枠が弱気か買われ過ぎゾーンに達しているということである。短い時間枠のモメンタムは長い時間枠と逆になるということでもある。そして、高勝率の条件が整ったらスイングを使った仕掛け戦略では予想するトレンドの方向にスイングの高値や安値を超える必要がある。

スイングエントリー戦略のエクスポージャーは、トレイリング・ワン・バー高値やトレイリング・ワン・バー安値の戦略のエクスポージャーよりも大きくなることが多い。スイングエントリー戦略の仕掛け価格と最初の損切りが離れているからだ。ただ、勝率に関しては、スイングエントリー戦略のほうが高いというメリットもある。仕掛け戦略にはそれぞれ長所も短所もある。例えば、短い時間枠のモメンタムが転換すればすぐ仕掛ける戦略は勝率は低いがエクスポージャーも小さく、勝率が高い戦略はエクスポージャーが大きくなるという傾向がある。

ちなみに、スイングエントリー戦略とスイングトレードを混同しないでほしい。スイングトレードは近年もてはやされているが、これは特定の戦略を表す言葉ではない。純粋なスイングトレードはトレンドの方向に合わせて新しいスイングの高値で買ったり安値で売ったりすることで、強いトレンドがあれば素晴らしい戦略となる。しかし、もしそのスイングがトレンドの終端にあったり、マーケットがちゃぶついたり横ばいだったりすると儲からない。本書で紹介するスイングエントリー戦略は、転換の条件が整ったら、最初のエクスポージャーを減らすために短い時間枠のマイナースイングで仕掛ける。

それではさっそくスイングエントリー戦略を見ていこう。**図6.11**はS&Pミニ先物の60分足チャートで、5と記した底は第5波の安値と考えられる。チャートを見やすくするため、第5波終了の支持線である時間と価格の目標値は安値の近くに表示しなかった。この時点で長い時間枠である日足のモメンタム（チャートには描いていない）が売られ過ぎゾーンに達しているため、短い時間枠である60分足のモメンタムが強気に転換したら買いを検討する。モメンタムが売られ過ぎゾーンに達しているということは下落の余地は少ないということで、次に小さい時間枠のモメンタムが強気に転換すれば価格も強気に転換する可能性が高い。チャートの最後の足は11月27日のピットの取引時

図6.11　スイングエントリー戦略を使った買いトレードの仕掛け

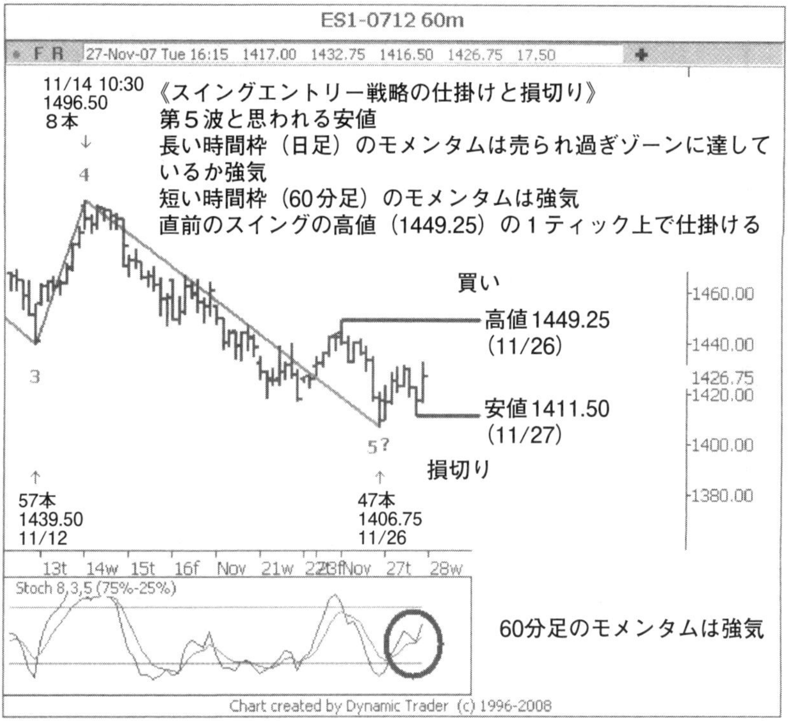

間最後の足を示している。ちなみに、ピット外取引の出来高は非常に少ないため、ここでは考慮しない。S&Pミニ先物の60分足のモメンタムは強気に転換した。スイングエントリー戦略では、翌日に直前のスイングの高値よりも１ティック上に買いの逆指値注文を置いて仕掛ける。もし仕掛けが執行されれば、最初の損切りは同じスイングの安値よりも１ティック下に置く。

われわれにはマーケットがこのまま上昇して直前のスイングの高値を超えるのかどうかは分からない。もしかしたら、下落するかもしれないし、横ばいになるかもしれない。分かっているのは、11月26日の時点でS&P500ミニ先物が第５波の安値を付ける位置にあり、直前のスイングの高値を超えれば第５波が完成したことを確認できるということだけだ。もし直前のスイングの高値を超えれば、すべての弱気パターンは無効になるため、買いを検討する。われわれは、これをパターンリバーサルシグナルと呼んでいる。こうなった場合、これまでの下降トレンドが10月初めの高値（チャート外）から11月26日の安値まで５週間以上続いたことから考えて、S&Pミニ先物は最低でも２～３週間は上昇すると予想できる。

もしトレードが執行されれば最初のエクスポージャーは大きくなるため、このセットアップはトレード資金の少ない人が高レバレッジの先物をトレードするのには向いていない。しかし、レバレッジをかけないマーケットやS&PのETFやS&Pに連動した投資信託などをトレードするには素晴らしいセットアップと言える。日足と60分足を組み合わせると、日中の60分足を使ってセットアップを探すスイングエントリー戦略を使う場合でも１日中マーケットを観察している必要はないという利点がある。1449.50に買いの逆指値注文を置くというのは、取引時間が終わったあとでもよい。ただ、もし翌日それが執行されたときには、必ず損切りが1411.25に自動的に置かれるようにしておくことだけは気をつけてほしい。ほとんどのトレーディング用プラットフォームには「○○の場合は××を実行する」というような条件付きの指示が出せるようになっている。そこで、逆指値注文が執行されたときには、即座に損切り注文を出すように設定しておけばよい。翌日にS&Pミニ先物が直前のスイングの高値を超えないで仕掛けの注文が執行されなければ、翌日の夜に再度スイングエントリー戦略の仕掛けの条件が有効かどうかを確認したうえで、翌々日用に新しい注文を出せばよい。

もし翌日マーケットを観察する時間があれば、次に短い時間枠であ

図6.12　15分足を使った仕掛け

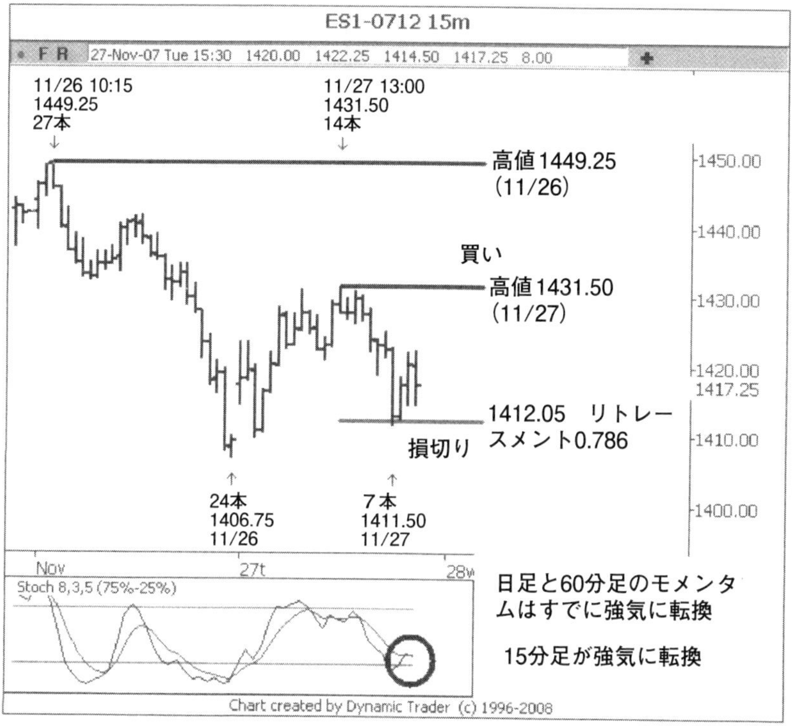

る15分足を使ってスイングエントリー戦略のセットアップを探すこともできる。ただし、これも１日中画面に張り付いていなければならないということではない。15分足でのモメンタムが強気に転換したら音で知らせてくれるように設定しておき、直前のスイングの高値や安値を探して仕掛けたり損切りを置いたりすればよい。

図6.12はS&Pミニ先物の15分足チャートで、**図6.11**の60分足チャートで11月26日に高値を付けた部分を示している。15分足の最後の足は11月27日の午後遅い時間に付き、そのとき15分足のモメンタムも

図6.13　長い時間枠で空売りの条件が整う

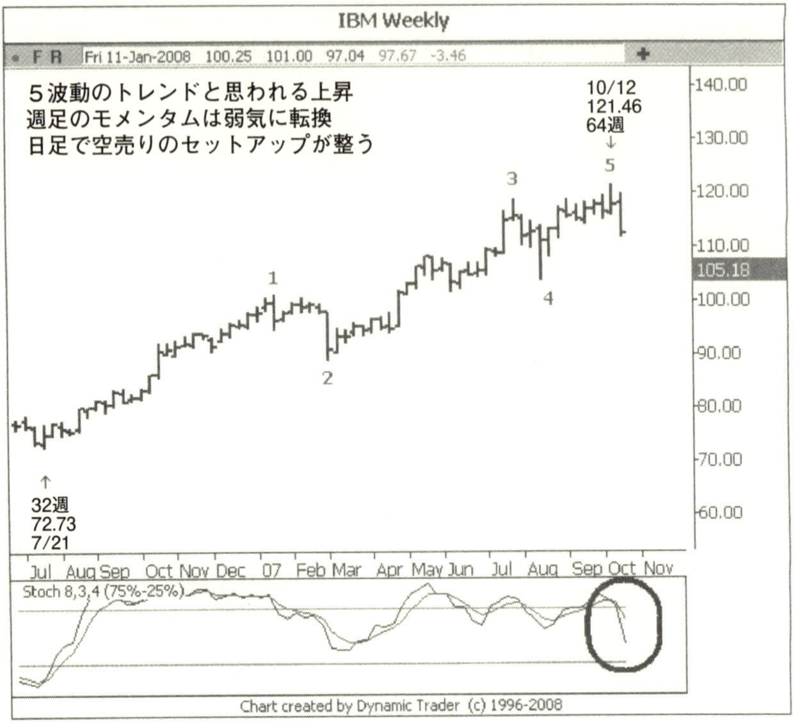

強気に転換した。今回の3つの時間枠のセットアップで日足と60分足のモメンタムはすでに強気に転じている。S&Pミニ先物は78.6％リトレースメントまで下落した。このあと価格が上昇して15分足の直前のスイングの高値である1431.50を超えるかどうかは分からない。ただ、11月26日の第5波の安値になるかもしれない安値を付けたことで今後2～3週間は上昇しそうなことや、日足や60分足のモメンタムが強気であることから、直前のスイングの高値を15分足でも超えればトレンドが上昇に転じたサインだと考えてよいだろう。スイングエントリー

図6.14　スイングエントリー戦略を使った空売りのセットアップ

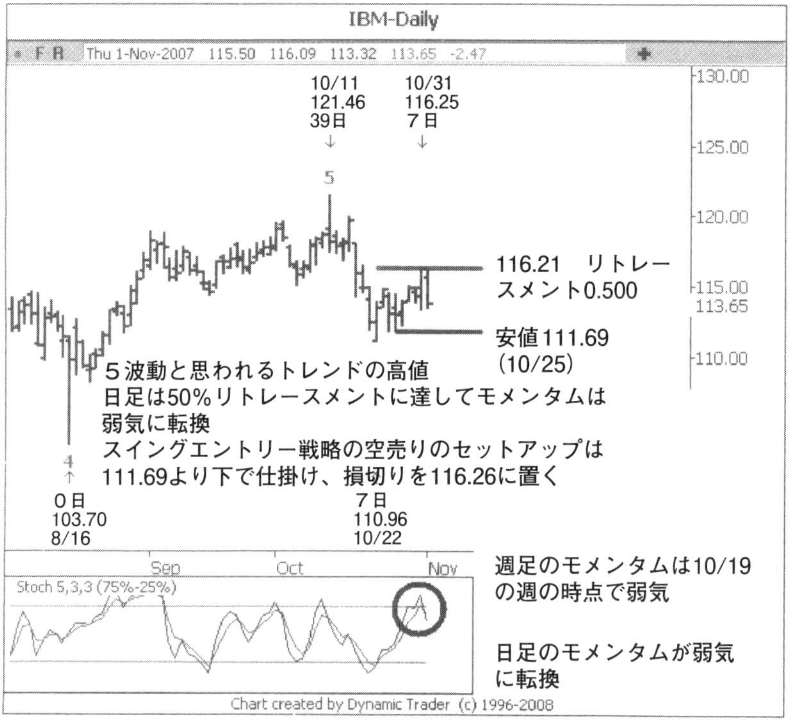

戦略に15分足も使って仕掛けた場合、最初のエクスポージャーは60分足と11月26日の高値だけで仕掛けるときよりもずっと小さくなる。

セットアップを探してスイングエントリー戦略で15分足の仕掛け価格と損切り価格を決めるためには、トレーダーが日中のマーケットを観察していなければならない。ただ、ここでも１日中パソコンの画面の前に貼り付いていなければならないわけではない。トレードを仕掛けるための最終的な条件は、15分足が強気に転換することなので、トレーディングソフトにアラートを設定して音量を上げておいたうえで、

（アラート音が聞こえる距離で）ほかの用事をしていればよい。そしてアラートが鳴ったら（つまり15分足が強気に転換したら）チャートを見て仕掛けのために直前のスイングの高値の１ティック上に逆指値注文を置く。万が一に備えて直前のスイングの安値に損切りを置いたあとは、またほかの用事に戻ればよい。パソコンに貼り付いている必要はない。注文を出すための具体的な情報はすべてそろっている。あとはマーケットが注文を執行するかしないかしかない。

図6.13は、IBMの週足を2007年10月の高値まで示している。IBMは2006年７月の安値以降、５つの異なるスイングを形成しながら上昇して５波動トレンドパターンを形成した可能性がある。ただ、2007年10月に第５波の高値を付けて上昇トレンドを完了させたのかどうかは分からない。それでも時間と価格のファクターがそうなったことを示唆していれば、買いトレードを手仕舞ったり空売りを仕掛けるためにマーケットの動きを注視してほしい。もし５波動トレンドが完了したのであれば、そのあとの下落は少なくとも数カ月間は続くと予想されるからだ。チャートの最後の足で、週足のストキャスティックスのモメンタムが弱気に転換し、日足でスイングエントリー戦略の空売りセットアップが整った。

図6.14はIBMの日足で、週足チャートが2007年10月に高値を付けた前後の時期を示している。週足のモメンタムは、10月19日までの週に弱気に転換したが、日足のストキャスティックスのモメンタムが弱気に転換したのは10月31日だった。IBMは100％時間リトレースメントで50％価格リトレースメントに達した（７日間下落してから７日間上昇した）。10月22日の安値から始まった上昇パターンは、オーバーラップを伴う調整に見える。もしIBMがスイングの安値を超えれば、第５波の高値が完了して下降トレンドが数週間か数カ月間続く可能性が高い。

株をトレードしている人たちのほとんどはほかに定職を持っていて、

図6.15　５分足を使ったデイトレーダー用の15分足のセットアップ

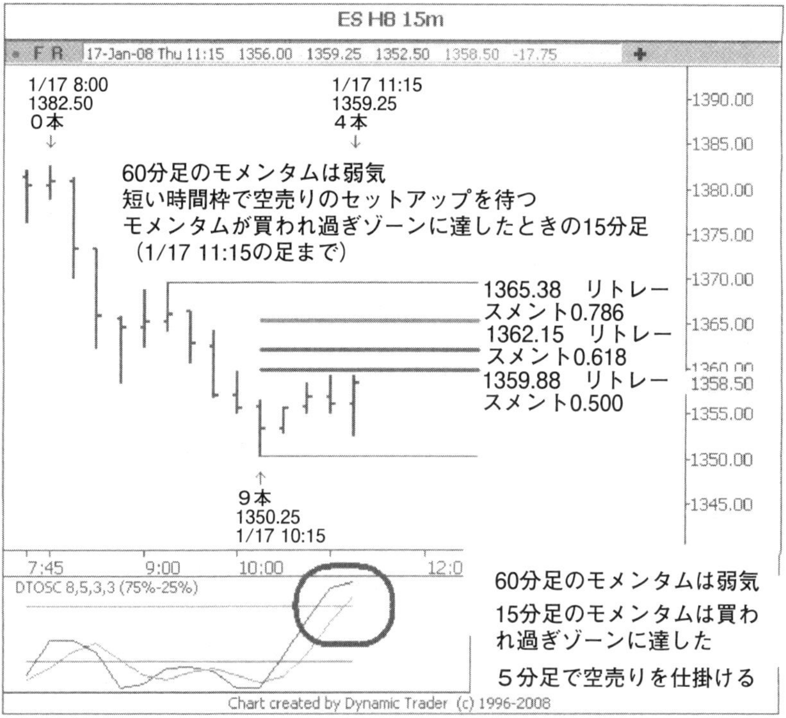

１日中トレード画面を見ているわけではない。株に限らず、数週間から数カ月間のトレンドを想定して仕掛けるためには週足と日足のデータしか必要ではない。今回のIBMの週足と日足を使った例では、もし５波動トレンドパターンが10月の高値で完了すれば、時間的にも価格的にも少なくとも2006年10月の安値（2007年10月までの５波動トレンドパターンの始まり）は超える調整の下落が期待できる。ここでは絶対にIBMを買ってはならず、むしろ空売りを検討すべきだろう。もし空売りが嫌いならば、それはトレーダーとしての自覚が持てていな

図6.16　スイングエントリー戦略による５分足を使ったデイトレーダー用の空売りセットアップ

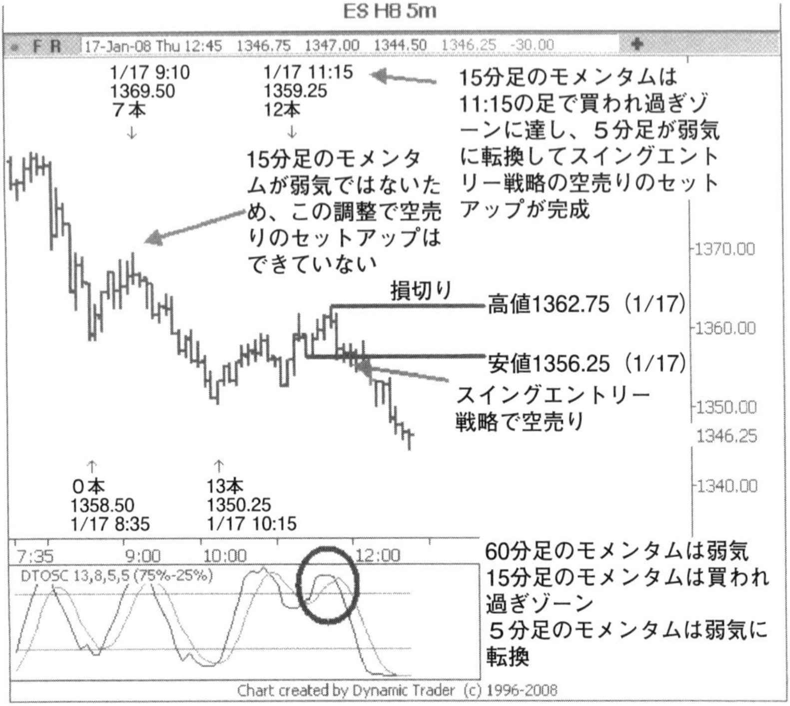

いということなので、別の仕事を探したほうがよい。マーケットには上昇トレンドもあれば下降トレンドもある。両方のトレンドの可能性を利用してほしい。

それではデイトレーダー用を含む非常に短期のセットアップはどうだろうか。ここでもまったく同じ戦略を使う。**図6.15**は、S&Pミニ先物の15分足を１月17日の11時15分の足まで示している。次に長い時間枠である60分足のモメンタムは、この日まで弱気だった。短い時間枠が弱気に転換したセットアップでは空売りしか検討しない。15分足は11時15分の足までに、二度弱気に転換したが（一度は売られ過ぎゾーンの上で一度は売られ過ぎゾーンの中）、どちらも空売りを仕掛ける場面ではない。しかし、11時15分の足で15分足のモメンタムは買われ過ぎに達し、さらに短い５分足のモメンタムで空売りのセットアップが完成した。デイトレーダーには２つの長い時間枠のモメンタムが短い時間枠のモメンタムの方向と合っていることが成功するための最高のチャンスだと勧めている。今回の場合は、60分足のモメンタムが弱気で15分足は買われ過ぎにあるため、５分足が弱気に転換すれば３つの日中の時間枠のモメンタムすべてがそろって弱気になる。

図6.16は**図6.15**の15分足チャートと同じ１月17日の５分足を示している。チャート上部の日付と時間は５分足の11時15分の足で、これは15分足のモメンタムが買われ過ぎに達したときを指している。そこから５分足２～３本先でモメンタムは弱気に転換してスイングエントリー戦略の空売りセットアップが完成し、小さなスイングの安値の下の1356.25が仕掛けポイントになる。次の足で空売りを仕掛け、最初の損切りを直前のスイング高値の１ティック上である1363.00に置く。

この例のS&Pミニ先物には小さな調整が二度あっただけで、あとは１日中下降トレンドを形成している。しかし、短い時間枠である15分足と５分足が空売りのセットアップになったのは２つ目の調整のときだけだった。１日の初めに60分足などの長い時間枠のモメンタムが弱気傾向にあると悩むかもしれないが、複数の時間枠を使った高勝率セットアップでは短い時間枠の条件もそろわなければトレードは仕掛けない。事後になってマーケットがどう動いたかを理解するのは簡単だが、トレード判断はチャートの最後の足で下さなければならず、そのあとでどうなるかは分からない。トレード計画に従って、高勝率の条件が整うまで待つ忍耐と規律がなければ、トレーダーとは言えない。自分を守ってくれる規則を尊重しない人は単にゲームをしているだけで、いずれトレード口座の資金を規則を守るプロに差し出すことになる。賢くなろう。計画を持ち、それに従ってトレードするのだ。エッジ（強み）を持って、勝率が自分に有利なようにしておこう。

ただ、スイングエントリー戦略はどのようなマーケットでも、どのような時間枠でも、どのような状況でも使える２つ目の仕掛け戦略ではあるが、目標値に指値して買ったり売ったりしてはならない。それよりも、マーケットが予想したトレンドの方向に動くのを必ず確認してからトレードを執行すれば、結果が大いに向上するのは間違いないだろう。

ポジションサイズ

トレーディングで長期間にわたって成功を収めるためには、資金の維持がカギとなる。損失を回復するためにどれほどの利益率が必要かという話はだれでも聞いたことがあるだろう。ドローダウンが20％ならばトントンに戻すだけで25％の利益が必要だし、ドローダウンが50％ならば100％の利益が必要だ。大きな損失を埋め合わせるためには、それよりもずっと大きい利益が必要になる。

一発狙いで大きなポジションを仕掛けるトレーダーがあまりにも多すぎる。しかしそれは幻想にすぎない。大きなポジションは回復不能な大きな損失につながりかねない。トレーダーには、短期から長期まですべてのテクニカル指標がたったひとつの結果、つまりメジャートレンドを示していて、マーケットを完全に把握できたと感じるときがある。すると、ついリスクに対する常識的な規則を破って大きなポジションを建て、「余裕を持って」損切りを遠くに置いてしまう。そしてマーケットが逆行しても買いのチャンスととらえてさらに「良い価格」でナンピンをしてしまう。もう結果は想像がつくだろう。マーケットの逆行は止まらず、多額の損失とともに手仕舞うか、追証が支払えずにブローカーにトレードを停止されるかのどちらかしかない。

大きな損失を回復するのは、感情的にも資金的にも難しい。成功するトレーダーは常に損切りを近くに置いている。そうすれば、もし損切りに達しても許容できる損失額に抑えることができる。損失を最小限に抑えて資本を維持することは極めて重要なことで、それに尽きる。仕掛けたトレードはすべて負けになる可能性があると考え、どのトレードでも未決済のトレードでも、リスクにさらすのは資本に対して小さい割合に抑えておかなければならない。

一流のプロでも勝率が50％を超えるトレーダーはほとんどいない。つまり、長期的に成功しているトレーダーでも負けトレードが勝ちトレードを上回っているということだ。しかし、ほとんどのアマチュアトレーダーはこの現実を受け入れられないため、すべてのトレードの潜在損失を厳格に制限することができない。よく聞いてほしい。長期的な勝率が50％を超えれば、それはエリートトレーダーであり、普通は勝率が30～40％でもトレーディングが得意と言える。だからこそ、負けトレードの損失を比較的小さくして勝ちトレードの利益を比較的大きくすることは当然のことで、絶対に間違いなく重要なのだ。それ以外にトレーディングの成功はあり得ない。

ここまでにトレードのセットアップの条件を学び、客観的な仕掛け戦略で具体的に仕掛け価格と最初の損切り価格を見極め、仕掛ける前にトレードごとの正確なエクスポージャーを理解した。そこで、次はトレードごとと未決済トレード全体の最大エクスポージャー（リスク）を算出する方法を学んでいこう。

私は、負けトレードで失うかもしれない金額をエクスポージャーという言葉で表している。ちなみに、トレーディング講師の多くは、これにリスクという言葉を当てている。しかし、リスクは何かが起こる確率であり、金額とは関係ない。リスクは失うかもしれない金額を表す言葉ではないため、エクスポージャーのほうが適切だと思う。ただ、リスクも失うかもしれない金額を表す言葉として一般化しているため、私もときどきはこの言葉を使うことにする。

本題に戻り、成功したトレーダーが実践していることを学んでいこう。どのようなトレードでも最大のエクスポージャーは比較的少額であり、トレードの１単位当たりの最大エクスポージャーによって最大のポジションサイズが決まる。

ポジションを決めるための複雑な方法はたくさんあるが、単純な方法が一番だ。私が1980年代半ばにトレーディングを始めたときは、W・D・ギャンの教えが指針だった。ギャンの規則のひとつは、１つのポジションに対して絶対に資本の10％以上のリスクをとってはならないというものだった。このことは、さまざまなところで耳にする。しかし、私は長年の間に何度も痛い目に遭い、１トレード当たり10％のリスクでははるかに大きすぎることを学んだ。プロのトレーダーはすべてのトレードにおいて非常に小さい額のリスクしかとらないうえ、すべての未決済ポジションの最大額も小さく抑えている。そこで、**最大エクスポージャーは１トレード当たり３％、未決済ポジション全体でも最大６％を基準とするのが妥当**だと思う。

最大エクスポージャーは、トレード口座の価値の一定割合とすべきだろう。もし口座の現在の資産価値が２万ドルならば、１トレード当たりの最大エクスポージャーは600ドル（２万ドル×３％）になる。また、すべての未決済ポジションのエクスポージャーは1200ドル（２万ドル×６％）に抑える。これだけだ。これらの限度額を超えるトレーダーは成功チャンスが遠のくうえ、責任ある態度でトレーディングに臨んでいるとは言い難い。

トレーダーの多くは１カ月間の最大損失額も決めている。そして、もし最大額に達したら月末までトレーディングを中止する。１カ月の最大損失額は10％を超えてはならない。もし１カ月以内に手仕舞ったトレードで10％のドローダウンに陥った場合、その月のトレードは停

図6.17　ポジションサイズの計算

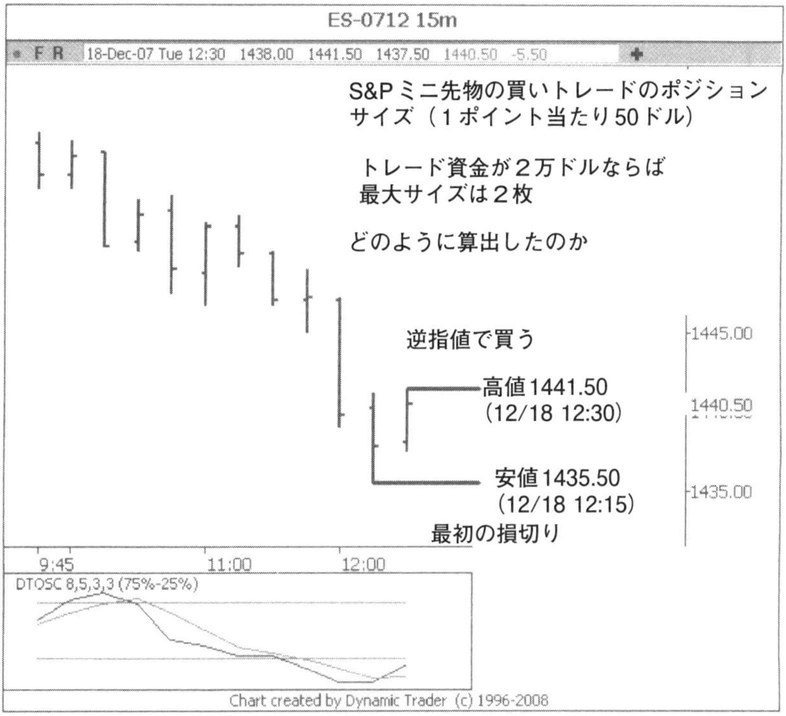

止する。こうなったら、トレーダー自身かトレード計画には息抜きが必要なのだ。チャンスは翌月にも必ずある。ここは少し休んでみるとよい。

最大ポジションサイズは、トレード１単位当たりの最初のエクスポージャーの最大額の関数になっている。まずは、トレード口座の残高の３％に当たるトレードごとの最大エクスポージャーを計算しよう。次に、トレード１単位当たりのエクスポージャーを客観的な仕掛け価格と最初の損切り価格を使って計算する。ちなみに、１単位というの

図6.18　グーグルの買いポジションのサイズ

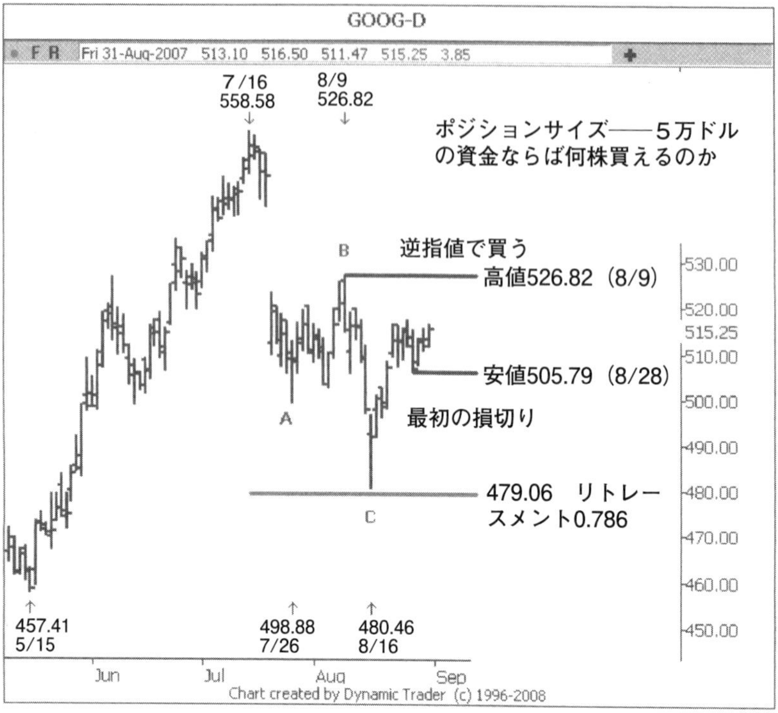

は、先物１枚、株式１株などを指す。最後に、１トレード当たりの最大エクスポージャーをトレード単位のエクスポージャーで割って最大ポジションサイズを算出する。

図6.17は、S&Pミニ先物の15分足チャートで、最後の足で買いの条件が整っているものとする。もし15分足が強気に転換したあとトレイリング・ワン・バー高値の仕掛け戦略を使えば、仕掛けの上限は直前の足の高値よりも１ティック高い1441.75となる。また、もし価格が上昇して買いの逆指値注文が執行されたら最初の損切りは安値の１

ティック下である1435.25に置く。このように、客観的な仕掛け価格と損切り価格はトレードが執行される前に分かっている。ただ、実際に執行されるかどうかは分からないが、もしされれば仕掛けと損切りの価格は正確に分かる。もちろんマーケットは買いポイントよりも上や損切りよりも下に窓を空けるなどして注文が希望どおり執行されないこともある。ただ、そのようなことは出来高が多くて活発にトレードされているマーケットではあまりないし、それに関してはどうすることもできない。

１枚当たりのエクスポージャーは6.5ポイント（1441.75－1435.25）に当たる325ドル（6.5×50ドル）となる。もしトレード口座に２万ドルの資金があれば、最大ポジションサイズはどうなるのだろうか。２万ドルの３％は600ドルなので、600ドル÷325ドルを計算して四捨五入すると２枚になる。このトレードは最大２枚まで仕掛けられるということだ。ここで３枚以上のトレードを仕掛けようとするのならばトレーディングをする資格はない。トレーディングという仕事のもっとも重要な原則である資本の維持ということを理解していないからだ。資本維持の一部は、各ポジションの潜在損失額を小さい金額に抑えることにある。最大ポジションサイズは、トレード口座の資金に対する最大エクスポージャーをトレード１単位当たりのエクスポージャーで割って求める。

図6.18はグーグルの日足チャートで、この銘柄をすでに２～３年観察しているとしよう。この銘柄は、過去に200ドルで買いそびれ、300ドルでも400ドルでも買えなかった。毎回買いそびれるたびに価格は数週間から数カ月間で100ドル、200ドルと上昇した。今回の調整が終わったら次のチャンスは絶対に逃したくない。そればかりか、前に逃したチャンスを埋め合わせるため大きく仕掛けて早期退職に備えたい。日足チャートの最後の足でも、価格はＢ波の高値を超えれば、ABC調整波動パターンが完成して再び100～200ドルの利益が期待で

きそうな状況にある。もし現在の資金が５万ドルで、スイングエントリー戦略を使ってＢ波と思われる直前のスイングの高値よりも上で買って損切りを直前のスイングの安値よりも１ティック下の505.79に置くならば、最大何株買うことができるだろうか。

グーグル株は最大72株買うことができる。１トレード当たりの最大エクスポージャーは1500ドル（５万ドル×３％）で、トレード１単位のエクスポージャーは21.05ドル（526.83ドル－505.78ドル）となる。ここから、買うことのできる最大株数は1500ドル÷21.05ドルで72株と分かる。もしここで73株買ったのであれば、すぐに口座を解約してほしい。仮に今回のグーグルでは利益が出たとしても、資本維持のための神聖な規則を破ったトレーダーはいずれ資金の大部分を失うことになる。これは論理的かつ適切なトレード判断を下すための規律に欠けるということで、現実のプロの世界でトレードしていてもそれは遊びにすぎない。73株を買うことで、どの理論的なトレード計画においても許容できない額の資本をリスクにさらしてしまったことになる。

最大ポジションサイズの算出方法

（資本×３％）÷（トレード１単位のエクスポージャー）
　　　＝最大ポジションサイズ

もしこの計算で混乱した人は、今すぐトレーディングをやめたほうがよい。これは本気だ。トレーダーとして成功するためには、簡単な概念と算数を理解する必要がある。そしてこれはそのなかでももっとも単純な部類に入る。

何年か前に、私は最大ポジションサイズを計算するための簡単なスプレッドシートを作った。仕掛け価格と損切りの価格と１ティックの値幅とトレード口座の残高を入力すれば、最大ポジションサイズが算出される。簡単なスプレッドシートを自分で作ってもよいし、http://www.highprobabilitytradingstrategies.com/からエクセルのシートをダウンロードしてもよい。ただほとんどの場合、最大サイズはスプレッドシートどころか電卓すらなくても簡単に計算できる。これはそう難しくはない。

未決済ポジションすべてのエクスポージャーは資本の６％として、これをけっして超えてはならない。成功するためには資本の維持が不可欠だということを常に念頭に置いておいてほしい。成功したトレーダーはみんな１トレード当たりの潜在損失額を比較的少額に限定している。１トレード当たりの損失を限定すれば成功が約束されるわけではないが、成功するチャンスは与えてくれる。

結論

本章では、どんなマーケットでもどんな状況でもどんな時間枠でも使える２つの客観的な仕掛け戦略を学んできた。どちらの戦略も、価格が予想した方向に動くのを確認したあとでトレードを執行する。このことは、すべての仕掛け戦略のカギとなる概念と言える。客観的な仕掛け戦略では一度高勝率トレードの条件が整えば、仕掛け価格や最初の損切り価格をトレーダーが判断する必要はない。仕掛け価格と損切り価格はマーケットの位置と仕掛け戦略によって決まり、トレードを仕掛ける前に最大エクスポージャーの額も分かっている。

また、すべてのトレードの損失額を比較的少額に限定することが、長期的な成功には欠かせないことも学んだ。１トレード当たりの最大ポジションサイズを素早く計算することもできるようになった。

最適なトレードの条件と客観的な仕掛け戦略と資本を守る方法が分かったあとは、トレード管理と手仕舞い戦略を学んでトレード計画を完成させよう。

第7章

手仕舞い戦略とトレード管理

Exit Strategies and Trade Management

理論的かつ適切なトレード管理と手仕舞い戦略は、すべてのトレードのリターンを最大にするためのカギとなる。本章では、トレードを仕掛けから手仕舞いまで管理する方法を学んでいく。このなかには、損切りを動かして手仕舞う方法も含まれている。

これまでに、トレードのセットアップの最適な条件を探し、客観的な仕掛け戦略で仕掛け価格と最初の損切り価格を正確に探す方法を学んできた。良い仕掛けのセットアップを見つけることは、トレード計画のほんの一部でしかない。最高の仕掛け戦略だけでは1ドルも儲けることはできないのだ。利益が出るのはトレードを手仕舞ったときで、トレードをうまく管理できるかどうかと、トレンドが終わるまで一貫してトレンドに乗っていることができるかどうかで最終利益は大きく違ってくる。

トレンドから得られる最大リターンは、完全にマーケットに左右される。トレンドがどこまで（あるいはいつまで）続くかについては、トレーダーはどうすることもできない。ただ、ポジションをどれくらい長く保有するかは管理できるため、トレンドから最高の利益を得るためにはトレンドにできるかぎり長く乗っていたい。すべてのポジションをトレンドの初期から最終段階まで保有する方法を教えることができればよいのだが、それはできない。テクニカル分析とトレード管理がどれほど優れていても、マーケットは遅く仕掛けて早く手仕舞いたくなるような情報を投げてくることがよくある。しかし、これがトレーディングの世界なのである。

私が教えられるのは通常、トレンドが終わりかけているかどうかを確認するためのマーケット情報で、それがあれば仕掛けているポジションを維持したり手仕舞う準備に入ったりできる。トレンドの最初から最後までポジションを保有して最大の利益を上げる素晴らしい計画があっても、実際にはトレンドが終わるよりもはるか前に手仕舞ってしまい、もう仕掛けられないということがよくある。

マーケットでは昔からよく「利食って破産した者はいない」と言われているが、これはまったくのナンセンスだ。この格言はすぐに利食うことを勧めているが、それでは長い時間枠のトレンドを逃すかもしれない。利食いが早すぎれば潜在利益を大幅に減らしかねない。せっかく労力をかけて小さいエクスポージャーで最適なトレードを探しても、トレンドの初期段階で利食ってしまえばせっかくのポジションの可能性を最大限生かすことができない。小さな利益で手仕舞ったあとでトレンドがさらに強く長く続いていくことほどいらだたしいことはない。われわれの目的はそのときに得られる情報からトレンドがどういう位置にいるのかを理解して、現在のポジションをできればトレンドのほとんどで保有しておくことである。本章はこのことについて述べていく。

複数ユニットのトレード

複数ユニットのトレードによって、これまでよりもはるかに大きな成功を収めることができるようになる。私も何年も前にこの手法をトレード計画に組み込んで結果が大幅に向上した。これは特に新しい方法ではなく、成功したトレーダーは昔から複数ユニットのトレード戦略を使っている。

しかし、複数ユニットのトレードとは何なのだろうか。この戦略では、必ず最低２つのユニットのポジションを建てる。１ユニットは先物１枚かもしれないし、10枚かもしれない。あるいは株式100株かもしれないし、1000株かもしれない。１ユニットの金額はいくらでもかまわないが、いずれにしてもすべてのトレードを最低でも２つのユニットに分けて仕掛ける。もし仕掛けが執行されてマーケットが予想した方向に動けば、通常１つのユニットはすぐに小さく利食って、２つ目のユニットは長期トレンドをとらえる目的で保有しておく。デイトレーダーでもポジショントレーダーでも、その間のどの時間枠を使うトレーダーでも、複数ユニットのトレード戦略はトレード計画のカギとなるだろう。

大事なのはこの概念であり、概念は判断を下す基本となる。１つ目のユニットの概念は、長い時間枠のトレンドの予想が間違っていて今回の動きが小さな調整にすぎなかった場合を想定したもので、これはすぐに手仕舞ってしまう。分析や予想が間違っていて大きなトレンドには進展しなかったとしても小さな利益は確保しようという発想だ。もしトレンドが予想どおり形成されれば、２つ目のユニットは長い時間枠のトレンドで最大のリターンを目指して保有する。先物や株式、ETF、為替関連の記事を掲載しているダイナミックトレーダー・デイリー・レポートのチーフテクニカルアナリストを務めるジェイム・ジョンソンは、マーケットの見通しがまったく間違っていても２ユニットのトレード戦略によって利益を上げ続けていることを彼の講座で何度も紹介している。複数ユニットのトレード戦略は、トレード計画の非常に重要な部分だということを、繰り返し言っておきたい。

本章の例は、すべてのポジションを２つのユニットに分けて建ててある。これらは短期ユニットと長期ユニットと呼ぶことにする。具体的な2ユニット戦略はトレード管理の例と一緒に学んでいく。すべてのトレードで2ユニットのポジションを建てれば、非常に満足のいく結果が出ると私は確信している。

2ユニットトレードの概念

1．トレンドの現在の位置を誤解して、現在の動きは新しいトレンドではなく小さな調整だった場合、小さな調整が終わる条件が整ったら1つ目のユニットを手仕舞う。
2．トレンドが形成されたときのために2つ目のユニットは保有しておく。

リスク・リワード・レシオ

一部のトレードの講師はいわゆるリスク・リワード・レシオを必要以上に重視して、なかにはトレード判断の基にしている人までいる。リスク・リワード・レシオとは何を意味し、なぜこれが基本的にはインチキなのだろうか。本来、リスク・リワード・レシオは最初のエクスポージャー（リスク）と潜在リワード（利益）の割合を比較するもので、トレーダーの多くは3対1のリスク・リワード・レシオ以上のトレードだけを考慮しろと習う。しかし、これではすぐに混乱が生じる。3対1のリスク・リワード・レシオはリスクが潜在利益の3倍あるという意味で、実際にはリワード・リスク・レシオが3対1と言いたいのだろう。細かいことはさておくとしても、成功するためにはアイデアを正確かつ細かく考え、表現することは欠かせない。

本書では、リスクという言葉を正確には「最初のエクスポージャー」という意味で使っていく。すべてのトレードにおけるリスクの金額は事前に明確になっている。例えば、40ドルで仕掛けて最初の損切りが

35ドルならば、損切りまでのリスクは５ドルになる（窓を空けて損切りの位置を超えないかぎり）。つまり、トレードのリスクは仕掛け価格と損切り価格の差で、それは仕掛ける前から分かっている。

しかし、リワードはどうなのだろうか。検討しているトレードの潜在リワードはどれくらいなのだろう。実はこれは想像するしかない。公式のリワードの部分には、検討しているトレードの最低目標価格などを使うのがもっとも妥当なところだろう。潜在リワードはだれにも分からない。私はこれまで潜在リワードの計算方法をたくさん見てきた。このなかには理論的なものもあれば、トレーダーや講師の言い訳にすぎないような数字もあった。また、潜在リワードはいくつかの要素に基づいて算出できるという考えもある。典型的なエリオット波動の目標値や直前の支持線や抵抗線、スイングの高値やスイングの安値を超える確率や価格ROC（変化率）などは、世間で目標リワードとして教えられている方法のほんの一部にすぎない。

潜在リワードも、トレード判断の基本となった要素を使って予想すべきであり、トレードを執行するための条件と関係のない要素を使うべきではない。もしマーケットが調整を終えようとしていると思うのならば、マーケットは少なくとも調整前のトレンドの方向を継続し、調整の始まりである高値や安値を超えて極端な値を更新すると予想できる。そうなると、極端な値はそのトレードの最低限のリワードと言える。また、100％代替価格予想も理論的な目標リワードと言える。マーケットがトレンド途上やそれに逆行するカウンタートレンド途上にあっても、次のスイングは100％代替価格予想に達することが多い。必ずそうなるわけではないが、そうなると想定して100％代替価格予想を目標リワードとすることはできる。

どのような場合でも、リワードは推測でしかない。それも、トレーダーが自分のトレードを正当化するための楽観的な推測であることが多い。トレーディング講師のなかには、いわゆるリスク・リワード・

レシオを重視したトレード戦略を使い、比率が最低でも３対１（リワード対リスク）でなければトレードを検討すべきではないなどと教えている人もいる。しかし、プロのトレーダーの多くはリスク・リワード・レシオにはあまり関心を払っていない。彼らが重視するのは最適なトレードセットアップと、トレードの正確な執行と、手仕舞いまでの優れたトレード管理だ。これらのプラス要素を重視していれば、手仕舞い後の利益はたいていが最初のエクスポージャーの数倍になっているだろう。私もリスク・リワード・レシオが推測に基づいていることを知っているため、このレシオに過剰に注目したりすることはない。読者もこのレシオにとらわれないようにしてほしいし、最低のリワード・リスク・レシオの場合のみ仕掛けろなどと教えるトレーディング講師は避けたほうがよい。これは高額で、たいていは見当違いのトレーディングプログラムを勧誘するための意味のないキャッチフレーズのようなものにすぎない。

本章のトレード管理の例では、仕掛けようとしているトレードに十分な潜在利益があるかどうかを素早く判断する方法も紹介していく。これがいかに素早く判断できて、常識に基づいた判断であるかが分かってもらえると思う。

リスク・リワード・レシオ

ただの推測にすぎないので忘れてよい。それよりも確実で論理的なトレード管理を重視していれば、リスク・リワードの問題は自然に解決される。トレードを仕掛ける前にいわゆるリスク・リワード・レシオにこだわっていると、分析病によるマヒ状態に陥る可能性がある。

手仕舞い戦略

ここでも概念は重要だ。まずは理論的な概念から始めて、それを基本に戦略を構築する。手仕舞い戦略には重要な概念が４つある。１つ目は、手仕舞うタイミングはマーケットが逆行したときに任せるということだ。最初に決めた目標値で手仕舞ってはならない。マーケットが簡単に目標値を飛び越えていくことはよくあり、ときにはかなり遠くまで進んでいく。目標値で手仕舞ってしまうと、トレンドが期待以上に続いたときに最大の潜在利益を逃してしまう。目標値やそのほかの条件は、仕切り注文を保有しているポジションに近づける理由にはなるかもしれないが（これについては本章で説明する）、特定の価格で手仕舞う理由には絶対にならない。手仕舞う前にマーケットが逆行して出た損失は、マーケットが目標値をはるかに超えたときの利益で十分以上に穴埋めできるだろう。

ただ、「絶対」とは絶対言うべきではないのかもしれない。実は、手仕舞いの目標値として特定の価格を指定するケースがひとつある。休暇に入る前など、一定期間データの更新やポジションの変更や判断を下すことができない場合だ。そのときは、仕切りのための逆指値注文と利食いのための指値注文を置いておくことになる。

２つ目の重要な手仕舞い戦略の概念は、もともと仕掛けのセットアップを探したときと同じマーケットの条件に基づいて手仕舞い戦略を構築することだ。もし２つの時間枠を使ったモメンタムのポジションを主要なファクターとして長い時間枠の方向に仕掛けるのであれば、手仕舞いの条件も２つの時間枠を使ったモメンタムのポジションを主なファクターとして手仕舞い戦略を構築しなければならない。モメンタムやパターンや価格や時間などというファクターは、仕掛けの条件を探すためのカギとなるファクターだが、同じファクターは手仕舞いの条件を探すためにも使われている。

３つ目の重要な概念は、２つのユニットの通常の手仕舞い戦略とトレード管理を仕掛ける前に決めておくことである。ただ、これは目標価格を決めて、そこに達したら手仕舞うということではない。そうではなく、トレードの目的を明確にしておき、各ユニットについてどのような条件の下で仕切り注文を移動させたり、手仕舞い戦略を実行するのかを、トレードを仕掛ける前に決めておくことだ。そして、条件が整ったら決めた行動を実行に移す。

４つ目の非常に重要な概念は、マーケットからの情報が増えればトレード管理と手仕舞い戦略の変更もあり得るということである。週足でも日中の時間枠でも、チャートに新しい足が描き込まれるたびに新しい情報が提供される。マーケットの構造（パターン）が形成されていく過程で、トレンドの位置についてや仕切り注文を動かすべきかどうかについて重要なヒントが得られるかもしれない。トレンドが形勢される過程では、ピボットの高値やピボット安値によって目標値が変わることも多い。マーケットが新しい情報を提供するのに合わせて、トレード管理計画に変更が加えられていくこともある。

すべてのマーケットや、すべての条件や、すべての時間枠に適用できる規則があれば、それに基づいた手仕舞い戦略ができるのだが、残念ながらそれはない。すべてのポジションから最大の潜在リターンを引き出そうと思うと、ひとつの規則では対応できないからだ。手仕舞い戦略として、価格やモメンタムに基づいて完全に客観的な規則を作るのは簡単だが、規則に基づいた手仕舞い戦略ですべてのトレードから最大の利益を引き出すのは難しい。本書で繰り返し述べてきたとおり、トレーディングもほかの仕事と同じで、知識と経験を積んで判断を下していかなくてはならない。どのような仕事でも成功するためには判断を下す過程を取り去ることができないように、トレーディングで成功するためにも規則やシステムやソフトウエアを使いながら判断を下す過程を取り去ることはできない。

ただ、トレードが進行していく過程でのトレード管理や手仕舞い戦略への変更は、仕掛けの基となったのと同じ要素に基づく理論的な判断でなければならない。本章と次章で紹介する総合的なトレード計画でも見ていくように、トレード判断はそれぞれがその時点で入手できる情報に基づいた理論的な結論でなければならない。

手仕舞い戦略の概念

1. 手仕舞うタイミングはトレイリングストップを置いて、あとはマーケットに任せる。最初に決めた目標値で手仕舞ってはならない。
2. トレード管理と手仕舞い戦略は、仕掛け戦略の基となった条件と同じファクターに基づいて決める。
3. 2つのユニットの通常の手仕舞い戦略は、トレードを仕掛ける前に決めておく。このとき、トレードの目的をよく考える。
4. マーケットからの情報が増えれば、トレード管理と手仕舞い戦略は変更されるかもしれない。ただ、変更はマーケットからの新しい情報に基づいた理論的な結論に沿ったものでなくてはならない。

トレード管理

トレード管理とは、仕掛けから手仕舞いまで含めてトレードを管理するためのすべてを意味する言葉で、このなかには仕掛け戦略、複数ユニットのポジション、ユニット別の仕切り注文の移動だけでなく、ときには増し玉やユニット別の手仕舞い戦略まで含まれる。手仕舞い戦略に関してこれまで述べてきたことのほとんどが、トレード管理に関連している。

トレードを検討するときは、それを実行する前にトレード管理計画がなければならない。しかし、これは時間をかけてトレードごとに計画を立てるという意味ではない。トレード管理計画は、トレードごとに特定の規則や行動を書き連ねたものではない。ただし、トレードの目的に基づいた行動指針として、マーケットから新しい情報が提供されたときにとるべき行動は含まれている。

本書のような紙媒体では、仕掛けから手仕舞いまでのトレード画面やコメントを含めたトレード計画にかかわる要素をすべて紹介するのは難しい。本章の例はポジションを建てた理由やトレード管理に関する判断を説明しているため、解説がかなり長くなっている。そのうえ、１つのトレードに関して節目ごとにその過程を示したチャートが数枚載っているものもある。本来は、判断を下す過程をチャートの足１本ずつ進めていくのがもっとも効果的だが、それは難しい。

これから見ていくトレード例は、もちろん後講釈である。ここでもっとも重要な目的は、マーケットから得られる情報に基づいてチャートの足１本ごとに段階的かつ理論的に判断を下す過程を教えることにある。このような考え方を学び、理論的な判断が下せるようになれば、どんなマーケットでも、どんな時間枠でも、どんな状況でもトレードできる。本章の例にたくさんの解説を付けている理由はここにある。それぞれの段階で下した判断とその理由を読めば、判断を下す過程を学ぶことができるだろう。

それでは、トレードの仕掛けから手仕舞いまでをどのように管理すればよいのかを見ていくことにしよう。

週足と日足によるポジショントレードのセットアップ

図7.1は、金銀鉱株指数（XAU）の週足チャートで、ETFのGDX

図7.1　XAUの週足で見た安値

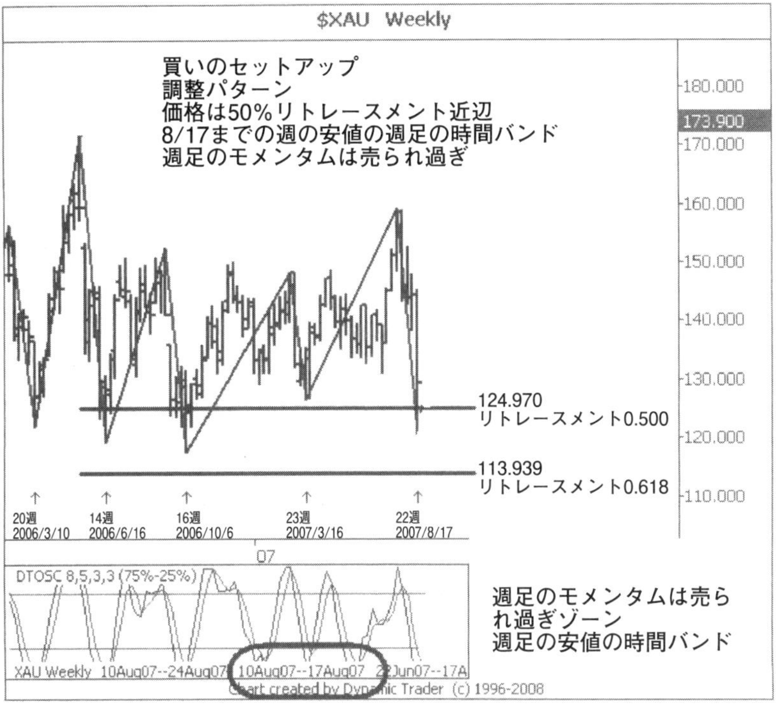

はXAUにほぼ連動している。鉱業株に興味があるトレーダーは、このセクターの全体的なトレンドを把握するためにこのセクター指数を観察すべきだろう。チャート最後の足(2007年８月17日の週)の時点で、XAUは広めのトレーディングレンジが１年以上続いたあと急落した。このような値幅は通常は保ち合いか複雑な調整であることが多い。さらに長期的に見れば、XAUはいずれはブレイクして（下落ではなく）新しい上昇トレンドが始まり、高値を更新する可能性が高い。

複雑な調整の場合は、高い確率で最後の下落を探すことができるパターンはない。安値はどれでも調整最後の安値になり得る。われわれの目的は週足が安値を付ける条件を探し、将来の上昇トレンドが高値を更新することを期待して買いを仕掛けることにある。XAUはこれまでの約1年間に安値を付けたあと数週間上昇しても、高値をブレイクしていくには至らなかったことが数回続いていたため、ずっと同じ戦略を用いてきた。

図7.1の最後の足の時点で、XAUは2005年5月から2006年6月までの上昇トレンドの50％リトレースメントを4回試している。過去18カ月間程度の週足サイクルに基づく週足の安値のタイムバンドは8月10日の週から8月17日の週の狭い2週間となっている。タイムバンドは安値・安値サイクルと安値・高値サイクルがオーバーラップしたところだが、チャート上には安値・安値のカウントだけを示してある。私はモメンタムの期間を8週間にしているが、過去18カ月間にDTオシレーターの週足の高値や安値は買われ過ぎや売られ過ぎレベルに達している。もしこのモメンタムサイクルが継続するならば、次の週足のモメンタムが強気に転換したあと少なくとも数週間は上昇が続くと考えられる。週足のモメンタムは売られ過ぎゾーンにあった。もし最近のモメンタムのリズムがこのまま続けば、モメンタムが強気に転換するのは次かその次の足になるだろう。

まとめ――8月17日の週におけるXAUの週足の位置

モメンタム　売られ過ぎ。週足のモメンタムは次かその次の足で安値を付けてそのあとは上昇が数週間続く可能性が高い。少なくとも週足の安値が付くまでの近い時期に下落する余地は非常に限られている。

パターン　調整。保ち合いは典型的な調整や横ばいのパターンで、そのあとは上昇して新高値を付けることが多い。

価格　50％リトレースメントエリアを三度試した。現在、XAUは再び保ち合い圏にある。

M時間　８月10日の週から８月17日の週が週足の安値のタイムバンドになっている。

トレード戦略　買い。週足のモメンタムとパターンと価格と時間が現在、すべて安値を示唆している。短い時間枠である日足チャートで買いを検討する。短期ユニットは、上昇が単なる調整だった場合に前のスイングの安値で手仕舞う。長期ユニットは、上昇が上昇相場だった場合に新高値を付けるまで保有する。

図7.2は、８月17日金曜日までの日足チャートで、この日は**図7.1**の週足チャートの最後の足の最終日に当たる。必要な情報はすべてチャートのなかにある。

まとめ――8月17日現在のXAUの日足の状況とトレード戦略

モメンタム　日足は強気に転換し、週足モメンタムは売られ過ぎゾーンにある。

パターン　ABC調整波動パターンの下落の可能性がある。

価格　50％内部リトレースメント（2005年５月の安値から2006年５月の高値まで）のすぐ下と127％外部リトレースメント（６月27日の安値と７月20日の高値）のすぐ下。

時間　日足の時間のファクターは安値の位置にある。８月22日は100％安値・安値サイクルで、８月13日は100％時間リトレースメントに当たる。もっとも説得力のある８月16日の安値については週足のタイムバンドを見てほしい。

図7.2　買いトレードのセットアップ

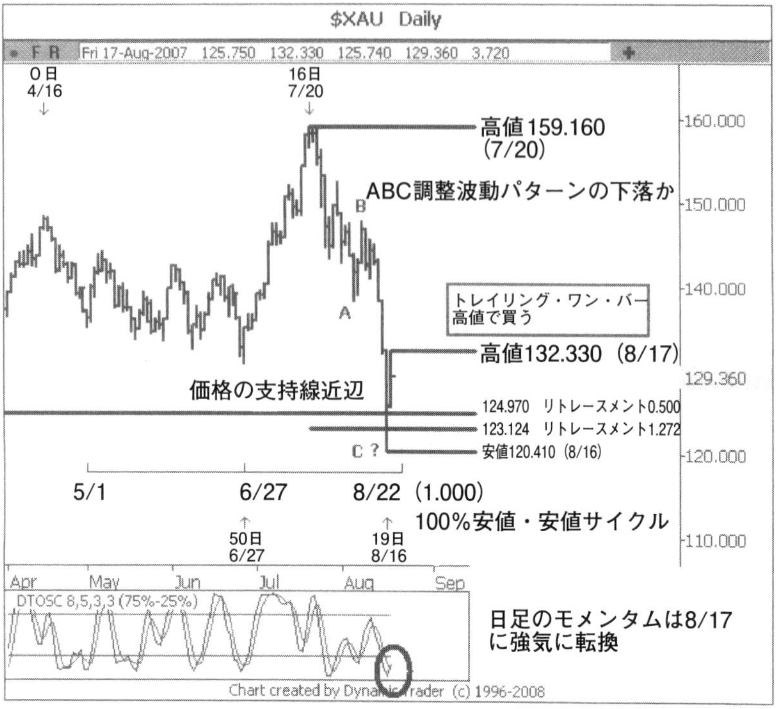

仕掛け戦略　トレイリング・ワン・バー高値で買い、８月16日の安値よりも１ティック下に損切りを置く。

８月17日現在のトレイリング・ワン・バー高値は132.33ドルでスイングの安値は120.41ドルなので、エクスポージャーは約12ポイントになる。エクスポージャーとトレード口座の残高に基づいた適切なトレードサイズはトレード資金の３％を超えてはならない。ちなみに、本章の例は特定のトレード資金を想定していない。最大のポジションサイズはすでに学んだ客観的な計算をするだけのことで、口座の大きさが変わってもトレード計画に変更はない。これ以降の例でいちいち計算する必要はないだろう。

XAUは長く続いた保ち合い圏をいずれはブレイクして上昇し、2007年７月の高値を大きく上回ると期待できる。このトレードを検討するのに手の込んだリスク・リワード・レシオを算出する必要はない。もしXAUが７月の高値を超えれば、８月17日の高値のすぐ上で仕掛けた場合の潜在利益はリスクの３倍を大きく超える。分析にとらわれて身動きできなくなっているシステム系の連中もスプレッドシートなど必要ない。私は今回のトレードについて最低限のエクスポージャーよりも十分上昇の余地があると思うし、トレードを検討するにはそれで十分だと思う。

本章ではトレード管理と手仕舞い戦略について説明したあと、それをトレード計画にまとめていく。XAUが買いトレードを検討すべき位置にあると判断し、仕掛け戦略を適用した。ただ、実際に仕掛ける前にトレードの目的とトレード管理計画を立てておかなければならない。まずは強気トレンドで高値を更新するという想定がまったく違っていた場合を考えておかなければならない。実際には７月の高値からの下落の小さな調整で、そのあと弱気トレンドで安値を更新することになったときはどうするのかということだ。

トレード管理（短期ユニット）　XAUが61.8％リトレースメントに達するか日足のモメンタムが二度目に弱気に転換したあとは直前のスイングの安値にトレイリングストップを置く。

二度目の弱気の転換まで待つのは、XAUが調整で上昇しているだけだとしても３つのスイング（ABC）があるからで、Ａ波の高値とＣ波の高値で二度弱気に転換する。以前は短い時間枠のモメンタムが週足のトレンドと反対方向に一度変換したら素早く利食うために短期ユニットにトレイリングストップを置いていたが、長年の経験からたとえ大きなトレンドに進展しない場合でもマーケットはさらに上昇（または下落）してモメンタムが再度転換することが多いことを発見した。これが短期ユニットの基本的な手仕舞い戦略となる。

仮にモメンタムが二度弱気に転換していなくても61.8％まで調整すれば仕切り注文を動かす理由はどこにあるのだろうか。もしXAUが予想したような新しい上昇トレンドではなく調整で上げているだけの場合、ほとんどの調整が61.8％リトレースメントで完成することから最初のユニットはこの近辺で手仕舞っておきたい。ただし、手仕舞うのは61.8％の価格リトレースメントではなく、トレイリング・ワン・バー安値になる。

一方、長期ユニットの目的は、XAUが予想どおり上昇トレンドに発展して新高値を付けた場合に備え、仕切り注文を比較的遠くに置いてポジションを維持することにある。

トレード管理（長期ユニット）　もし週足のモメンタムが買われ過ぎに達したら、上昇トレンドは最終段階にあるということで仕切り注文を動かして現在の価格に近づける。上昇トレンドが進展してマーケットからさらなる情報がもたらされ、判断を下さなければならない場合の長期ユニットの具体的な手仕舞い戦略については後述する。

図7.3は日足チャートを９月10日まで示している。このチャートにはたくさんの情報が載っているため、主な出来事と９月10日までのトレード管理を次にまとめておく。

1. 日足のモメンタムが強気に転換した翌日の８月20日月曜日にトレイリング・ワン・バー高値の132.34ドルで買った。最初の損切りは、８月16日の安値よりも１ティック下の120.40ドルに置く。エクスポージャーは11.94ドル。
2. トレードを仕掛けた日から10日が経過してもXAUは上昇し続け

図7.3　１つ目のユニットの手仕舞い戦略

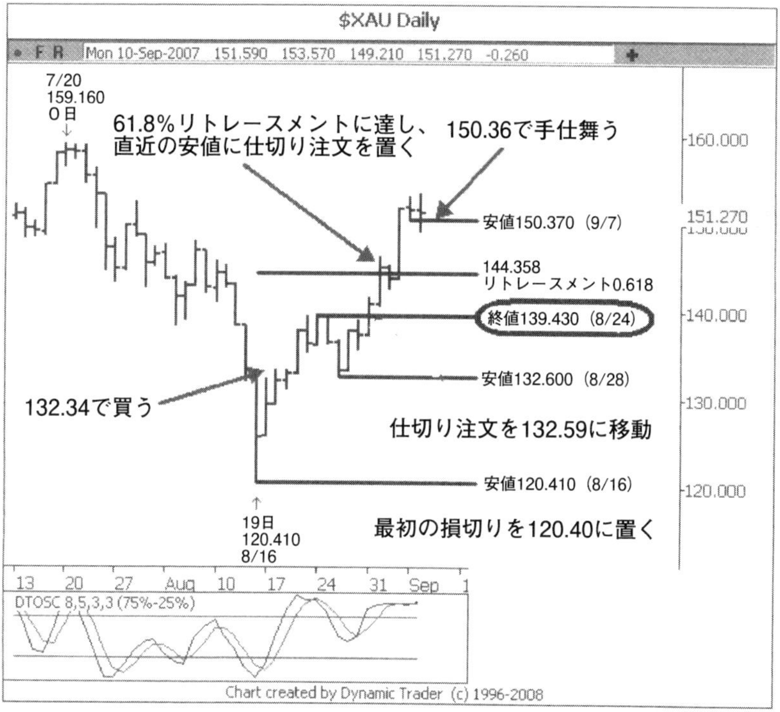

た。日足のモメンタムは弱気のあと強気に転換し、価格は８月24日の高値を超えた。２つのポジションの仕切り注文を、直近の安値（モメンタムは強気に転換）の１ティック下の132.59ドルに動かす。これはトレード管理計画で具体的に定めた行動ではないが、理にはかなっている。８月24日の小さなスイングの高値を超え、XAUが８月28日の安値よりも下に下落すれば、すべての強気パターンは無効になりABC調整波動パターンの上昇は終わった可能性がある。そうなれば、買いポジションを保有しておく理由は

なくなる。仕切り注文を動かすのは、直近の高値を超えることで小さいスイングの安値が付いたシグナルが出たあとだということに注目してほしい。もしXAUがすぐに下落して新しい仕切り注文に達しても、少なくとも小さく利食うことはできる。

3．9月4日、日足のモメンタムが二度目に弱気に転換する前にXAUは61.8%リトレースメントに達した。短期ユニットの仕切り注文はトレイリング・ワン・バー安値に合わせる。長期ユニットでの仕切り注文は変わらない。

トレード結果（短期ユニット）　9月9日に、XAUがトレイリング・ワン・バー安値を下回り、132.34ドルで仕掛けた短期ユニットを150.36ドルで手仕舞った。このポジションの半分の利益は18.02ドル（150.36ドル－132.34ドル）。

9月9日の時点で、XAUは8月24日の安値から最初のスイングの高値の100%代替価格予想に達した。100%代替価格予想はチャートには示していない。

トレード管理（長期ユニット）　2つ目のユニットの仕切り注文を、第1波かA波の可能性がある高値の139.42ドル以下に動かす。もしXAUが下落して終値が第1波かA波の可能性がある高値よりも下で引けて（8月24日の水平の線）オーバーラップになれば、強気パターンは無効になり、2つ目のユニットも絶対に手仕舞う必要がある。

図7.4は、10月9日までの日足を足したもので、XAUは予想どおり力強い上昇トレンドが続いて新高値を付けた。9月21日金曜日の週足のモメンタムが買われ過ぎに達したため、日足チャートに印が付けてある。再び週足チャートを見ると、少なくとも過去18カ月間は週足のモメンタムが買われ過ぎに達したあと2～3週間以内に強気に転換している。つまり、XAUの上昇の余地は比較的限られている。

この期間の戦略は、長期ユニットの仕切り注文をいつどこに置くか

図7.4　２つ目のユニットの手仕舞い戦略

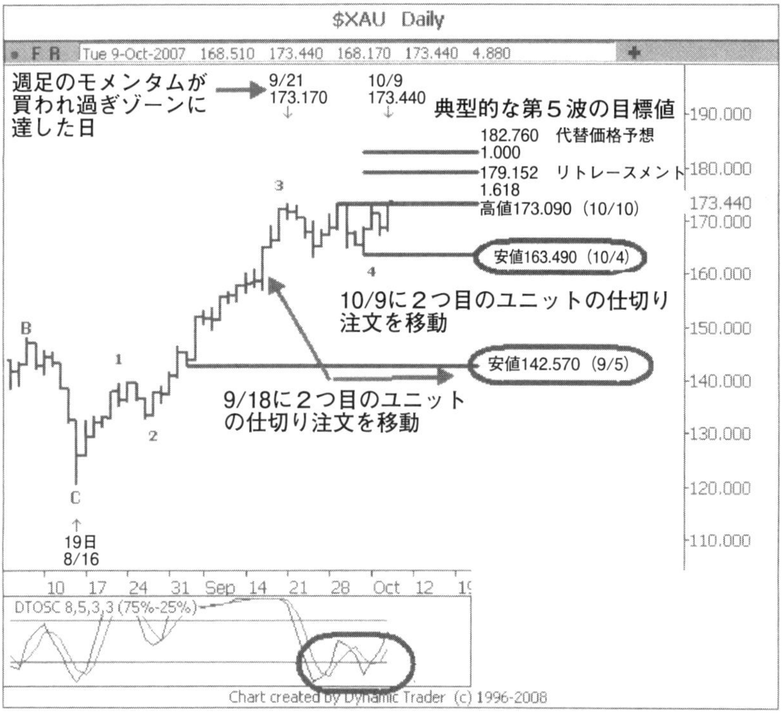

ということだった。９月の初めから９月21日までにXAUは２日間くらいの調整しかしておらず、日足のモメンタムは買われ過ぎにとどまっていた。日足のモメンタムサイクルが強気に転換したので、少なくともそれに基づいて仕切り注文の位置を論理的に示すということはなかった。

トレード管理（長期ユニット）　９月18日に長大線で高く引けたあと、仕切り注文を９月５日の安値に動かした。

しかし、なぜここに動かすのだろうか。これには、９月18日の高値から61.8％リトレースメント（チャートには書き込んでいない）の少し下だということと、長大線で高く引けた日の前の短小線の日の安値だということ以外に確固たる理由はない。含み益を抱える未決済ポジションでこのように遠くに仕切り注文を置くトレーダーはあまりいないが、ここでの目的は上昇トレンドが終わりに近いことを示唆する何らかの条件が整うまではポジションを保有しておくことにある。第３章で学んだように、ほとんどのトレンドは最低５つの波動（スイング）を形成している。９月18日の時点では第１波と第２波と思われる波しか完成していない。第３波の高値と第４波の調整のあと新高値を付けなければパターン条件がトレンドの最低限の構造に満たない。第４波のリトレースメント（押し）は通常第３波の38.2～50％になるため、仕切り注文は第４波の典型的なリトレースメントよりも離しておきたい。

トレーダーの多くが成功していないし、成功したとしてもトレンドから最大のリターンを得ているとは言い難い。成功できない主な理由のひとつは、トレイリングストップが価格に近すぎて、トレンドが終わる条件が整う前に仕切り注文に達してしまうことにある。トレーダーはもっとも重要な条件として、長い時間枠のモメンタムの位置とトレンドのパターン（構造）の２つを知っておかなければならない。長い時間枠のモメンタムが転換する典型的な位置に達していないかぎり、トレンドが終わりに近いとは想定しない。また、トレンドを形成する最低限のパターン（５つのスイング）が完了しないかぎり、トレンドはさらに続くと考える。

トレンドは長い時間枠が極端な値に達するか、特定のパターンが形成される前に終わることもある。つまり、どのようなことでも起こり得る。しかし、トレーダーは直近の足までの情報に基づいて理論的に判断を下さなければならない。９月半ばのXAUの場合、トレンドが終わりに近いことを示す条件は何も整っていなかった。

図7.4の最後の日である10月９日にXAUが形成した３つのスイングは、第４波の調整である可能性が高く、第３波であろう波を上回って新高値を付けた。

トレード管理（長期ユニット）　２つ目のユニットの仕切り注文を、第４波と思われる波の安値よりも１ティック下の163.48ドルに動かす。

179.15～182.76ドルの価格ゾーンには、第４波の162％外部リトレースメントと第１波の100％代替価格予想が含まれている。両方とも第５波の典型的な目標値と言える。さらに、週足のモメンタムは買われ過ぎになっている。すぐに上昇しても、おそらくこの価格ゾーンの範囲に収まるだろう。

トレード管理（長期ユニット）　もしXAUが179.15ドルに達するか日足のモメンタムが弱気に転換すれば、残りのユニットのトレイリングストップを日足の直近の安値の１ティック下に動かす。

図7.5は、２つ目のポジションが10月15日に仕切り注文に達したところまでのデータを追加してある。10月11日、XAUは179.15ドルに達した。その翌日、長期ユニットの仕切り注文を前日の安値の１ティック下に動かした。

トレード結果（長期ユニット）　長期ポジションはXAUが目標値に達してわずか３日後に逆指値の仕切り注文に達し、46.11ドルの利益が出た（178.45ドル－132.34ドル）。

これまでの解説とチャートを何度も読み返してほしい。それぞれの段階で、２つのユニットの仕切り注文（損失になった場合は損切り注文）を動かすトレード管理の判断は、手持ちの情報と本書でこれまでに学んだモメンタムやパターンや価格や時間の位置などに基づいて下したもので、気まぐれに下した判断はない。仕切り注文を動かすことは含み益に左右されることもなければ、現在の価格から一定額もしくは気まぐれな額の分だけ離すために決めたものでもない。トレード管理の判断には必ず理論的な理由や目的がある。トレード期間を通して

図7.5　2つ目のユニットをトレイリング・ワン・バー安値で手仕舞う

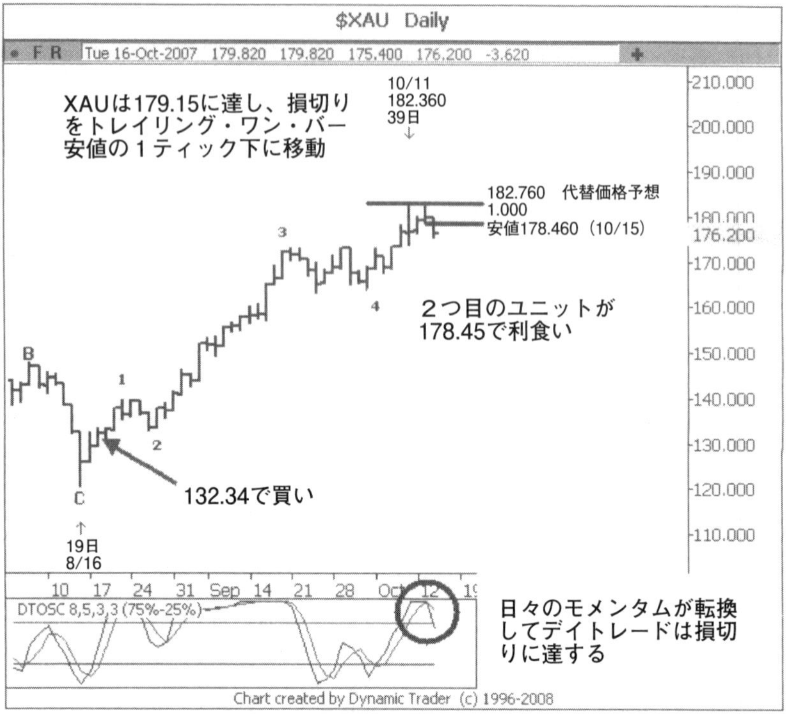

論理的思考で論理的な戦略に沿って実際のマーケットの動きに基づいた判断を下していけば、たいていはトレンドのほとんどをとらえることができるだろう。

10月11日は、安値近くで仕掛けて高値近くで手仕舞う完璧なトレード計画のための第５波の高値だったのだろうか。**図7.6**には、長期ユニットが仕切り注文に達した10月11日から２カ月分のデータを追加してある。10月11日はわずか１週間の調整の始まりにすぎず、11月初めには新高値を付けた。８月16日から始まった上昇トレンドのさらに大

図7.6　手仕舞い後も上昇を続けるXAU

きな調整が始まったのはそのあとのように見える。しかし、10月半ばには上昇トレンドが終わる条件が整っていた。このなかには週足モメンタムの買われ過ぎも含まれていて、長期ポジションの仕切り注文を現在値に近づけるべきときが来たことを示していた。

すべてのトレードについて、どれが正しくてどれが間違った対応だったかを見直す必要がある。このときもっとも重要な点は、トレード管理の各段階でその時点の情報に基づいた論理的な判断が下せたかどうかを自問することだ。

図7.7　第５波の安値にあるS&P

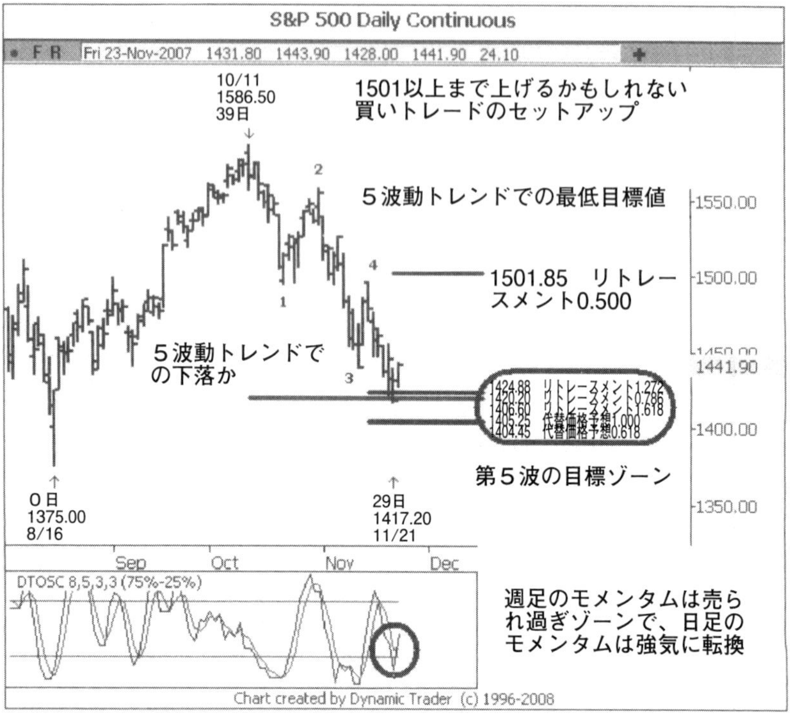

週足・日足・60分足での買いトレードのセットアップ

次の例はS&Pのトレードで、週足と日足を使ってセットアップの条件を探し、60分足で執行と管理を行っていく。すべてのトレードでトレードの方向を決めるための情報として、最低でも１段階上の長い時間枠のモメンタムの位置は把握しておく必要がある。そして、トレードの勝率をさらに上げるためには、２段階上の時間枠のモメンタムも同じ位置にあるとよい。２つの長い時間枠を使うとトレード数は減るが、勝率は上がる。

図7.7は、S&Pの日足を11月22日まで示したチャートで、重要な情報はここにすべて含まれている。

まとめ――11月23日金曜日現在のS&Pの位置

モメンタム　週足チャートはここには載せていないが、週足のモメンタムは過去２週間売られ過ぎゾーンにあってS&Pの下落余地が非常に小さいことを示唆している。また、日足のモメンタムは強気に転換して週足のモメンタムとそろうことになるだろう。S&Pは、上昇が数週間続く状態にすでにあるか、近いうちにそうなる。日足のモメンタムは11月23日金曜日に強気に転換した。

パターン　５波動トレンドパターンの安値と思われる。トレンドは、５つの異なる波動（スイング）を形成して終わることが多い。５波動トレンドパターンの指針を逸脱しないで４つ目の波動が完成すれば、トレンドは終わりに近いのかもしれない。

価格　11月21日の安値が、第５波と思われる波の目標ゾーンに達した。この目標ゾーンには、第４波の127％と162％外部リトレースメントが含まれている。ちなみに、第５波は第１波の100％代替価格予想で、第１波から第３波の61.8％代替価格予想であると同時に、８月の安値から10月の高値までの78.6％リトレースメントでもある。この目標ゾーンには、第５波の典型的な目標値がすべて入っている。

時間　11月21日の安値は、８月の安値から10月の高値（チャートには示していない）までの62％時間リトレースメントから足２本分しか離れていない。第１波と第３波と思われる波はそれぞれ７日と８日かかっている。11月21日の安値は第４波と思われる高値から５日が経過している。もし11月21日に第５波の安値に至らなかったとしても、次の2〜3日のうちには安値を付けるだろう。
トレード戦略　買い。週足と日足のモメンタムとパターンと価格と時間は、約6週間続いた5波動の下降トレンドが終了に近いことを示している。もしそうなれば、調整で最低でも50%リトレースメントである1501.75まで上げることが期待できる。短期ユニットの目的は、もしS&Pが最後のスイングの下げで小さい調整のみに終わったとき、第4波の高値からリトレースメントまで下げたところで手仕舞うことにある。また、長期ユニットの目的は、10月の高値から始まった5波動トレンドパターンの50%以上の調整をとらえることにある。

次に、S&Pミニ先物（ES）の60分足チャートでトレード執行のセットアップを探していこう。**図7.8**は11月14日からの60分足チャートで、**図7.7**の日足チャートで見た第4波と思われる波の高値から11月27日火曜日昼までの動きを示している。S&P500は月曜日に高値をわずかに更新したあと下落して安値も更新した。第5波自体は5波動の下げのように見える。日足のモメンタムは月曜日の引けの時点ではまだ強気になっている。月曜日の安値は第5波と思われる波の目標ゾーンの下限に達した。また、60分足のモメンタムはチャート最後の60分足で強気に転換した。トレイリング・ワン・バー高値で買いを実行するための条件がすべて整ったことになる。

仕掛け戦略（両方のユニット）　60分足のトレイリング・ワン・バー高値。

S&Pは10月11日（日足チャート参照）の高値から始まった5波動トレンドパターンを完成していないかもしれない。もしかしたら、S&Pは11月14日からの下落で第4波と思われる波の高値から下げるなかで小さく調整しているだけなのかもしれない。

図7.8　買いトレードの仕掛け戦略

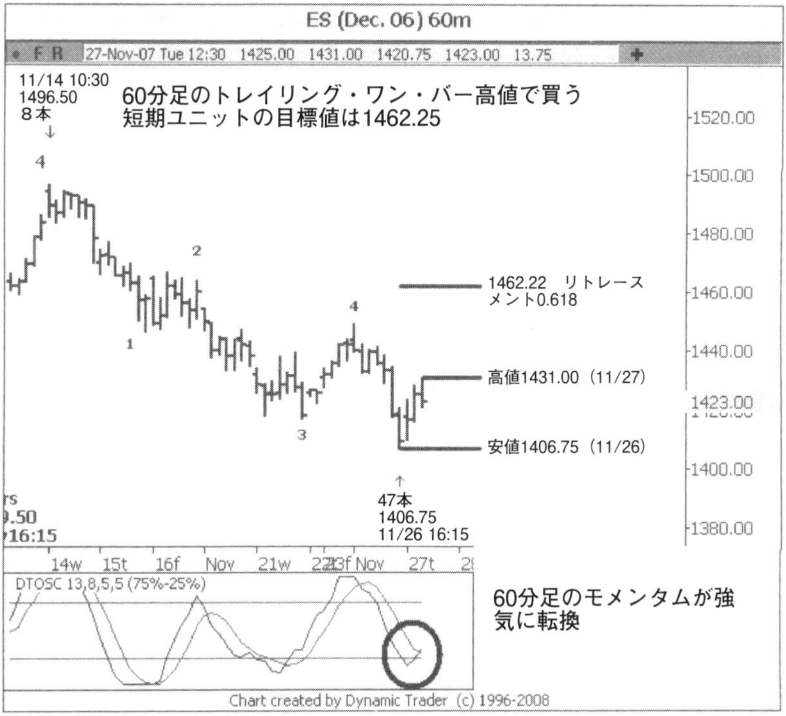

トレード管理（短期ユニット）　もしS&Pが最後のスイングの下落で61.8％リトレースメントである1462に達するか、60分足のモメンタムが二度目に弱気に転換したら、仕切り注文をトレイリング・ワン・バー安値に動かす。

ここでの目的は長期ユニットの仕切り注文を遠くに置いて、週足のモメンタムが買われ過ぎに達するか弱気に転換するまで保有することにある。もしS&Pが５波動トレンドパターンの下降トレンドを形成したのであれば、このあとには少なくとも３スイングの調整の上げか、

図7.9　買いポジションの手仕舞い戦略とトレード管理

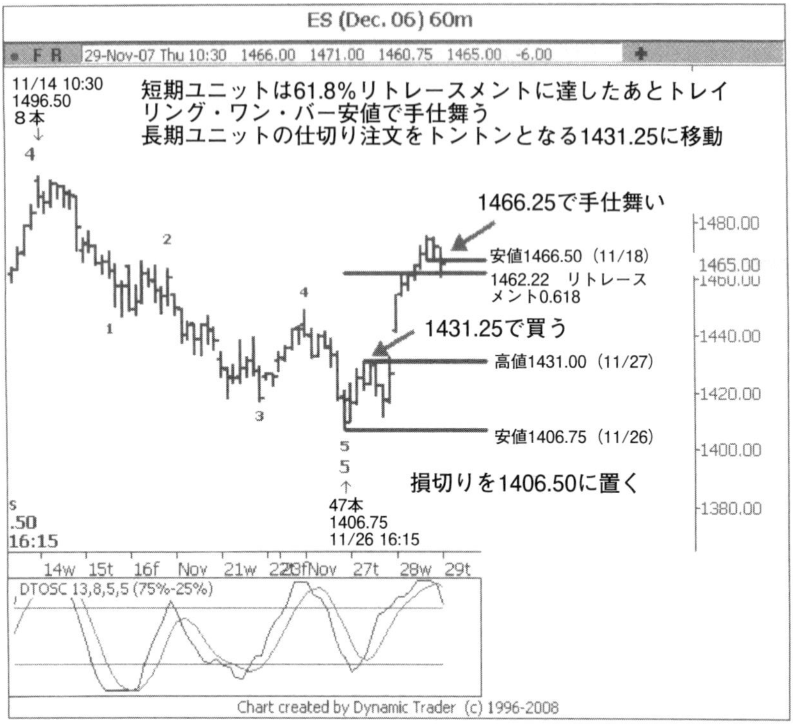

新しい上昇トレンドで新高値を更新すると考えられる。長期ユニットは、少なくとも価格が上昇して最低３つのスイングができるまでは保有しておきたい。

トレード管理（長期ユニット）　もし週足のモメンタムが買われ過ぎに達して日足のモメンタムが弱気に転換するか、S&PがC波と思われる波の目標価格に達したら、長期ユニットの仕切り注文をトレイリング・ワン・バー安値に動かす。

図7.9は、11月29日朝までの60分足チャートで、11月27日に1431.25

図7.10　仕切り注文の移動――上昇の余地は限られている

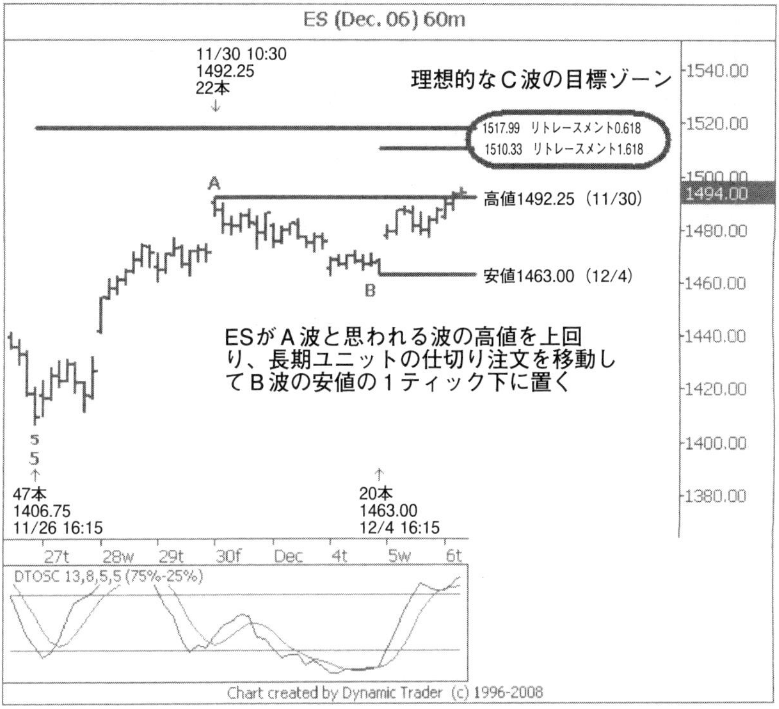

で買いポジションを建てて仕切り注文を1406.50に置いたため、エクスポージャーは1枚当たり24.75ポイントになった。もし1枚当たりのエクスポージャーが自分のトレード計画には大きすぎるのならば、ETFのSPYを使えばよい。11月28日に、S&Pは61.8％リトレースメントに達したため、短期ユニットのトレード管理計画に従って仕切り注文をトレイリング・ワン・バー安値に動かした。

トレード結果（短期ユニット）　11月29日の最初の足で、短期ユニットとして1431.25で建てた買いポジションの仕切り注文が1466.25で執行され、35ポイントの利益を実現した。

図7.10は、60分足を12月６日朝まで追加してある。S&PはＢ波と思われる下落でＡ波と思われる高値を超えた。仕切り注文をＢ波の安値の１ティック下である1462.75に動かす。

もしS&PがABC調整波動パターンを形成しているのであれば、理想的なＣ波の目標値は1510.25～1518.00となり、このなかには５波動からなる下落の61.8％リトレースメントやＢ波の162％外部リトレースメント、Ａ波の61.8％代替価格予想などが含まれている。週足のモメンタムは買われ過ぎに達しておらず、日足モメンタムは強気だが、買われ過ぎは少し下回っている。近い時期の上昇の余地は比較的限られている。もっとも重要なことは、60分足のモメンタムが買われ過ぎにあり、Ａ波の高値を付けたときと同じ位置にあるということだ。長期ユニットの目的は、週足のモメンタムが買われ過ぎに達するか、Ｃ波が目標値に達するまで保有しておくことにある。

トレード管理（長期ユニット）　S&Pが1510.25に達するか60分足のモメンタムが弱気に転換したら、長期ユニットの仕切り注文をトレイリング・ワン・バー安値に調整する。

図7.11は12月７日までの60分足を追加したもので、12月６日の最後の足でS&PはＣ波の理想的な目標ゾーンである1510.25に達した。長期ユニットの仕切り注文を予定どおりトレイリング・ワン・バー安値に動かす。

トレード結果（長期ユニット）　11月27日に1431.75で買ったポジションが12月７日の朝、２本目の60分足で1507.00の仕切り注文に達した。利益は75.25ポイント。

S&Pは翌日も上昇したが、そのあと12月11日に61.8％リトレースメントよりも９ポイント上の1527.00に達してＣ波の高値を付けたあと下落して11月の安値を下回った。日足のモメンタムは12月11日に弱気に転換した。週足のモメンタムはファストラインのみが12月21日の週

図7.11　２つ目のユニットは61.8％リトレースメントの近くのトレイリング・ワン・バー高値で手仕舞い

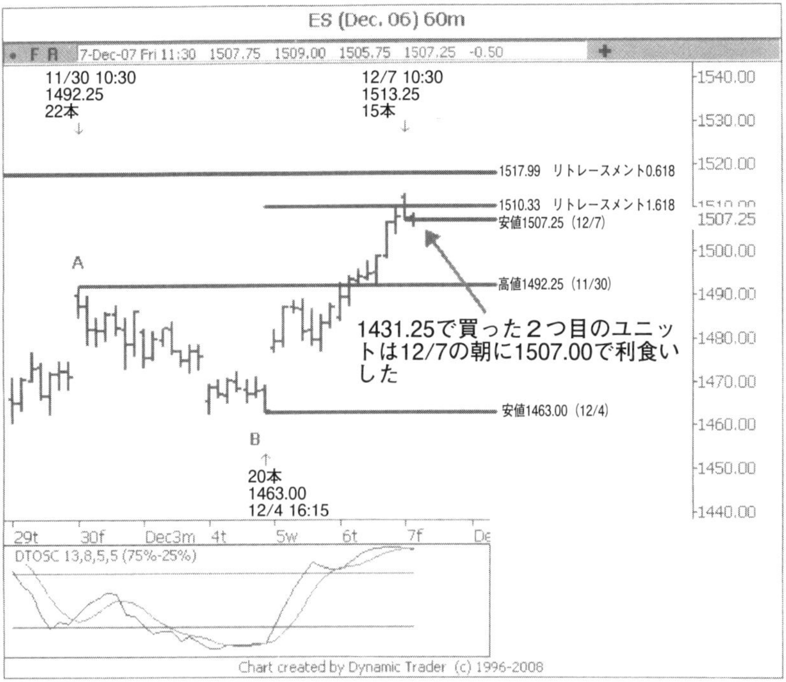

に買われ過ぎに達し、その翌週に弱気に転換した。

もう一度、このトレード計画を復習しておこう。最初のエクスポージャーは、１枚当たり24.25ポイントと比較的大きかった。客観的な最大のポジションサイズの利点は１単位当たりのエクスポージャーではなく、ポジション自体のエクスポージャーが適切だということにある。リスクが適切かどうかは、トレード口座の資金に対するポジションサイズの合計エクスポージャーによって決まる。ここでは１つのポジションのエクスポージャーがトレード資金の３％を超えていたら、そのトレードは仕掛けない。ポジションサイズが大きくても小さくても１トレード当たりの最大リスクを守っていれば、リスクが３％を超えることはけっしてない。ここでの目的は、高勝率につながる条件を探してそれを利用することにある。

この例では先物１枚当たりの最初のエクスポージャーが1212.50ドル（24.25×50）で、２枚（２ユニット）の合計は2425ドルとなる。先物を２ユニットトレードするためには、８万0800ドルの資金がなくてはならない（2425ドル÷0.03）。ただ、もしトレード口座にこの金額がなくても心配はいらない。代わりに同じポジションをS&Pに連動して動くSPY（S&PのETF）で建てるという方法があるからだ。レバレッジをかけていないSPYのポジションであれば、リターンは最初のユニットが２日で約２％、２つ目のユニットが２週間以内で約5.3％なので、最初のエクスポージャーは1.8％未満となる。小さなリターンに見えるかもしれないが、このように非常に短期間に非常に低リスクかつ低エクスポージャーでこのリターンが上がるのはすごいことであり、もしそう思えないのならばトレーディングはやめたほうがよい。

読者がもし先物トレーダーで、１枚当たりのエクスポージャーだけを見て損切りを遠くに置くことを怖がっているのならば心配はいらない。重要なのは１トレード当たりの最大エクスポージャーだ。11月26日の第５波と思われる波の転換を利用する方法はほかにもある。トレードを執行するかどうかを判断するために15分足を見てみよう。ここならば60分足よりもずっと小さいエクスポージャーで、実行のセットアップができる可能性が高い。**図7.12**は、11月26〜27日の15分足で、11時30分の足には60分足のモメンタムが強気に転換したことが記してある。午後になって、15時30分の足で15分足のモメンタムが強気に転換した。トレイリング・ワン・バー高値を使って1422.50（1422.25の足の高値よりも１ティック上）で仕掛けて損切りを1411.25（直近の

図7.12　短い時間枠である15分足の仕掛け戦略

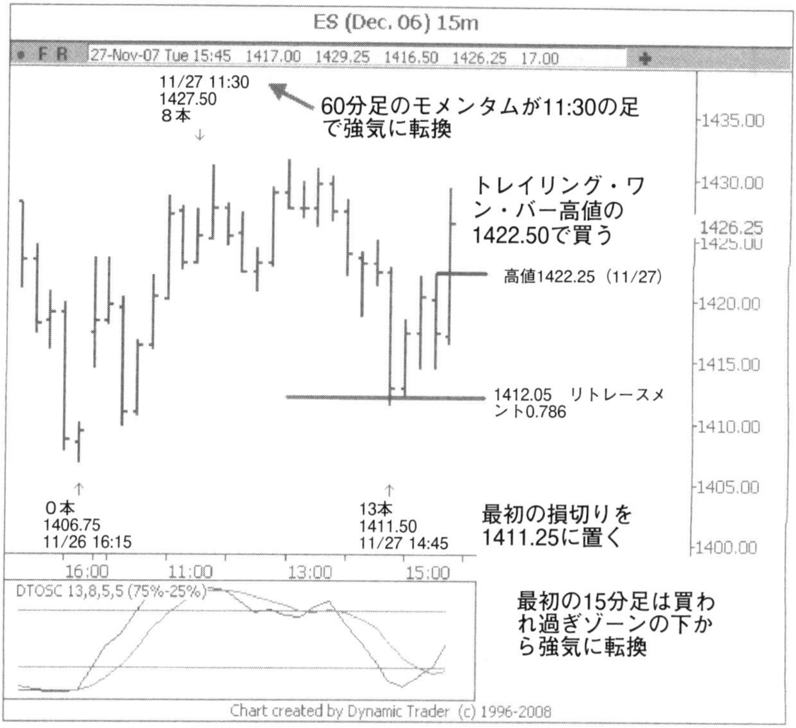

安値の１ティック下）に置くと、最初のエクスポージャーは１枚当たりわずか11.25ポイントですむ。ちなみに、60分足ならばエクスポージャーは24.25ポイントだった。

時間枠を短くしていくことが必ずしもエクスポージャーを小さくすることではないが、取引時間中にトレード画面を見ることができるならばそうなることが多い。

短期ユニットは小さいリトレースメントに達したため、すぐに手仕舞い小さい利益が出た。そこで、長期ユニットの損切り注文をトントンになるところに動かした。こうしておけば、予想が間違っていてS&Pの上昇が５波動の下降トレンドを完成するのではなく小さな調整にすぎなくても、多少の利益は確保できる。もし最初のユニットを２つ目のユニットと同じように管理すれば、さらに大きな利益が狙えることは分かっている。しかし、マーケットがどうなるのかは事前にはけっして分からない。すべての要素が長い時間枠のトレンドを示唆していても、実際には小さい調整に終わることも多い。そこで、必ず２つのユニットでトレードして、最初のユニットを小さな調整の目標値で手仕舞っている。私は、この論理的な２ユニット戦略にした場合のほうが長期的な利益ははるかに大きくなると確信している。

２つ目のユニットの損切りは、S&PがABC調整波動パターンと思われるなかの２つ目のスイングを終わるまではトントンの場所に置き、そのあとにＢ波と思われる波の安値まで動かす。そして、60分足が買われ過ぎに入りＣ波と思われる波の目標ゾーンに達すれば、仕切り注文は現在値に非常に近い60分足のトレイリング・ワン・バー安値に置く。

トレード管理の判断は、新しい足が追加されるたびにマーケットの位置に基づいて行う論理的な選択と言える。手仕舞いのための目標値やモメンタムの位置に決まった公式があって、展開していくトレードの管理をいちいち考えなくてすめば楽に違いない。トレーディングの講師のなかには、その秘密の方法を発見したと主張する人もいるが、それは間違っている。トレーディングも、手持ちの情報に基づいて判断を下さなければならないという意味ではほかの仕事と変わらない。どのマーケットでも、毎日新しい情報が提供される。トレーダーの仕事は、それを理解して理論的な判断につなげていくことなのだ。マーケットはどんなことでも起こる。モメンタムが必ず買われ過ぎや売られ過ぎゾーンで転換するわけではないし、目標値に必ず達するわけでもない。モメンタムが転換してシグナルを出していなくても転換した長大線が価格の大きな動きにつながることもある。典型的な時間のフ

図7.13　OIHの買いのセットアップ

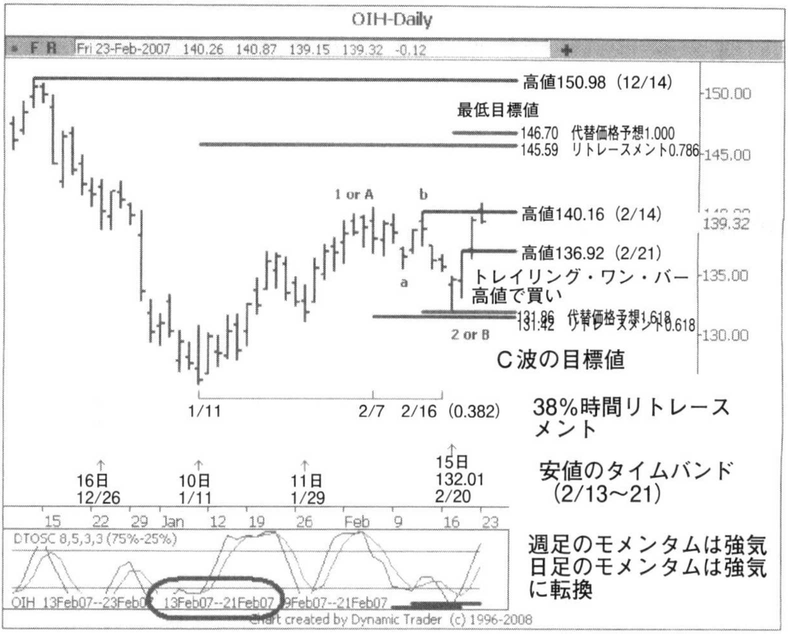

ァクターと関係なく高値や安値が付くこともある。何でも起こり得るなかで、トレーダーはチャートの最後の足までの情報に基づいて現在の状況を推測し、判断を下さなければならない。

株のセットアップ

図7.13は、OIH（石油関連企業を集めたETF）の日足チャートで、２月20日の安値はABC調整波動パターンを完成する理想的な位置に

ある。

まとめ――2月21日現在のOIHの位置

モメンタム　週足のモメンタムは強気で、日足のモメンタムは2月21日に強気に転換した。

パターン　ABC調整波動パターンの安値かもしれない。そうであれば、上昇トレンドが継続して12月の高値を超えると予想される。

価格　2月20日の安値はC波の安値の目標値で、このなかにはA波の61.8％リトレースメントと162％代替価格予想が含まれている。

時間　2月13～21日は、安値のための日足のタイムバンド。2月20日は、38％と62％時間リトレースメントゾーンに入っている。

トレード戦略　2月21日に日足のモメンタムが強気に転換したあと、トレイリング・ワン・バー高値で買う。短期ユニットの戦略は、C波の目標値である145.59～146.70ドルで、ここには100％代替価格予想と78.6％リトレースメントが含まれている。長期ユニットの大まかな目的は、上昇トレンドが続いて12月の高値を超えることで、具体的な目標値はトレンドの展開に合わせて決めていく。

OIHは、買いポジションの素晴らしいセットアップであるように見える。もし上昇トレンドが続いて新高値を付けるという予想が当たらなければ、ABC調整波動パターンが145.59ドルから始まるC波と思われる波の目標値に達したところで短期ユニットを手仕舞う。短期ユニットの目標値は、第1波（A波）の100％代替価格予想を2月20日から始まった第2波（B波）と思われる波の安値から延長したところに

図7.14　買いポジションが損切りに達して小さい損失で手仕舞う

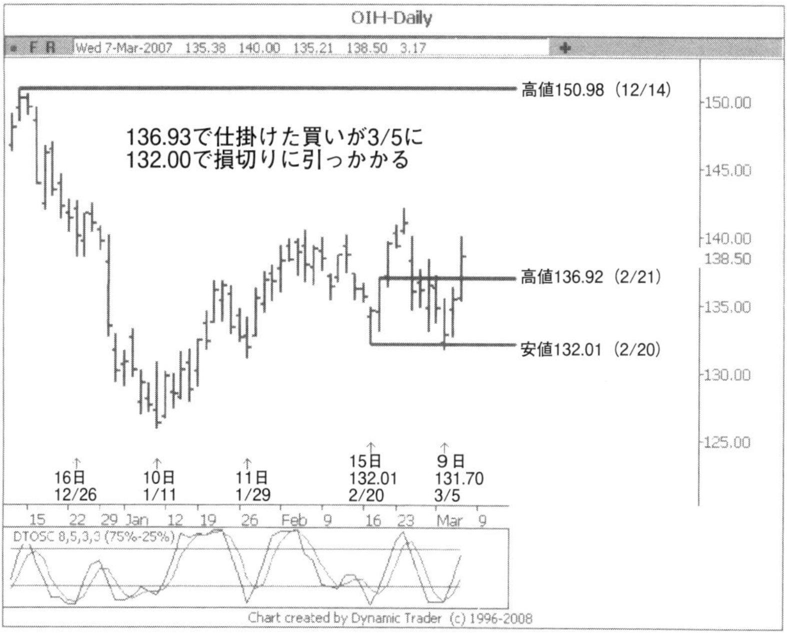

ある。もしOIHが予想に反して上昇トレンドを継続せず新高値を付けなければ、今回の動きは３スイングで構成される調整の理想的な目標値となる。

トレードの仕掛け　２月23日にトレイリング・ワン・バー高値の１ティック上となる136.93ドルで買いを仕掛ける。損切りを２月20日に付けた（第２波またはＢ波内の）Ｃ波の安値よりも１ティック下の132.00ドルに置いたため、最初のエクスポージャーは4.93ドルになる。

図7.14は、OIHの日足チャートにさらに10日分のデータを足した

もので、価格が下落したため買いポジションは３月５日に損切りに達した。

トレード結果（両方のユニット）　4.93ドルの損失。最初の損切りを動かすことはなかった。

週足のモメンタムは、ファストラインが買われ過ぎに達していたが強気のままだった。日足のモメンタムは３月６日に再度強気に転換した。これは新しい買いのセットアップなのだろうか。

２月20日以降の新高値と急転換で３月５日に前の安値を超えて損切りに達したパターンを強気と考えることはできない。しかし、間違いなく調整のオーバーラップという特徴は備えている。つまり、現在のパターンが新しく高勝率の買いのセットアップを示している可能性はまったくない。

そのあとはどうなったのだろうか。約２週間後、OIHは新高値を付けるとそのまま数カ月間上昇トレンドが続いて200ドルに達した。そのあとで週足のモメンタムは買われ過ぎに達し、８月に新しい買いのセットアップができるまで買われ過ぎゾーンに入っていた。われわれは、乗るべきメジャートレンドを逃したのだろうか。それは違う。今回の情報は、高勝率の条件に影響を及ぼさないため、新たな買いを検討しなかっただけだ。

週足・日足・60分足による短期トレードやポジショントレードのセットアップ

W・D・ギャンは、1930年代と1940年代に発表した非常に高額なトレード講座（商品と株式のトレード用）やそのほかの著作のなかで、「大きな儲けは大きなトレンドから来る」と繰り返し述べている。これ以上の真実はないだろう。ティック単位でトレードしてもよいが、それではうまくいってもコストを多少上回る程度だろう。しかしポイント

図7.15　週足の安値のセットアップ

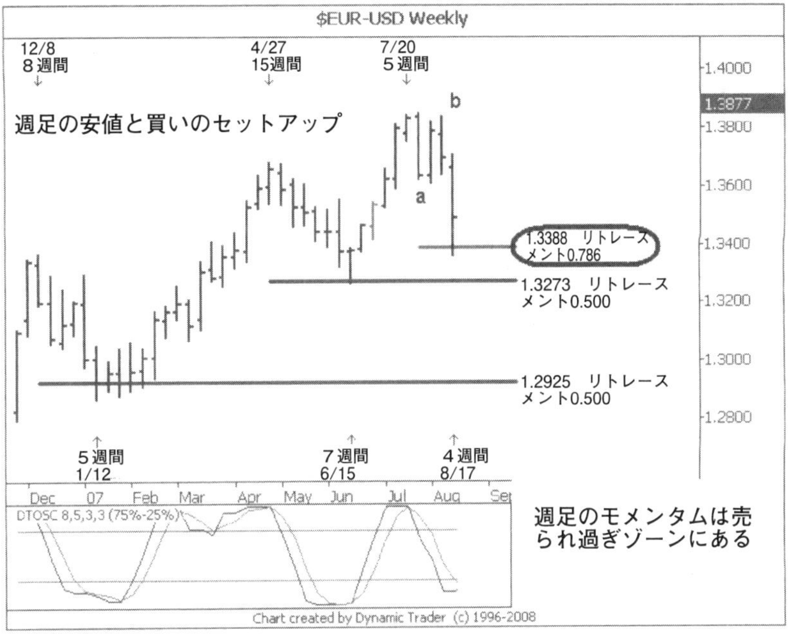

単位で仕掛ければ、大きく儲かる可能性がある。トレーディングの時間枠については、最終章でさらに述べたい。

短期トレーダーでも、長い時間枠のポジションは知っておいたほうがよい。**図7.15**は、ユーロと米ドル（EUR/USD）の週足チャートを2007年８月まで示している。ユーロは2005年11月から一貫して強気トレンドにあり、高値も安値も切り上がって上昇トレンドが終わる要素はどこにも見当たらない。この週の安値に注目すべき要素はないのだ。しかし、パターンと価格とモメンタムが８月17日の週に調整に

図7.16　週足のモメンタムの売られ過ぎゾーンと日足の強気の転換を利用した買いのセットアップ

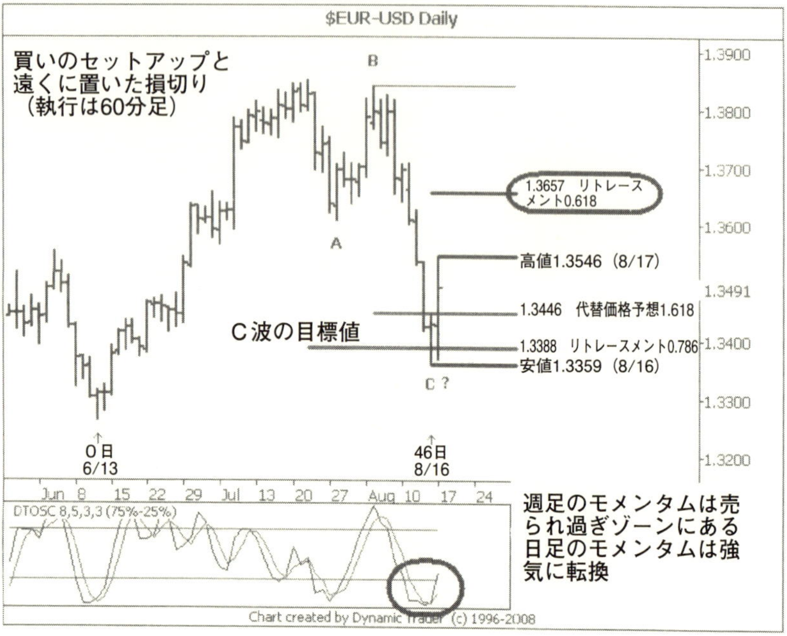

入って安値を付けることを示唆している。このABC調整波動パターンと思われる調整のなかで、ユーロは78.6％リトレースメントに達し、週足のモメンタムは売られ過ぎゾーンに入った。これはほぼ理想的な買いのセットアップになっている。

図7.16は、８月17日金曜日までの日足チャートで、ユーロはＣ波の安値を付ける理想的な位置にある。日足のモメンタムはすでに強気に転換している。もしトレイリング・ワン・バー高値の仕掛け戦略を使えば、８月17日は長大線の日だったため、損切りはかなり離して置

図7.17　２つの長い時間枠で強気に転換して買いのセットアップが整う

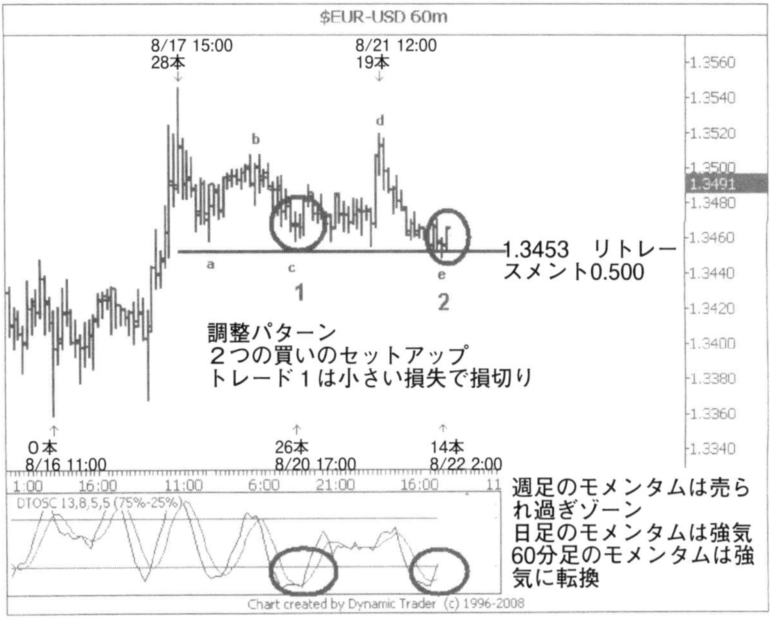

くことになる。もしこれが新しい上昇トレンドのスイングで新高値に向かうのではなく単なる調整であれば、価格は61.8％リトレースメント近くで短期ユニットを手仕舞う目標値である1.3657ドルまでしか上がらないだろう。トレイリング・ワン・バー高値の仕掛けと離れた損切りのリワード・リスク・レシオが少なくとも短期ユニットに関してはそう素晴らしくないことは、電卓がなくてもすぐに分かる。この問題を解決するためには、さらに短い時間枠の60分足でセットアップを探してトレードを執行すれば、エクスポージャーをかなり減らすこと

ができる。

今回のトレードではこれまでのようなまとめのリストは作っていない。ただ、これは非常に良い練習になる。必要な情報は**図7.17**の60分足チャートも含めてすべてチャート上にメモしてある。トレードするときは、あとで記録として見直すことができるように、節目ごとにチャートを印刷しておくことをぜひ勧めたい。

図7.17は、60分足チャートを８月16日～22日まで示している。今回のトレードのチャート数を減らすため、このチャートには60分足の買いのセットアップが２つ含まれている。

仕掛け戦略（両方のユニット）　60分足のモメンタムが強気に転換したあとトレイリング・ワン・バー高値で買い。

８月20日（図中の１）のABC調整波動パターンと思われる動きの50％リトレースメントで60分足が転換したときに仕掛けた買いトレードは、翌日損切りに達したが、損失はわずか21ピップスだった。

最初の仕掛け戦略の結果（両方のユニット）　1.3479ドルで買い。1.3458ドルで損切りに達して21ピップスの損失。

２日後に再び60分足が強気に転換した（図中の２）。トレイリング・ワン・バー高値の1.3469ドルで買って損切りを1.3451ドルに置いたため、エクスポージャーは18ピップス。このトレードは、トレーダーが選択した枚数で決まるのでピップごとに観察する。ここでは、最初のエクスポージャーは非常に小さいということが重要。

仕掛け（両方のユニット）　1.3469ドルで買って1.3451ドルに損切りを置く。エクスポージャーは18ピップス。

図7.18は60分足チャートをさらに更新したもので、ユーロは８月22日に第１波（A波）の高値を上回った。

トレード管理（両方のユニット）　両ユニットの損切りを、図中の小さなスイングの安値から１ティック下である1.3465ドルに動かす。

もしユーロの動きが予想したような新高値を目指す上昇トレンドで

図7.18　買いトレードの損切りを調整

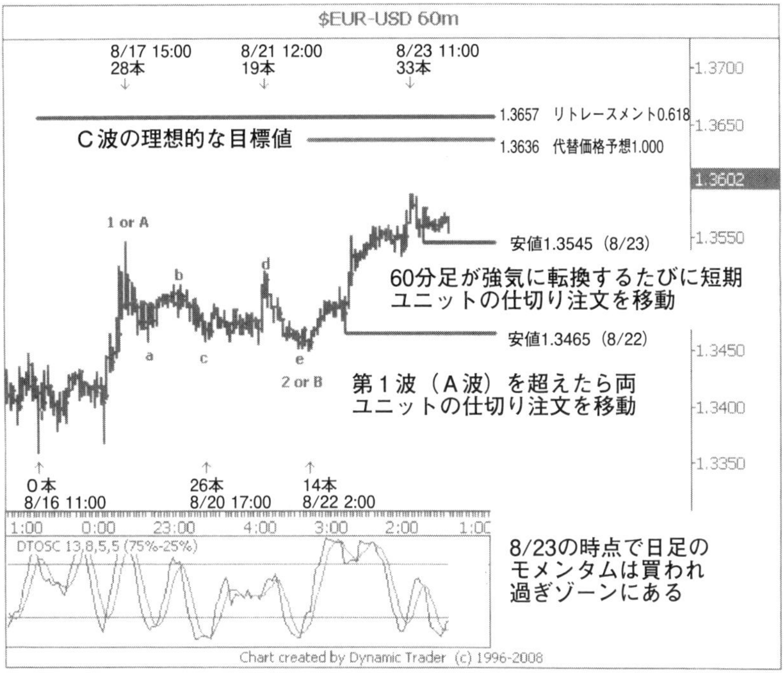

はなく単なるABC調整波動パターンにすぎなければC波の理想的な目標ゾーンは1.3636～1.3656ドルで、C波は通常A波の100％と61.8％リトレースメント（**図7.16**参照）の辺りになる。

トレード管理（短期ユニット）　もしユーロが1.3636ドルに達したら、短期ユニットの損切りを60分足のトレイリング・ワン・バー安値に動かす。

8月23日までに、日足のモメンタムは買われ過ぎに達していた。これは、近い将来の上昇はせいぜい1～2日程度で終わることを示している。長い時間枠のモメンタムが買われ過ぎに達したら、それが転換するまでの間に短い時間枠のモメンタムが転換するのはせいぜいあと一～二度の場合が多い。短期ユニットの損切りは価格に比較的近いところに置きたい。論理的な戦略に従えば、損切りを短い時間枠のモメンタムが強気に転換した直前のスイングの安値から１ティック下に動かすべきだろう。

トレード管理（短期ユニット）　短期ユニットの損切りを、60分足が強気に転換する前の安値よりも１ティック下に動かす。チャートの最後の足の時点で、損切りを置くのは1.3544ドルになる。

トレード管理（短期ユニット）　もしユーロがＣ波の目標ゾーンにかかる1.3636ドルに達したら、損切りをトレイリング・ワン・バー安値に動かす。

長期ユニットの損切りは、マーケットが調整すべき理由を示さないかぎり現在の価格から大きく離しておく。この場合は、日足のモメンタムが新たに強気に転換するまで次の調整は行わない。日足のモメンタムは買われ過ぎに達したばかりなので、転換までにはあと数日かかるだろう。目標を見失ってはならない。マーケットは、ユーロが７月の高値だった1.3852ドルを超えて新高値を付けるという情報を発している。もし最近の強気のスイングが指針となるのであれば、さらに上がるのかもしれない。短期ユニットは、仕切り注文に達してもすでにある程度の利益を上げている。長期ユニットは、仕切り注文に達すれば小さな利益が出る。大きな利益を上げる可能性があるときに、早く手仕舞いすぎて小さな利益で終わるリスクをとってはならない。ここでもトレードの目的を見失わないようにしてほしい。

図7.19は、８月25日までの60分足を示している。８月24日に、Ｃ波の目標値である1.3636ドルに達し、トレイリング・ワン・バー安値の手仕舞い戦略を実行した。短期ユニットは、そのあと足２～３本あとに付けたトレイリング・ワン・バー安値の１ティック下の1.3625ド

図7.19　短期ユニットが利食い

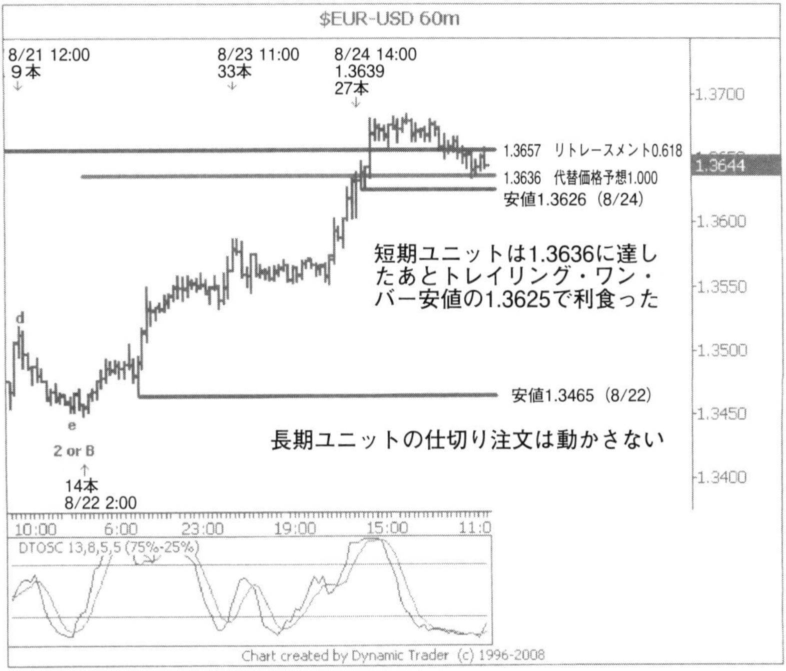

ルで利食いした。

トレード結果（短期ユニット）　1.3469ドルで買って1.3625ドルで利食いし、156ピップスの利益が出た。

短期ユニットは、18ピップスのエクスポージャーに対して156ピップスというかなりの利益を上げた。仕掛けから仕切り注文の移動まで、すべての行動はマーケットから得た情報に基づいて論理的に判断していった。ただしこれは短期ユニットで、今回の動きが大きく上げる上昇トレンドではなく調整に過ぎない場合に備えて比較的早く手仕舞っ

図7.20　長期ユニットの仕切り注文を移動

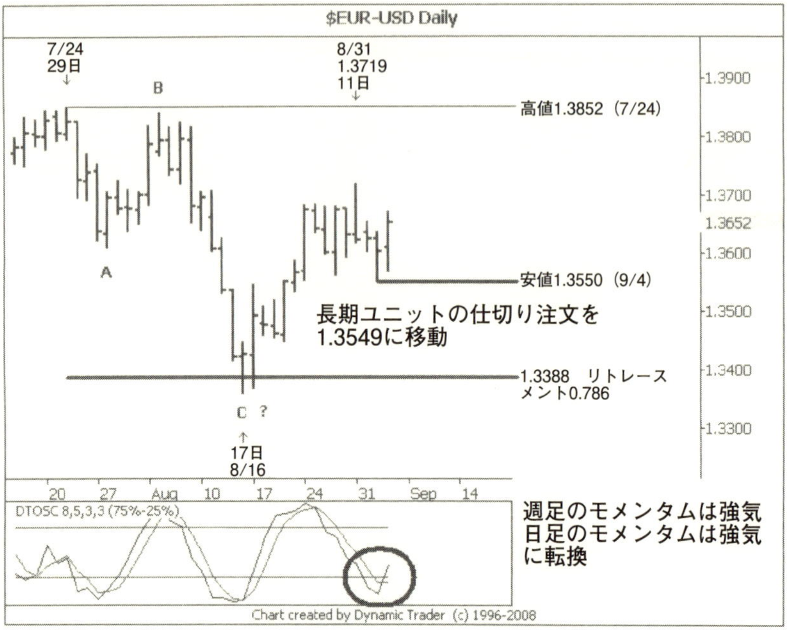

たという事実を見失わないでほしい。この時点で、もう60分足のデータは必要ない。長期ユニットは、週足と日足で管理していく。

図7.20は、９月５日までの日足チャートで、この日は日足のモメンタムが強気に転換した。

トレード管理（長期ユニット）　日足のモメンタムが強気に転換する前の安値よりも１ティック下の1.3549ドルに仕切り注文を動かす。週足のモメンタムが買われ過ぎに達するまでの仕切り注文は、日足のモメンタムが次に強気に転換したときの直近のスイングの安値から１

図7.21　週足のモメンタムが買われ過ぎゾーンに達して５波動トレンドパターンの可能性があり、仕切り注文の移動必要

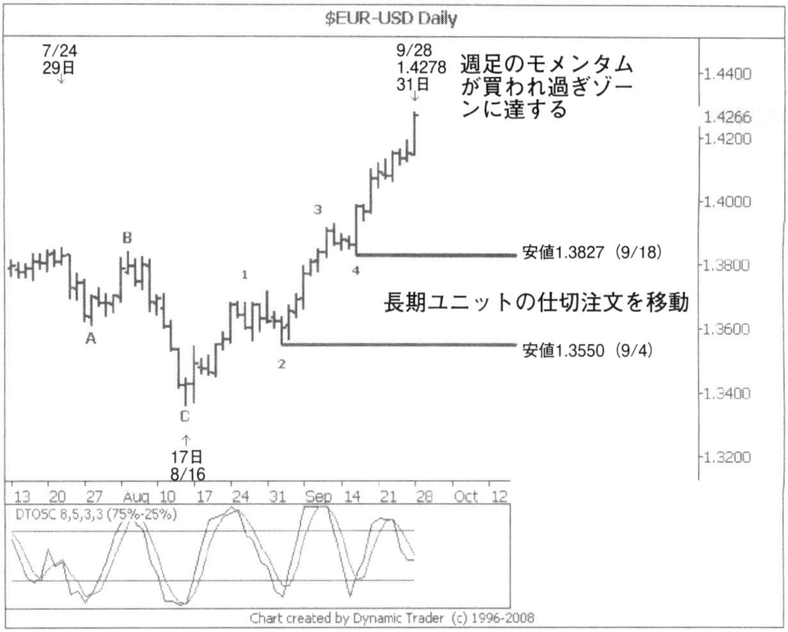

ティック下に置いておく。

新米トレーダーや失敗続きのトレーダーの多くは、非常に短い時間枠に目を奪われがちだ。彼らは大きいトレンドをポイント単位でトレードしないで、ティックやピップ単位でトレードしているのだ。今回のトレードの目的は長い時間枠である週足と日足のトレンドで、７月７日の高値を超える強気のスイングと思われる波を利用することだった。日中のデータは、新しい上昇トレンドが始まるという予想が間違っていて、調整のあとは下降トレンドが新安値を更新した場合に２～

３日で手仕舞う短期ユニットのために使っていた。短期ユニットを手仕舞ったあとは、週足と日足の位置だけに集中して長い時間枠のトレンドを探していく。

図7.21の日足チャートには、週足のモメンタムが買われ過ぎに達した９月28日金曜日までのデータを追加してある。チャートが示すように日足のモメンタムはこの間に再度強気に転換し、長期ユニットの仕切り注文を日足のモメンタムが転換する直前の安値に動かした。週足のモメンタムが買われ過ぎに達すると、週足２～３本以内に高値が付く可能性が高く、上昇の余地は比較的限られている。さらに、９月28日の時点で、ユーロは４つのスイングを完成させた。強気の５波動トレンドパターンであれば完成に近いということで、このパターン構造も上昇の余地が比較的限られていることを示唆している。

ちなみに、**図7.21**で日足のモメンタムは９月28日の週に弱気に転換しているが、同じ週に週足のモメンタムは買われ過ぎに達している。実は、日足のモメンタムが次に弱気に転換するときに週足のモメンタムが同時に弱気に転換する可能性が高い。つまり、これは論理的な手仕舞い戦略ということになる。

トレード管理（長期ユニット）　日足のモメンタムが次に強気に転換したら、その直前のスイングの安値の１ティック下に損切りを動かす。そして次に日足のモメンタムが弱気に転換したあと、日足での直近の安値の１ティック下に損切りを置く。

長い時間枠である週足のモメンタムが買われ過ぎに達したあと、日足のモメンタムが弱気に転換するのと同じタイミングで週足の高値が付くことが多い。この２つの時間枠のモメンタムの位置が長い時間枠の高値の可能性を示したら、損切りは現在値に非常に近いところに動かすべきだろう。

図7.22は、日足を10月９日火曜日まで更新してある。ユーロは10月５日に日足が強気に転換したため、長期ユニットの仕切り注文を転

図7.22　損切りに達した長期ユニット

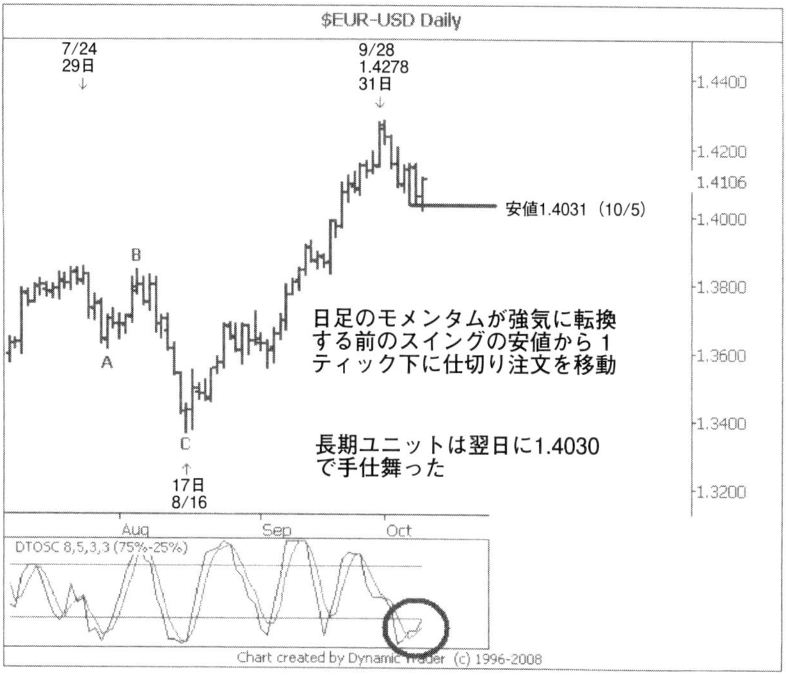

換直前の安値である1.4030ドルに動かす。10月９日火曜日にユーロが安値の1.4031ドルを下回り、長期ユニットは利食いになった。

トレード結果（長期ユニット）　1.3469ドルで買い、1.4030ドルで利食って561ピップスの利益が出た。

長期ユニットは561ピップスという大きな利益が出た。日足のモメンタムは、買われ過ぎに達することも弱気に転換することもないまま仕切り注文に達した。トレード期間を通じて理論的なトレード管理戦略を実行し、マーケットが示す情報に基づいて仕切り注文を動かして

図7.23　継続するEUR/USDの上昇トレンド

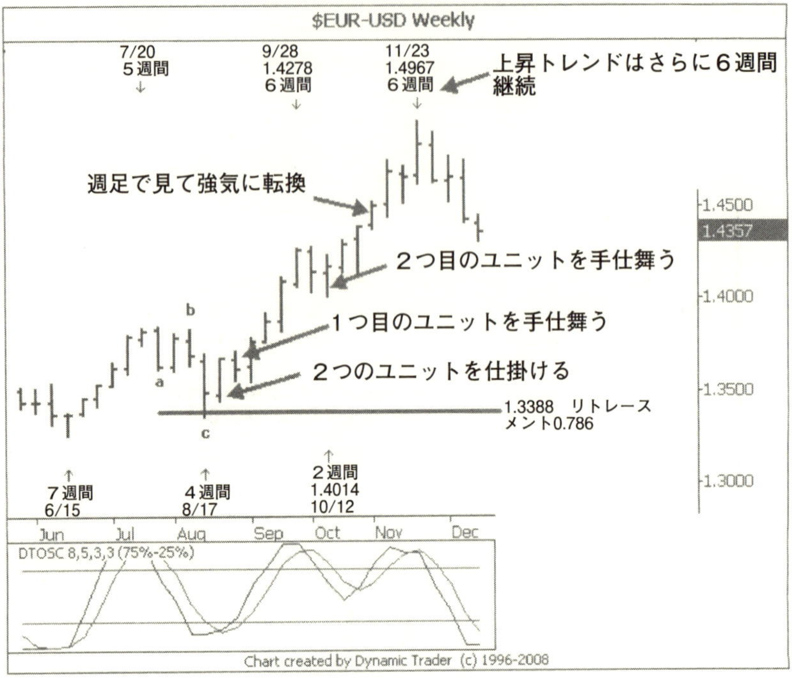

いった。

長期ユニットのトレード期間は約6週間に及び、大きな利益を生んだ。この成功は、トレンドの初期に損切りを価格から比較的遠くに置いたことによる。短期ユニットを手仕舞ったあとは、もう日中のデータを見る必要はない。トレードを効果的に管理するために必要な時間は、1日にわずか2～3分にすぎない。6週間のうちのほとんどの日はトレード管理計画に変更はなく、マーケットからの新しい情報によって計画を即座に変更したのはほんの2～3回だった。

われわれは素晴らしい計画によって、調整の安値近くで仕掛けて週足のモメンタムが買われ過ぎに達した高値で手仕舞うことで、上昇トレンドから最大に近い利益を得ることができた。次は、このトレードを手仕舞ったあとの展開を見ておこう。

図7.23はユーロと米ドル（EUR/USD）の週足チャートで、週足のモメンタムは長期ユニットを手仕舞った週に弱気に転じた。ユーロは翌週から再び上昇し始めたが、週足のモメンタムは３週間後まで強気に転換しなかった。長期ユニットを手仕舞ったあと、ユーロはさらに６週間上昇して11月に高値を更新した。結局、上昇トレンドが継続する直前の調整の安値近くで手仕舞ってしまったことになる。

大きな利益を手にしたものの、あと６週間保有していれば、それが２倍以上になっていたポジションを手仕舞ったのは間違いだったのだろうか。長期ポジションが仕切り注文に達した10月の２週間の調整は本当は買いのチャンスだったのだろうか。それは違う。トレードのセットアップを探すための最初のフィルターとして使っている２つの時間枠のモメンタムの位置に基づいた行動はまったく正しかった。週足のモメンタムは買われ過ぎから弱気に転換したが、通常はこのあと数週間は横ばいか下降トレンドになるため、長期のポジションを保有しておく状況ではない。われわれのトレード計画に従えば、週足のモメンタムが売られ過ぎゾーンに達するか強気に転換しないかぎりここは長期トレードを検討する局面ではない。

トレードの目的を見失ってはならない。われわれが探しているのは高勝率の条件で、トレンドのすべてをとらることではない。ユーロのトレードではその目的どおりに行動し、トレード計画に従って理論的に手仕舞いを選択した。ここでこれ以上望む必要はない。

高勝率のトレードのみ執行するための最適なセットアップ

これまで見てきた4つのトレードからは、仕掛けから手仕舞いまでトレード管理戦略の具体的なステップだけでなく、マーケットの展開に合わせて明らかになるモメンタムやパターンや価格や時間の情報に基づいて判断を下す方法も学ぶことができたと思う。それぞれの判断は、マーケットの直近の位置から論理的に導かれている。判断の仕方が分かれば、すべてのマーケットのすべての時間枠のすべてのトレードを管理できる。日中のデータを使ったデイトレードでも、日足や週足を使ったポジショントレードでも、すべての時間枠に同じ手法が適用できるのだ。

これまで述べてきたことは、仕掛けと手仕舞い戦略の事後の検証だけではない。トレードを検討すべき高勝率の条件の探し方や、客観的な仕掛け戦略を使った明確な仕掛け価格と最初の損切り価格、そして手仕舞うまでの間に損切り注文（または仕切り注文）を理論的に移動させていく方法を学んできた。これによって、実際のマーケットでトレードするときに、どのマーケットのどの時間枠にも応用できるツールが手に入ったことになる。

ちなみに、本書を読み終えると本書のウエブサイト（http://www.HighProbabilityTradingStrategies.com/）にもアクセスしたくなるかもしれない。ここには、本書の読者用に最近のトレードを使って仕掛けから手仕舞いまでの例を多く紹介している。

次章では、世界各地のトレーダーが本書の高勝率トレード戦略を使って行ったトレードを紹介する。これらのトレード例のなかには、さまざまなマーケットや時間枠が含まれている。成功したトレーダーがどのように考え、マーケットが進展して新しい情報が提供されたときにどのような判断を下していったのかを学んでほしい。

パート 2

計画に沿ってトレードする

Trading the Plan

第8章

実在のトレーダーによるリアルタイムのトレード

Real Traders, Real Time

本章では、さまざまなタイプのトレーダーが本書で学んできた高勝率トレード戦略を用いてリアルタイムでトレードした例から学んでいく。彼らは、この戦略をさまざまなマーケットのさまざまな時間枠に応用し、トレードごとに論理的な判断を下しながら仕掛けから手仕舞いまでを管理している。

私は、長年にわたってこの高勝率トレード戦略を世界中のトレーダーたちに教えてきた。そこで、過去の教え子やダイナミックトレーダー（私が開発したトレーディングシステム）の所有者の何人かに、彼らが実際に行ったトレードを本章のために提供してくれないかと頼んでみた。このとき寄せられた例のなかから、教え子たちが世界中のさまざまなマーケットのさまざまな時間枠で行ったトレードを見ていくことにしよう。

集まった例のなかには、仕掛けから手仕舞いまでステップごとに細かい解説が付いていたものもあれば、チャートのコピーに直接ポイントだけをメモしたものもあった。私はこれらすべてのチャートを再構成したうえで、トレーダーからのコメントをそのまま載せたり説明を追加したりして、できるだけマーケットの位置やトレーダーが下した判断が分かりやすくなるようにした。

ここに登場するトレーダーたちはそれぞれ異なるトレード計画を用

いているが、高勝率トレードのセットアップを探してトレードを管理していくことについては共通している。ここでは、トレードが進展してマーケットから新しい情報が示されたときに仕掛けた時点で想定したマーケットの位置が変われば、トレード管理計画が変更される可能性があるということも学んでほしい。

アダム・ソウィンスキー（ポーランド、スロルジェボ）

ユーロと米ドル（EUR/USD）の買いトレード
長い時間枠　日足
短い時間枠　60分足

ポーランド人のソウィンスキーは英語が母国語ではないため、彼の解説に私が若干の説明を追加した（括弧部分）。また、トレードの経緯を分かりやすくするために、チャートを再構成して彼の解説を書き加えた。ダイナミックトレーダーズグループの教材で高勝率トレード戦略を学んだソウィンスキーは、本書で学ぶすべての要素を使ってこの理想的なABC調整波動パターンのセットアップを探し出した。

ユーロと米ドル（EUR/USD）のセットアップ
メジャートレンド　強気
ABC調整波動パターンの可能性有り
買いトレードを検討

私はこのときABC調整波動パターンになると予想していました。私のトレードは、長い時間枠である日足の方向に60分足で仕掛けるという方法です。仕掛けポイントは、DTオシレーター（モメンタム）の位置で探します。このチャートでは、３本の足が下げるのを見て

図8.1　買いトレードのセットアップ

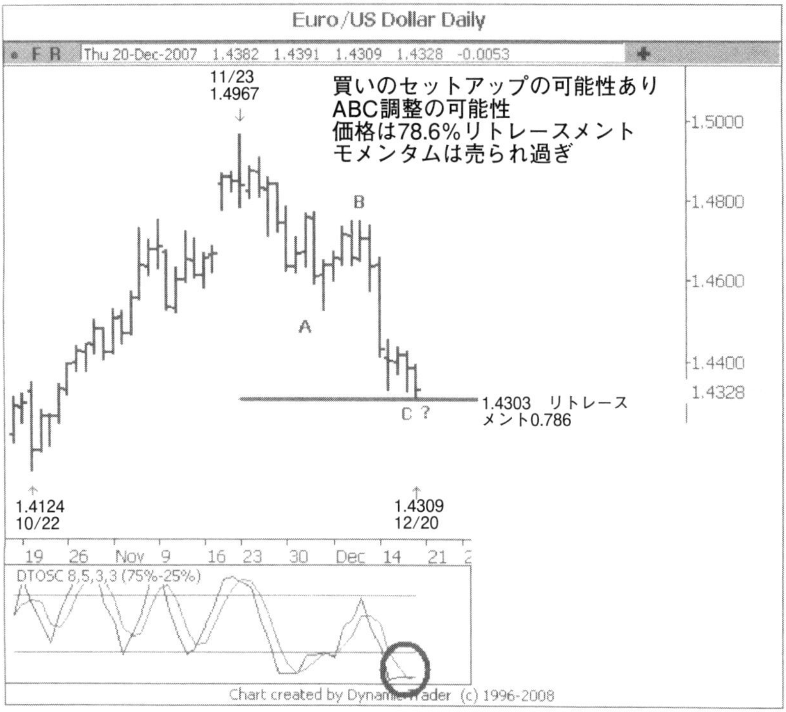

ABC調整波動パターンの可能性があると思いました。C波はきれいに5波動に分かれ、そのうちの第3波と第5波にはさらにスイングができていました。必要な予想価格をすべて算出してみると、1.4299～1.4308ドル（支持線）という狭いゾーンが見つかりました（**図8.1**）。

価格ゾーンに含まれる予想値。

1.4303ドル　10月22日～11月23日の上昇の78.6%リトレースメント

1.4305ドル　C波＝A波の100%代替価格予想

1.4299ドル　C波の第5波＝C波の第1波の162％代替価格予想
1.4208ドル　C波の5波動の第5波＝C波の5波動の第1波の162％代替価格予想

ユーロは12月20日の13時（中央ヨーロッパ標準時）にこのゾーンに達しました。ゾーンの下限に達したのは、A波（チャートには表示していない）の62％代替時間予想の次の足でした。8日のDTオシレーターは売られ過ぎゾーンに深く入り込んでいます（**図8.1**）。これがC波の安値になる可能性は高いと思います。

トレード計画

私は、このセットアップで2つのユニットをトレードする計画です。仕掛けは（60分足の）34期間のDTオシレーター（モメンタム）が強気に転換したあとのトレイリング・ワン・バー高値（60分足）戦略です。もし予想が間違っていた場合は、最初のユニットの損切り注文をトレイリング・ワン・バー安値（60分足）手仕舞い戦略に従って12月18～20日の下落の50％リトレースメント（もし価格が50％リトレースメントに達したら）に動かします（**図8.2**）。2つ目のユニットの損切りは、損切りに達するまで（60分足の）34期間のDTオシレーターが強気に転換する前の安値よりも1ティック下に動かしていきます。

トレード管理

2つのユニットの買いトレードは12月21日2時（中央ヨーロッパ標準時）に1.4341ドルで仕掛け、損切りを35ピップス離れた1.4306ドルに置きました。12月20日7時に最低利益目標（50％リトレースメント）に達したため、最初のユニットの手仕舞い戦略（60分足のトレイリング・ワン・バー安値）に従って1.4387ドルで手仕舞いました。こうしておけば、何が起こっても多少の利益は確保できます。私はトレード

図8.2　買いトレードの実行

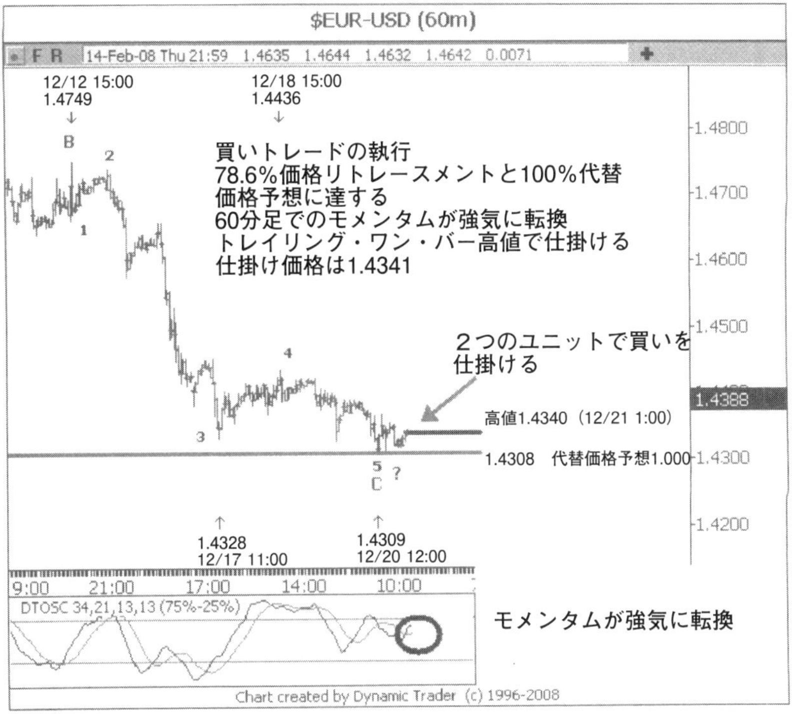

計画に従って２つ目のユニットを保有し、（60分足の）34期間のDTオシレーターが強気に転換するたびに仕切り注文を移動させていきました（**図8.3**、**図8.4**）。

トレード結果　292ピップスの利益

ユニット１の利益　46ピップス

ユニット２の利益　246ピップス

図8.3　1つ目のユニットの手仕舞い

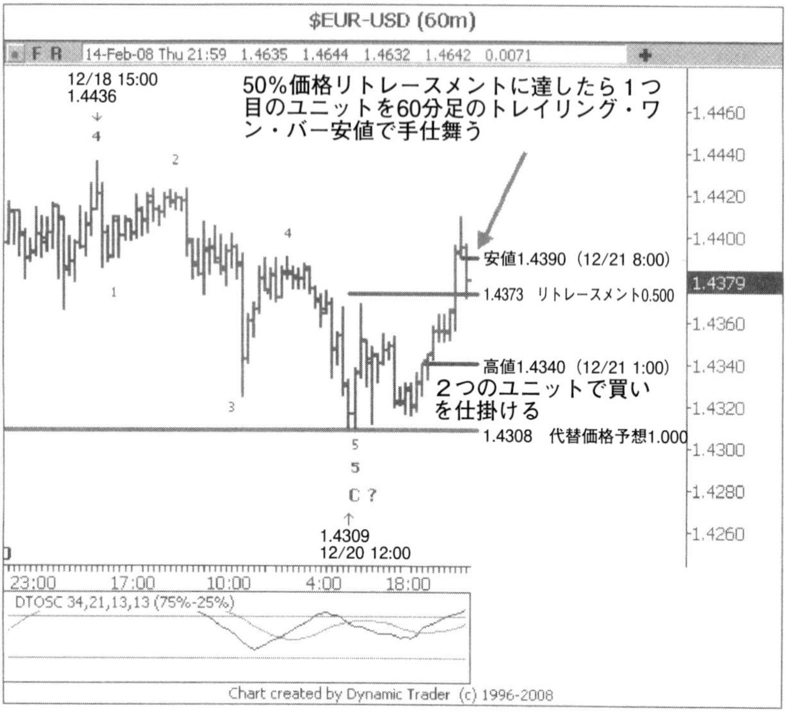

このトレードで学んだこと

2つ目のユニットの利益はさらに伸ばすことも可能でしたが、私はダイナミック・トレーディング・ワークショップで学んだトレード計画に従いました。私にとってこの手法は非常にうまくいっています。これに関して学んだもっとも重要なことは、価格と時間の予想値を算出するという宿題をしっかりしたら、あとは待つということです。このトレードについてもすべての条件が整うまで待ちました。大きな利益が出たのはそのおかげだと思います。

図8.4　２つ目のユニットの手仕舞い

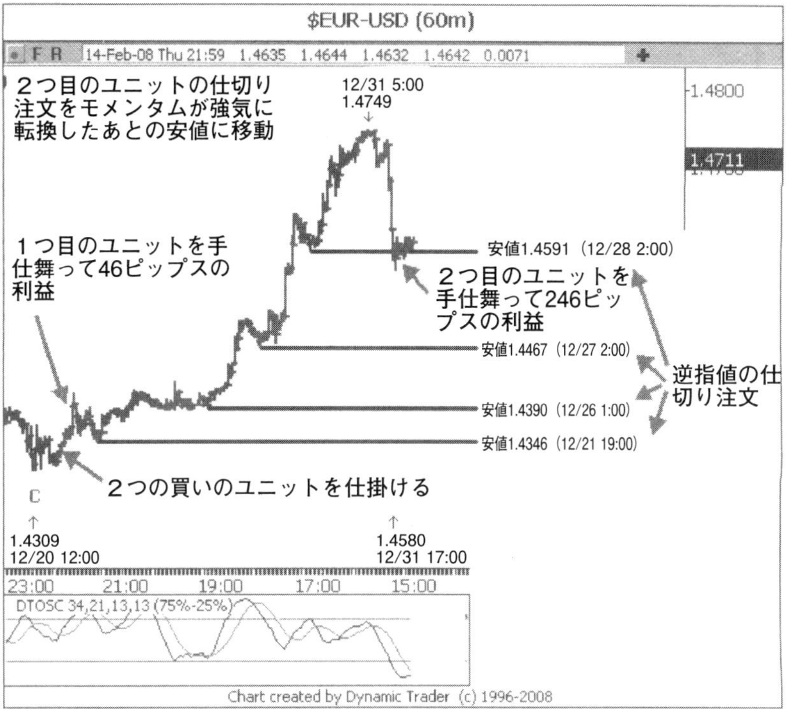

トレーディングは簡単な仕事ではありません。必要なのはしっかりと準備を整えて最高のチャンスを待つことで、忍耐と努力が成功のカギだと思っています。忍耐は、適切に資金管理をして、損失が続いたときはトレードし過ぎないためにも必要で、そうすれば明日も生き残ることができます。

マイナーの補足説明

ソウィンスキーは、理想的なセットアップを待つ忍耐と規律を持っている。12月20日はABC調整波動パターンの安値を示唆するすべての要素がそろっていた。そして何よりも大事なのは、彼がトレードを実行する前に２つのユニットの具体的なトレード管理計画を持っていたことだ。ユーロがＣ波の安値の最初の目標ゾーンに達すると、彼は60分足のモメンタムが強気に転換するのを待ってトレイリング・ワン・バー高値の仕掛け戦略を実行した。

ソウィンスキーは、１つ目のユニットでは比較的小さい利益で素早く手仕舞った。価格が50％リトレースメントに達すると仕切り注文を60分足のトレイリング・ワン・バー安値に動かし、比較的小さい46ピップスで利食ったのだ。こうすれば、たとえユーロが12月20日の安値でABC調整波動パターンを形成せず、転換して安値を更新して２つ目のユニットが損切りになっても、２つのユニットを合わせれば多少の利益を得ることができる。

彼は、ABC調整波動パターンの安値から予測した長期トレンドかもしれない動きに合わせて２つ目のユニットを保有していた。彼の成功のカギとなったのは２つ目のユニットの仕切り注文を価格から比較的遠くに置いていたことで、60分足が強気に転換したあとのみ仕切り注文を動かしたのは非常に論理的な戦略だった。成功できないトレーダーは損切りをマーケットに近づけすぎて、大きな利益が狙える局面でも小さい利益で手仕舞うことになってしまう場合が多い。

手仕舞いしたあともユーロは２～３日上昇を続けたが、彼は気にしていない。それよりも、安値で買って高値で売ることにこだわってトレードし過ぎないように気を付け、高勝率のセットアップを待ち、トレード計画に従って行動する忍耐を持つことを重視している。これらのことは、熟達したトレーダーの特徴と言える。

このトレードでは６日で合計292ピップスの利益が上がった。これは高勝率のセットアップとトレード管理計画を実行したソウィンスキーの忍耐と規律の賜物と言える。

ジャジール・シン（イギリス、ロンドン）

英ポンド・米ドルと円・米ドルの空売りトレード

長い時間枠　週足と日足

短い時間枠　60分足

シンは５つの例を提供してくれただけでなく、多いものには１つのトレードで11枚ものチャートが添えられていた。彼の例だけで本章を構成することも可能なほどだ。彼が送ってくれたトレード例には大きな利益を上げたものから小さな損失を出したものまで、さまざまな状況のものが含まれていた。

これらの例を提供してくれたとき、彼のトレード暦はまだ１年にも満たなかった。彼は、2007年２月に私がデンバーで開いた１日だけのセミナーにわざわざイギリスから参加した。当時の彼はイギリスでトレーディングについて少し学んだだけのほぼ初心者で、定期的にトレードし始めたのはデンバーのセミナーのあとの2007年の春からだった。

彼が成功した大きな理由のひとつは、トレーディングの経験がなかったことだと思う。悪い習慣や乗り越えなければならないエゴがなかったことが良かったのだろう。彼は理想的な生徒で、トレーディングを最初から仕事としてとらえていた。ここで紹介する彼の２つのトレード例からも分かるように、彼は本書で教えている高勝率トレード戦略を完璧に実行して大きな成功を手にした。

シンのトレード例には解説がまったく付いていなかった。彼は重要な情報やコメントをすべてチャートに書き込んでトレード記録にしているからだ。私は、このなかから何枚かのチャートを再構成して、彼のチャート上のメモを解説文にまとめた。トレード例のなかには大きな利益を上げたものもあったが、私は比較的小さな利益で終わったトレードのほうを紹介することにした。これらのトレードは途中でマー

図8.5　英ポンドの空売りトレードのセットアップ

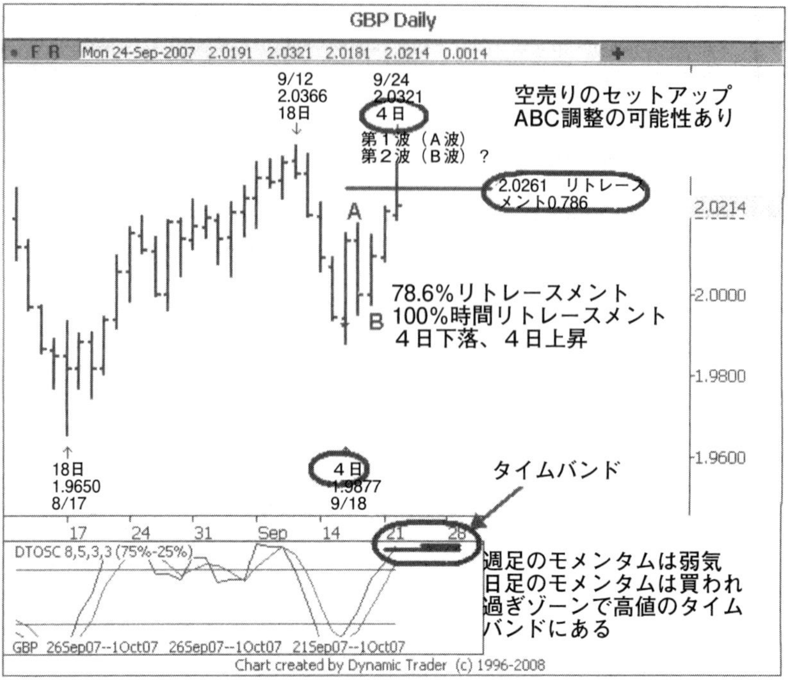

ケットが逆行してしまい、経験不足のトレーダーならば損失を出しておかしくない状況だった。それでもシンは、正しいトレード戦略と正しいトレード管理によって小さいながらも利益を確保した。

GBP/USDの空売りトレードのセットアップ

週足と日足のモメンタムは買われ過ぎ

ABC調整波動パターンの高値の可能性があり

図8.6　空売りのセットアップに使う短い時間枠の詳細

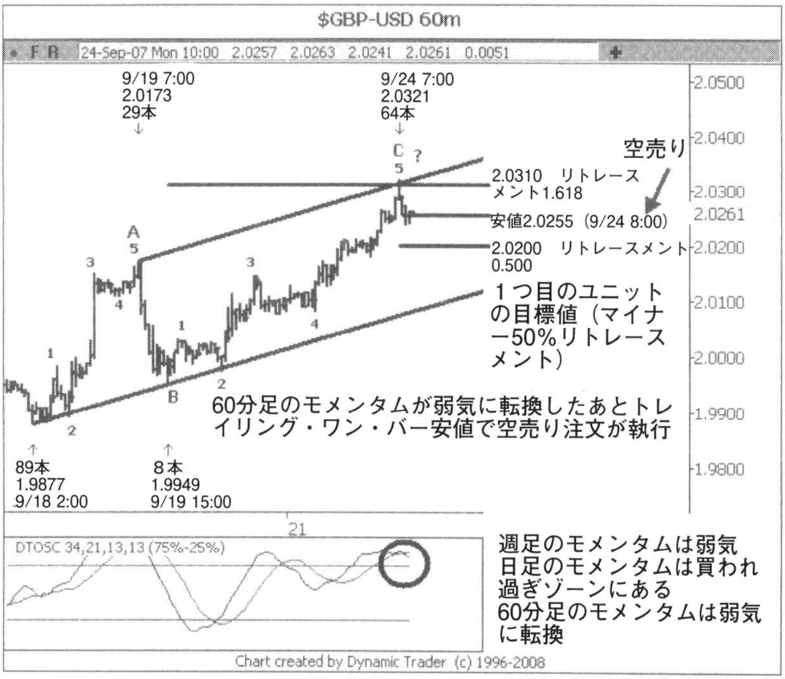

2007年９月24日の時点で、英ポンド（GBP）の週足のモメンタムは弱気に転換し、日足のモメンタムは買われ過ぎにあった。ポンドは78.6％リトレースメントを突き抜け、ABC調整波動パターンの高値を付けた可能性がある。この高値のタイムバンドは９月26日～10月１日だが、高値・高値サイクルは９月21日から始まっている。長い時間枠である週足と日足の位置は、理想的なABC調整波動パターンの高値と空売りのセットアップを示している（**図8.5**）。

トレードの執行

60分足チャートは、９月24日の高値に向けたABC調整波動パター

図8.7　１つ目のユニットのトレード管理

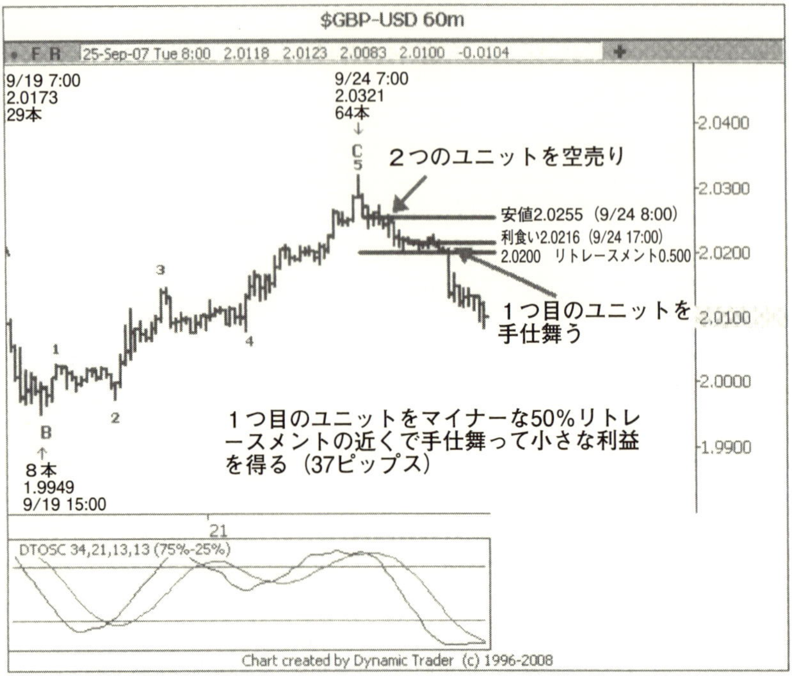

ンの可能性を示唆している。シンはＣ波が５つの波に分かれていると考えた。チャートには、９月24日の高値周辺に78.6％リトレースメント、Ａ波の100％代替価格予想、Ｃ波の162％外部リトレースメントなどの目標値が数個集まっていた。ただ、私は見やすさを優先して60分足チャートには162％外部リトレースメントだけを書き込んでいる（**図8.6**）。

トレード管理

60分足のDTオシレーターが弱気に転換すると、シンは２つのユニットの空売りの逆指値注文を60分足のトレイリング・ワン・バー安値

図8.8　2つ目のユニットのトレード管理

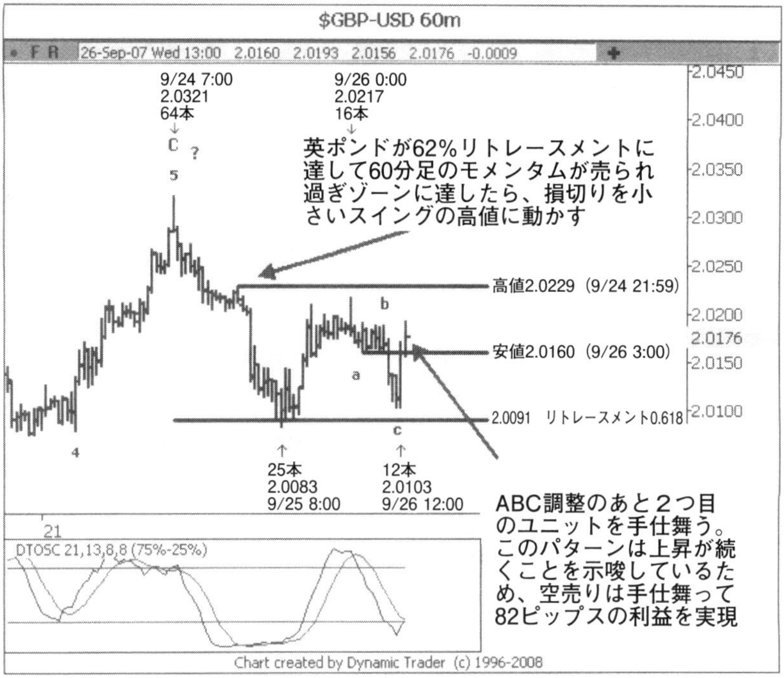

に動かした。空売りは2.0254ドルで執行され、最初の損切りを９月24日の高値よりも１ティック上の2.0322ドルに置いた。ポジションの半分を手仕舞うという目的のため、１つ目のユニットはマイナーな50%リトレースメントである2.0200ドルで手仕舞う。

ポンドは急落して50%リトレースメントで足踏みしたため、シンは2.0217ドルでポジションの半分を手仕舞い、37ピップスの利益を確保した（**図8.7**）。

ポンドが61.8%リトレースメントに達してモメンタムが売られ過ぎ

ゾーンに入ると、シンは２つ目のユニットでも多少の利益を確保するため仕切り注文をマイナーなスイングの高値よりも１ピップ上の2.0230ドルに動かした（**図8.8**）。

ポンドは61.8％リトレースメントから上昇し、仕切り注文よりも下で高値を付けたあと下げてマイナーなABC調整波動パターンと呼べる動きになった。最初の計画では下がり続けるなかで空売りのポジションを保有するつもりだったが、マイナーなABC調整波動パターンが明らかになったところでそのあとに予想される上昇を避けるために２つ目のユニットを手仕舞った。手仕舞いの価格は2.0172ドルで、利益は82ピップスだった。ポンドがそのあと大きく上昇したことを考えると、手仕舞ったのは賢明な判断だった。

トレード結果　119ピップスの利益

ユニット１の利益　37ピップス

ユニット２の利益　82ピップス

マイナーの補足説明

このトレードは、長い時間枠で見たトレンドがまったく間違っていても、２つのユニットを仕掛けてトレンドが展開する過程でマーケットのそのときの位置に基づいて正しい判断を下していけば、利益を上げることができることを示す好例になっている。

週足と日足のモメンタムが弱気になっていたことで、シンはこの空売りが長い期間続くと予想していた。そして、９月24日にABC調整波動パターンの高値を予想し、60分足のトレイリング・ワン・バー安値での戦略によって極端な高値の近くで空売りを仕掛けたのは正しい判断だった。しかし、そのあと下落が下降トレンドの始まりではなく小さな調整に過ぎなかったことが分かり、マイナーリトレースメントでポジションの半分を手仕舞って小さな利益をまず確保した。

しかし、2つ目のユニットはポンドが主要な61.8%リトレースメントまで下がって60分足のモメンタムが売られ過ぎゾーンに入るまで損切りを動かさなかった。マイナーなスイングの高値の時点では、まだ損切りを価格から比較的遠くに置いていたのだ。このことも、成功するトレーダーが大部分のトレードの損切りを遠くに置いておき、論理的な理由が出現するまで移動しないことの好例と言える。

9月27日になって、シンは戦略を変更した。ポンドはマイナーなABC調整波動パターンと思われる動きで下落したあと再びA波と思われる安値を上回った。3波動の下落が確認されれば調整であるが、これは上昇が続くことを示唆している。そこで空売りの2つ目のユニットを保有するのをやめ、ポンドがマイナーなA波の安値を上回ったところで手仕舞い、82ピップスの利益を得た。

結局そのあとポンドは上昇し続けて高値を更新したため、これは非常に賢い判断だった。

円（JPY/USD）の空売りのセットアップ――ABC調整波動パターンの高値の可能性

9月21日に、円の日足チャートの最後の足で週足のモメンタムが買われ過ぎに達して日足のモメンタムが弱気に転換したため、2つの時間枠のモメンタムによる空売りのセットアップが整った。円はマイナーな78.6%価格リトレースメントと62%時間リトレースメントに達し、不規則なABC調整波動パターンの高値と思われる条件がすべてそろった。典型的なABC調整波動パターンでは、C波がA波の極端な値を超える。今回は、C波と思われる波がA波の高値よりも下にあるが、モメンタムと価格と時間はその辺りが高値であることを示唆しているため、シンはこの調整が不規則なABC調整波動パターンで空売りの良いセットアップだと考えた（**図8.9**）。

図8.9　円の空売りのセットアップ

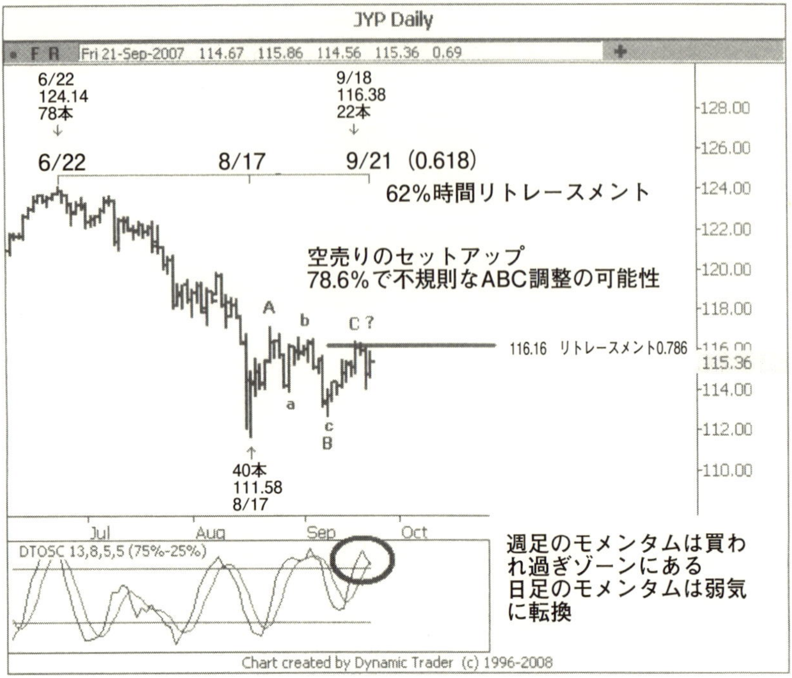

トレードの執行

図8.10の60分足チャートは、日足で９月18日にＣ波が高値を付けたあとの期間を示している。円は下落してマイナーABC調整波動パターンと思われる波を形成しながら９月21日の高値に至った。この高値は、78.6％リトレースメントと100％代替価格予想が含まれるゾーンに入っている。60分足のDTオシレーターは弱気に転換して理想的な空売りのセットアップが整った。シンは60分足のトレイリング・ワン・バー安値に空売りの逆指値を動かした。２つのユニットの空売り

図8.10　空売りの仕掛戦略

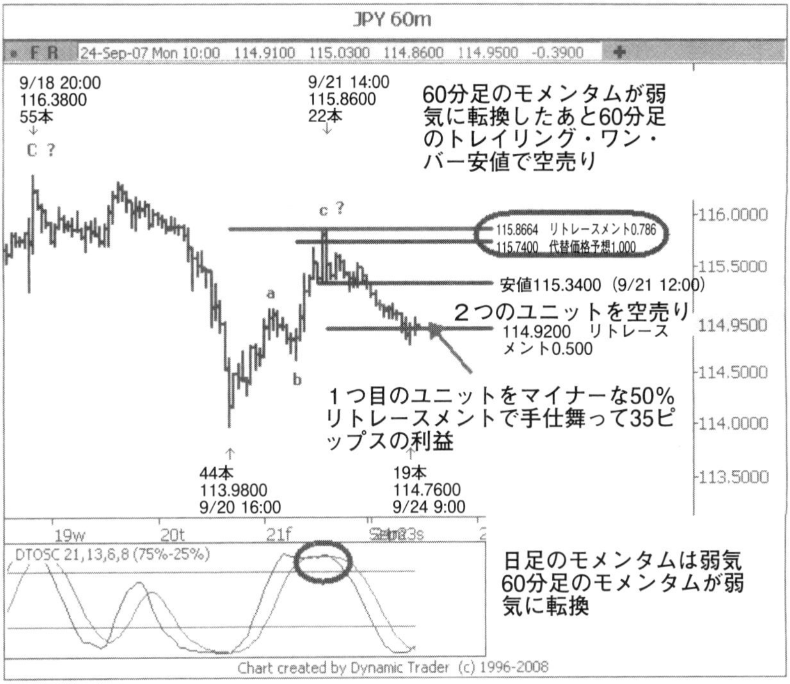

は、マイナーなｃ波からそう離れていない115.33円で執行された。

シンは円がマイナー50％リトレースメントに達し、60分足が売られ過ぎゾーンに入ったところで１つのユニットを手仕舞って35ピップスの利益を得た。

２つ目のユニットのトレード管理

図8.11の最後の60分足の時点で円は下落して９月20日の安値まで下落し、マイナーABC調整波動パターンの可能性がある動きを見せ

図8.11　2つ目のユニットのトレード管理

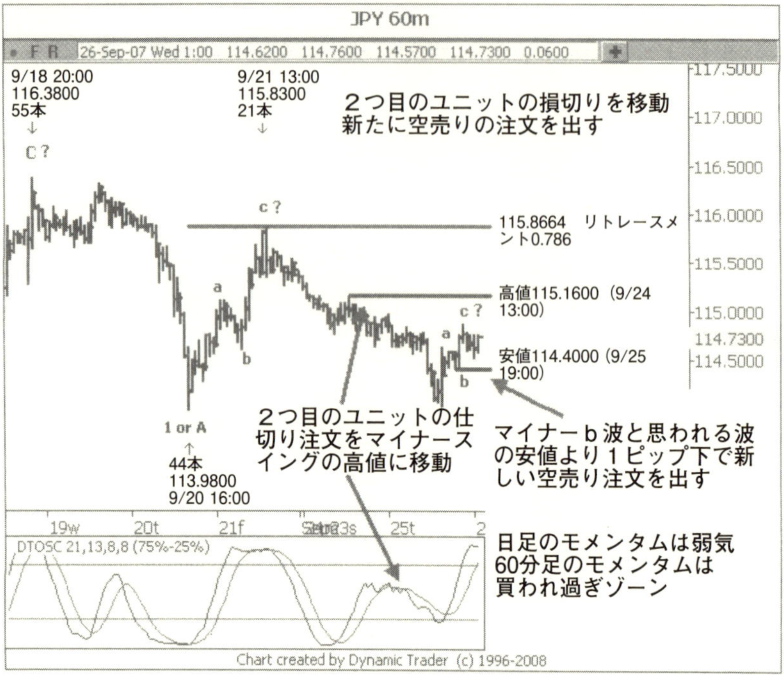

た。シンは60分足のモメンタムが弱気に転換したあとで２つ目のユニットの仕切り注文をマイナースイングの高値の115.16円に動かした。また、マイナーｂ波の安値（114.40円）から１ティック下で空売りの増し玉をする注文を出した。このとき、日足のモメンタムが弱気で60分足のモメンタムが買われ過ぎにあった円は、さらなる空売りに適した状態にあった。

円は予想した下落ではなく急上昇して仕切り注文に達し、結局２つ目のユニットは26ピップスで利食った（**図8.12**）。

図8.12　2つ目のユニットが損切りに達する

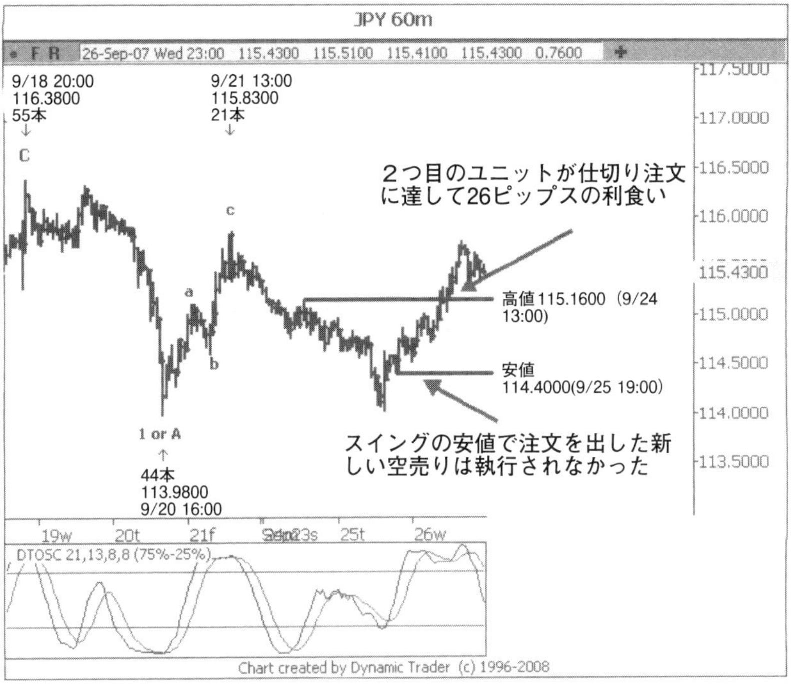

トレード結果　61ピップスの利益

ユニット１の利益　35ピップス

ユニット２の利益　26ピップス

マイナーの補足説明

このトレードも、マーケットが予想どおりに展開しなくても（下落して安値を更新すると思ったがそうならなかった）利益を出すことができる好例となっている。トレードをうまく管理すれば、損失を避けるだけでなく、利益を確保することができる。

２つの時間枠のモメンタムと価格と時間とパターンがすべて調整の高値を付けてから下落して安値を更新することを示唆していた。シンはポジションの半分をマイナー50%リトレースメントで利食って、残った２つ目のユニットは60分足のモメンタムが次に弱気に転換したあとの小さいスイングの高値に仕切り注文を動かした。こうしておけば、たとえ仕切り注文に達しても、少なくとも小さい利益は確保できる。

シンがマイナーABC調整波動パターンのあとで空売りの増し玉をしたのは正しい選択だった。しかし、これはマイナーABC調整波動パターンではなく、円は急騰して新高値を付けた。結局、マイナースイングの安値で注文を出した空売りが執行されることはなかった。

シンは最適な条件が整うまで待って仕掛け、１つ目のポジションは比較的早く利食ったが、残りの半分については仕切り注文を遠くに置いてから論理的に動かしていった。シンが行った２つのトレードの管理からは多くを学ぶことができる。

シーズ・バン・ハセルト（オランダ、ブレダ）

金の買いトレード

長い時間枠　月足、週足

短い時間枠　日足

ハセルトはダイナミックトレードを長年使っており、本書で紹介しているトレード戦略の支持者でもある。本書に載せたチャートは彼が送ってくれたものを再構成してあるが、同じようなチャートとほとんどのコメントは彼のウエブサイト（http://www.traderplaza.nl/）にも載っている。ここで彼は2007年12月以降、上昇トレンドの展開に合

図8.13　金の買いのセットアップ

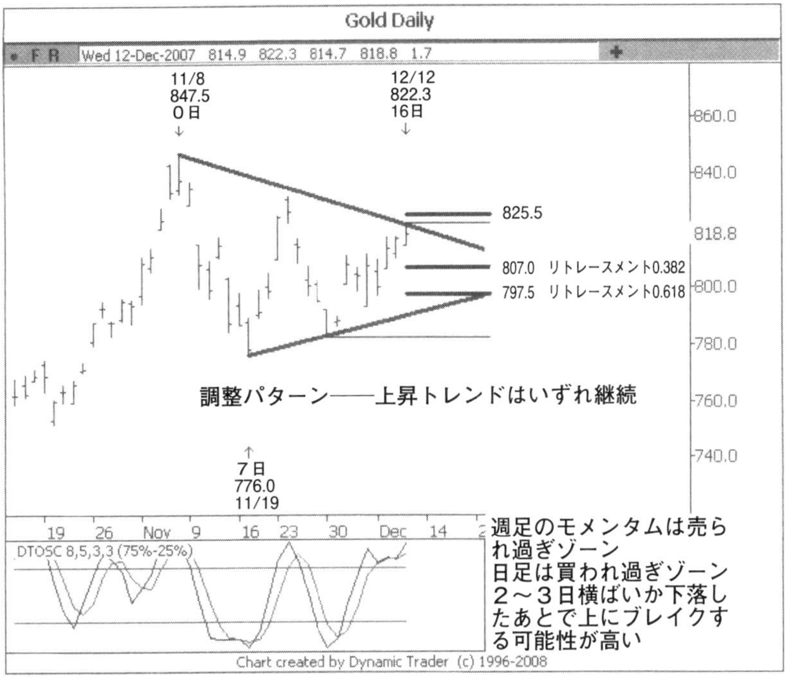

わせて定期的に金のマーケットを追跡している。

すべての解説はハセルト自身によるもので、私のコメントは括弧内の補足説明と「マイナーの解説」「マイナーの補足説明」にまとめてある。彼は金のセットアップの具体的な戦略については書いていないが、金の分析は彼のウエブサイトで紹介されている金のトレンドと価格と時間の目標値の可能性について述べた部分を参照した。今回の例は具体的に仕掛けから手仕舞いまで示したトレード管理戦略ではないが、学ぶべきところがたくさんあるために紹介することにした。

図8.14　上昇トレンドのブレイクアウト

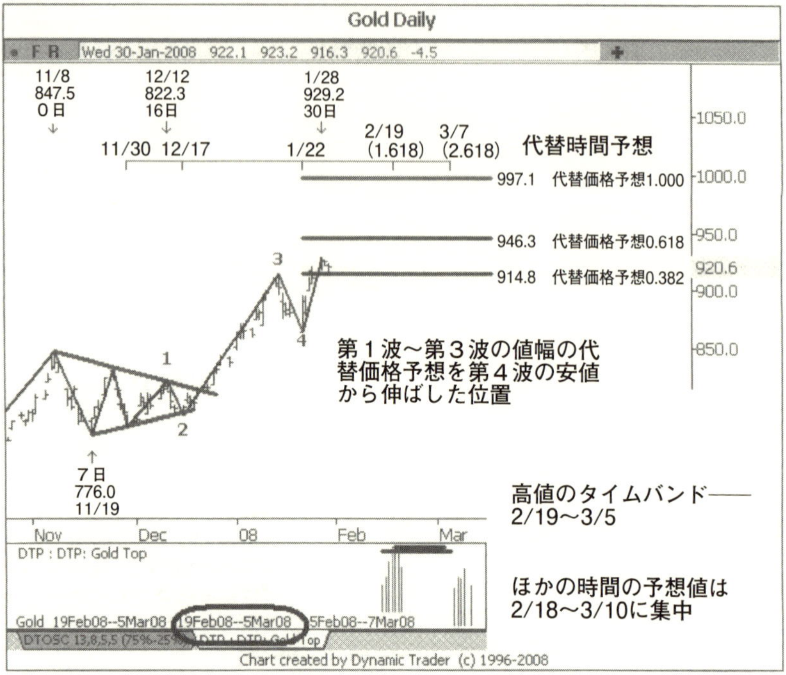

金の買いのセットアップ――不規則な調整がブレイクして上昇トレンドが継続

2007年12月13日、金は力強さを維持しており、調整もほとんどない。825.50ドル（先物2008年２月限）を上抜いたところが最初の買いのチャンスだった（**図8.13**）。しかし、まず808～800ドル近辺（日足チャートならば807～797ドル）までリトレースする（押す）可能性もある。その上、銀がブレイクしていないという点も気になる。銀が最初のマイナーな抵抗線である14.85ドルをブレイクすれば、金も銀も上昇にはずみがつくと思われる。

マイナーの解説

このトレードのカギとなる要素は、ハセルトが11月８日の高値からの調整である可能性が高く、金はいずれ上昇トレンドを継続するだろうということに気づいたことだ。週足のモメンタム（チャートには示していない）は売られ過ぎゾーンにあるが、日足のモメンタムは買われ過ぎにあるため、上昇トレンドに戻る前にマイナーな調整（ハセルトの言葉を借りれば「リトレース」）がある可能性がある。

ハセルトの補足説明

金は12月26日に上にブレイクして、第３波にあることを確認した。金はトライアングルをブレイクアウトして11月27日の小さい窓を埋めた（**図8.14**）。

トレードを仕掛けたあとは、第５波の高値の時間と価格の目標値を予想する。金が高値を付ける価格と時間をできるだけ高い確率で予測したい。

金が高値を付ける時間の予測

ダイナミック・タイム・プロジェクションが、高値の可能性がある２つの時期として2008年２月18日近辺と３月10日近辺を示した（ダイナミック・タイム・プロジェクションは、第５章で学んだような方法で時間を予測し、結果を**図8.14**にあるようなインジケーター部分にヒストグラムで表示する）。

私は短期用と中期用に２つのタイムバンドを作成した（チャートには中期用のみ載せてある）。これによれば、高値を付ける可能性が高いのは２月19日～３月５日の範囲だということになる。

また、第１波と第２波の安値の代替時間予想を第４波の安値から伸

図8.15　金の高値の目標価格

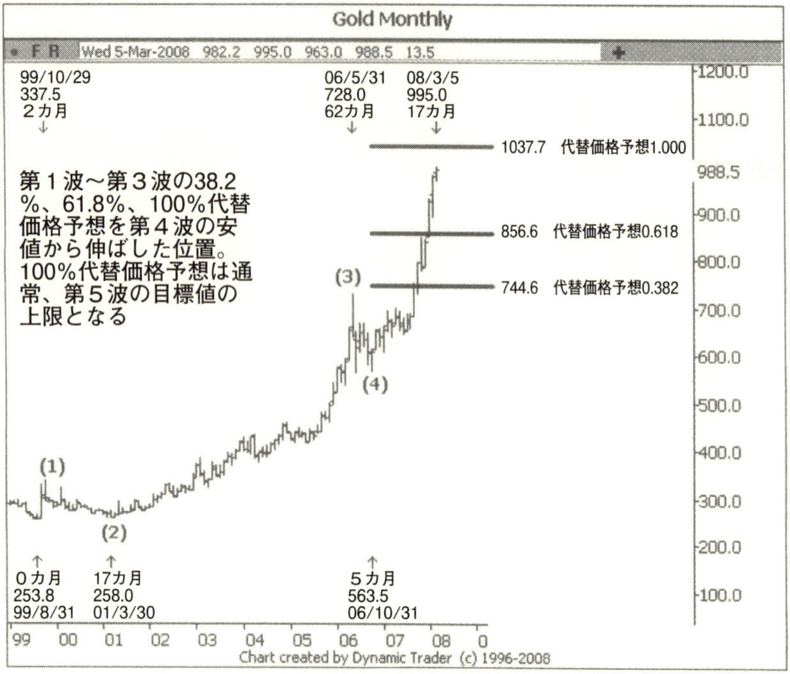

ばすと、２月19日～３月７日という期間を予測できる。

これで高値を探すための２つの時間ゾーンが判明した。２月18～27日と３月７～10日の２つで、さらに３月15日までの延長があり得る（これらの時間の目標値は、短期と中期のタイムバンドとここに示していないいくつかの時間の予測値に基づいて予測している）。

金の高値の予想価格

日足チャートに示した金先物２月限の第５波の高値の予想価格は

955ドルで、最後には1005ドルになった（日足チャートで示した946ドルと997ドルは継続中の建て玉に基づいて設定している）。さらに長い時間枠である月足の波をカウントすれば、高値の目標値は1038ドルとなる可能性が高い。これらはすべて長い時間枠で見たときに５波動の最後の波である第５波であって、翌月以降に上昇が終わることを示しているため、1000ドル近辺で利食うべきだろう（**図8.15**）。

この時点では、まだ金の上昇トレンドの最終段階にあると考えられる。

マイナーの補足説明

ハセルトは12月半ばのチャートに書いたコメントで、ブレイクアウトから新高値への動きをぴったりと当てていた。目標値ゾーンの最高値は997～1038ドル近辺（月足チャート）で、どちらの値も第１波～第３波の100％代替価格予想を第４波の安値から延長して、日足チャートの５波動の第５波や、さらに長い時間枠である月足チャートの第５波を予想している。通常、第１波～第３波の100％代替価格予想は第５波の目標値の上限となることが多い。

これは2008年３月に執筆した。このとき金はハセルトが何週間も前に予想した目標値の下限である995ドルに達していた。また、彼の時間予想によれば、金は３月半ばに最後の高値を付けることになる。少なくとも彼のチャートとコメントによれば、われわれは金の上昇トレンドの最終段階にいると考えられる。この結果は、読者自身で確かめてほしい。

さらなる補足説明

2008年５月に本章の最終チェックをしていたとき、もう一度金の動きを確認したくなった。金は３月17日に1038.6ドルで天井を付けていた（継続中の建て玉）。ハセルトが予想した最終的な高値の時間目標は３月15日で、実際の高値が３月17日、日足の終値の高値は３月14日だった。また、高値の予測値の上限は1038ドルで、３月17日に付けた実際の高値は何と1038.6ドルだった。時間も価格も的中させたのだ。彼が使ったのは本書の教えだけで、それ以外に何か秘密の戦略があったわけではない。この例を見ても本書の戦略に価値が見いだせなければ、本書を閉じて別の仕事を探すべきだろう。

ケリー・シマンスキー（アリゾナ州ツーソン）

S&Pの買いのスイングトレード

長い時間枠　日足

短い時間枠　60分足

ケリーはもともとは不動産の仲介と投資をしていて、そのころから始めた株と先物のトレーディングには10年以上の経験がある。この数年間、彼はハーモニックエッジ（http://www.harmonicedge.com/）というサイトで、S&Pやユーロや米10年物国債をトレードしているデイトレーダーとスイングトレーダー向けに日中のアラートサービスを提供している。本章のすべての例と同様、次のトレードも事後の話ではなく、トレードを手仕舞うまでの間にリアルタイムで発していた助言を紹介している。

シマンスキーは６枚のチャートにトレード戦略とトレード管理のコメントを書き入れて送ってくれた。私はそのなかから重要な情報を抜粋し、彼のコメントを解説文にまとめた。

S&Pの買いトレードのセットアップ――日足のモメンタムが売られ過ぎゾーンにあるときの第３波と思われる波の安値

2008年１月22日に、S&Pは162％代替価格予想のすぐ上で第３波の

図8.16　S&Pの買いトレードのセットアップ

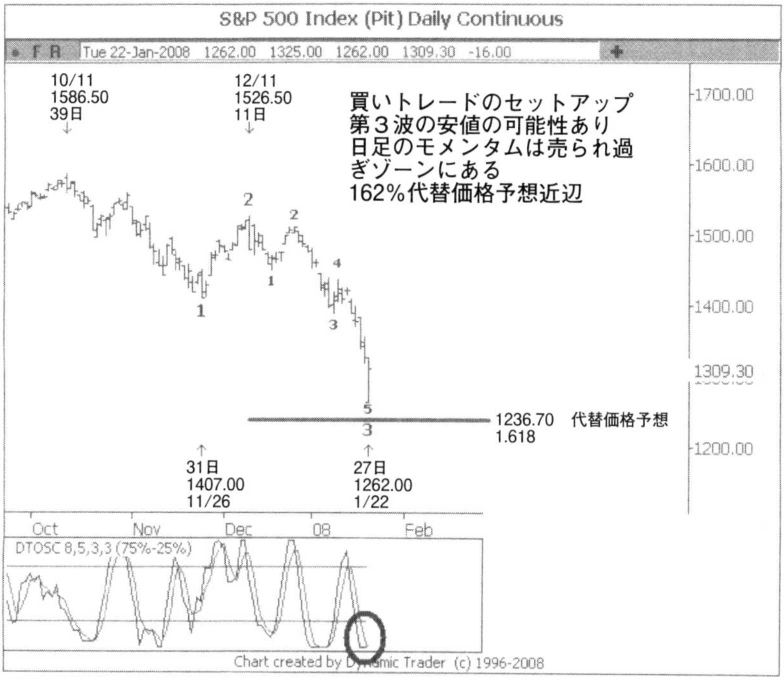

安値を付けたと思われる状態にあり、このとき日足のモメンタムは売られ過ぎゾーンにあった。これは買いトレードの素晴らしいセットアップと言える。この第３波がはっきりと５つの波に分かれていることに注目してほしい（図8.16）。

仕掛け戦略

60分足のデータは、日足が極端な安値を付けた翌日にマイナーなABC調整波動パターンが１月23日に78.6％リトレースメントまで下落

図8.17　S&Pの仕掛け戦略

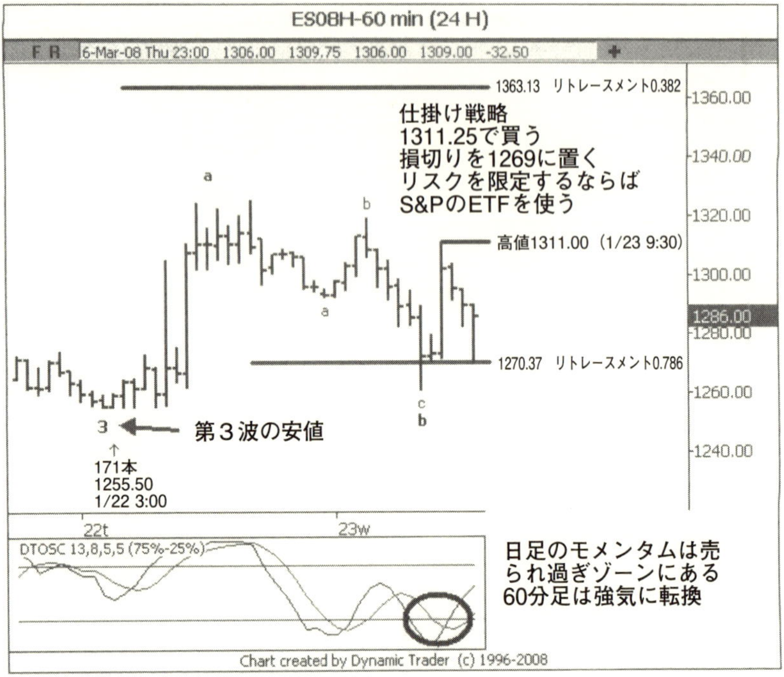

したことを示している。60分足のDTオシレーターのモメンタムは強気に転換した。シマンスキーは仕掛け戦略に従ってマイナースイングの高値よりも１ティック上の1311.00で買い、損切りを小さいスイングの安値よりも１ティック安い1269に置いた（**図8.17**）。これは先物の損切りとしては非常に遠いため、最初のエクスポージャーを小さく抑えたい場合はS&Pに連動したETF（上場投信）を使うように彼は勧めている。

図8.18　１つ目のユニットのトレード管理

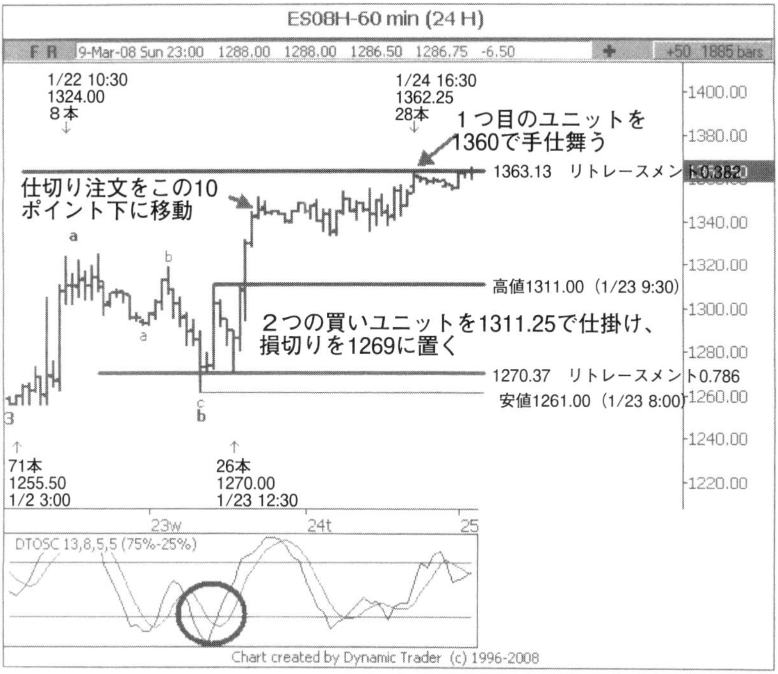

トレード管理

シマンスキーの最初の戦略は、価格が1360（38.2%リトレースメントのすぐ下）に達したら１つ目のユニットを利食いし、２つ目のユニットは1390（50%リトレースメントのすぐ下）で手仕舞うというものだった。しかし、トレンドが進展するのに合わせて仕切り注文を次のように動かしていった。

買いトレードの２つのユニットはマイナースイングの高値の上の1311.125で執行され、最初の損切りを1269に置いた（**図8.18**）。これ

図8.19　2つ目のユニットの手仕舞い戦略

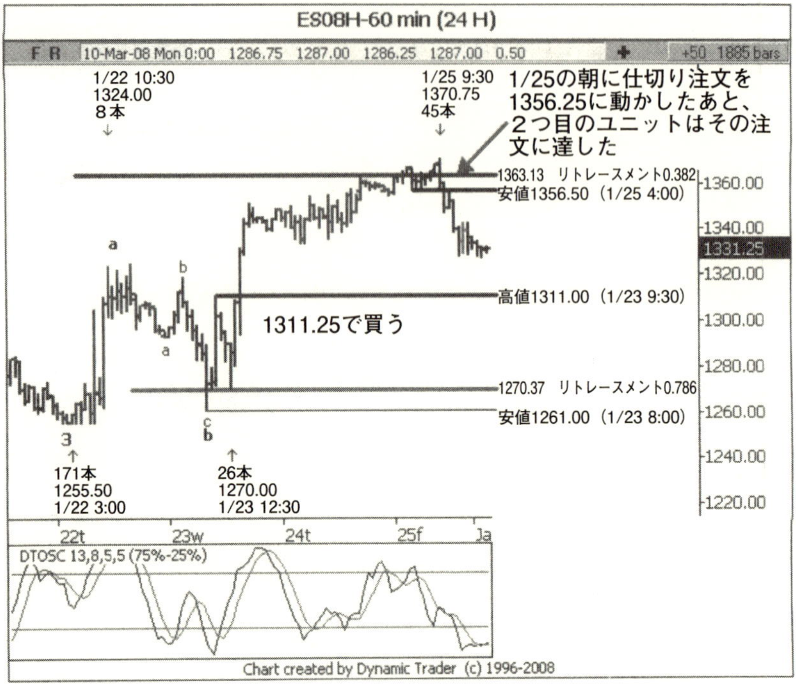

は先物トレードとしては遠い損切りなので、低リスクに抑えたいときはS&PのETFを勧めている。というのも、すべての先物トレードについて、高勝率のセットアップでも最初のエクスポージャーが自分のトレード計画と見合わせて大きすぎる場合は、そのマーケットに対応するETFでもトレードできるようにしておくとよい。セットアップを探すためにかけた労力を、高レバレッジでエクスポージャーが大きすぎるというだけの理由であきらめるのはもったいないではないか。

仕掛けの翌日の早い時間帯に、シマンスキーは仕切りのトレイリングストップを直近の高値よりも10ポイント下に動かすよう勧めている。こうすれば、仕切り注文に達しても多少の利益は確保できる。彼は１つのユニットを1360で手仕舞うよう勧め、その価格にはその日の取引終了間近に達した。結局、このユニットは仕掛けた翌日に1360で手仕舞い、38.75ポイントの利益が出た。

１月25日の朝、彼は２つ目のユニットの仕切り注文をマイナースイングの安値よりも１ティック下の1356.25に動かすよう推奨している。S&Pはすぐには50％リトレースメントまで上昇しなかったものの、２つ目のユニットはこの日の昼前に仕切り注文に達して45ポイントの利益が出た（**図8.19**）。

トレード結果　83.75ポイントの利益

ユニット１の利益　38.75ポイント（先物１枚当たり1937.50ドル、SPYならば3.0％）

ユニット２の利益　45ポイント（先物１枚当たり2250ドル、SPYならば3.4％）

マイナーの解説

シマンスキーは、24時間のデータを使っている。ただ、夜間取引は出来高が少ないうえに短時間で終わる無意味なスイングやボラティリティが多いため、私は通常はピット取引のデータしか見ていない。

彼が１つ目のユニットを手仕舞うつもりだった最初の目標値は第３波の38.2％リトレースメントだった。通常、調整の予想値のなかでもっとも可能性が低いのは50％リトレースメントだが、第４波だけは例外で第３波の38.2～50％リトレースメントになることが多い。彼が38.2％リトレースメントの近く（ユニット１）と50％（ユニット２）で手仕舞う準備を進めた理由はここにある。

このトレードを仕掛けた直後のエクスポージャーは比較的大きいが、

すぐに仕切り注文を調整したためその日の終わりに価格が急上昇したときには多少の利益が確保できるようになっていた。一方、ユニット２の仕切り注文は、仕切り注文に達したときにある程度の利益が確保されるように価格の近くに動かしていた。

ユニット２は、仕掛けから２日目に仕切り注文に達し、２つのユニットを合わせた利益は83.75ポイントとなった。レバレッジなしの利益はユニット１が3.0％で、ユニット２が3.4％、２つの平均は3.2％だった。レバレッジをかけない２日間のトレードとしては悪くない結果と言える。

デリク・ホブス（インディアナ州ウォーソー）

大豆の買いのトレード

長い時間枠　週足

短い時間枠　日足

アリゾナ州ツーソンに住んでいた2002年ごろ、私は友人のラリー・ペサベントの家で初めてホブスに出会った。ホブスはダイナミックトレーダーの長年のユーザーで、ダイナミックトレーダー・レポートも購読していた。ホブスはのちに自身でも『フィボナッチ・フォー・ザ・アクティブ・トレーダー（Fibonacci for the Active Trader）』（トレーディングマーケット・パブリッシング・グループ刊、2004年）というトレーディング本を執筆している。

ホブスは自己勘定でトレードすると同時に、農場経営者にリスク管理やヘッジ戦略などを助言する仕事もしている。チャートは彼が送ってくれたものを再構成したが、トレードの概要や解説はすべて彼自身が書いたものであり、私の解説は括弧内と「マイナーのコメント」「マイナーの解説」にまとめてある。

大豆の買いトレードのセットアップ――価格とモメンタムの支持線におけるABC調整波動パターンの可能性

私は自己勘定のトレーディング以外に、たくさんの農場でリスク管理戦略を開発したり、農作物のヘッジに関して助言をする仕事をしたりしています。私の分析や提案はダイナミックトレーディングの高勝率戦略が軸となっており、分析には次の５つの分野を考慮します。

1．波動分析
2．２つの標準偏差の回帰チャネル
3．フィボナッチ価格ゾーン（支持線や抵抗線を形成する複数の延長とリトレースメントの水準）
4．ローソク足チャート
5．モメンタムのDTオシレーター

冬の間、強い上昇トレンドにあった大豆11月限ですが、2007年４月半ばには大幅に下げていました。生産者の多くは上げ相場が終わったことを心配し、恐怖感が広がっていました。私のもとには「ひどいことになる前に、早めに利食って手仕舞いたいのだが……」といった電話が毎日のように掛かってきました。

分析の結果、私はこれが典型的な３波動の調整（ABC調整波動パターン）だと確信しました。私は、C波が上昇トレンドの回帰チャネルの底で終わる調整が特に好きですが、2007年11月限の大豆は４月半ばの時点でまさにそうなっているように見えました。また、価格のフィボナッチ・リトレースメントや延長の多くが7.60～7.30ドルの間に集まっていることにも気がつきました。これらの支持線ゾーンは回帰チャネルの下限とちょうど重なっています（**図8.20**）。

図8.20　大豆の買いトレードのセットアップ

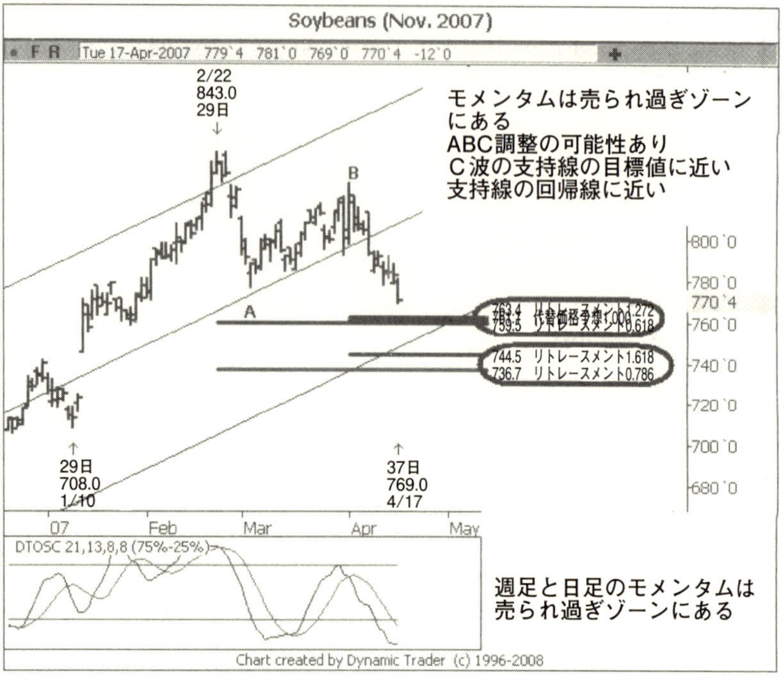

マイナーのコメント

ここにはホブスがチャートに書き込んでくれた予測値（61.8％と78.6％内部リトレースメント、A波の127％と162％外部リトレースメント、100％代替価格予想をB波の高値から延長した値）のなかの一部しか載せていない。もっとも有望なC波の目標値は7.60近辺で、この辺りには61.8％内部リトレースメントや100％代替価格予想など各種の予測値が集まっている。

このチャートの最後の足である4月17日の時点で、週足と日足のモメンタムは売られ過ぎゾーンにあり、価格は回帰支持線のチャネルよりも少し上にあった。回帰チャネルは、ホブスの判断過程のカギとなる要素となっており、本書の戦略に非常にうまく組み込まれていることがこの例からよく分かるだろう。

トレードの仕掛け

農場の人たちには、私ならばその水準では売らずに買いのチャンスを探すと伝えました。農家の場合、これはヘッジをしないでおくという意味です。私は自分の分析に従ってDTオシレーターのモメンタムが強気に転換するのを待っていました。そうなれば、生産者たちが私の分析が正しいことを祈りながら大豆を抱え込んでいたとしても、私は買います。

４月20日、DTオシレーターが強気に転換して仕掛けのシグナルが出ましたが、マーケットはさらに下げてフィボナッチの支持線ゾーンに深く入り込んでいました（ホブスは４月20日に767.25で買って最初の損切りを743.75に置いた。これは回帰支持チャネルの少し下で、ここには載せなかったが彼はいくつかの予測値を書き入れていた）。

もしダイナミックトレーダー・ツールと高勝率の手法を学んでいなければ、このトレードを早々に手仕舞っていたでしょう。しかし、このセットアップは価格がフィボナッチ価格ゾーンと回帰エリアの周辺で上下したとしても有効だということが分かっていたため、そのまま保有し続けました。

私が次に電話攻勢に見舞われたのは、価格が期待どおりに反転したときでした。このときの電話は、どれも「いつ売ればよいのか」という質問でした。強いトレンドがあるマーケットでは、回帰チャネルの中央で半分利食い、残りはチャネルの上限で利食うことを目指しています。この作戦は、これから見ていくように私にとっても私が助言した農場の人たちにとっても非常にうまくいきました。

図8.21　トレード管理

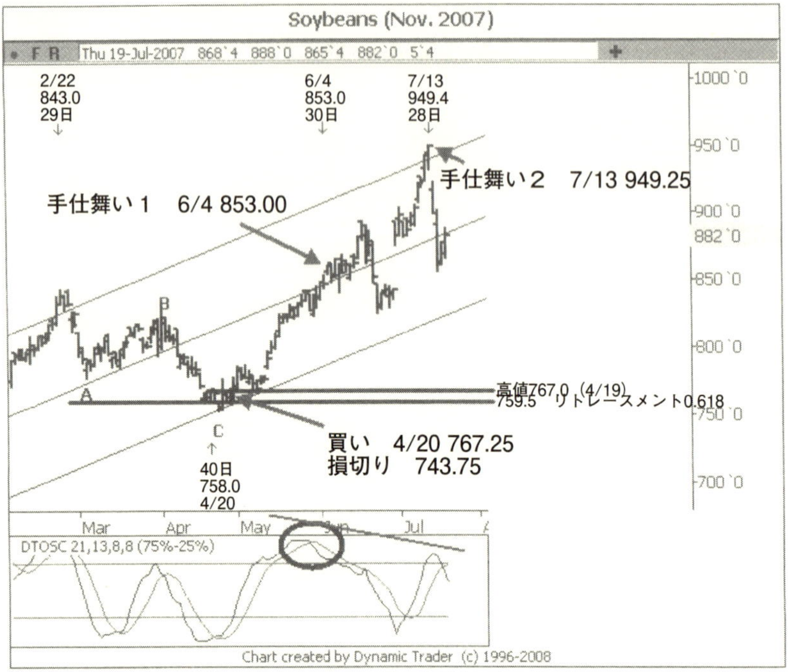

トレード管理

大豆は上昇して支持線ゾーンから上昇したあと、５月８日に765でスイングの安値を付け、３日後に上に窓を空けました。そこで、トントンになるように損切りを動かしました。私はこのような構造（これについては後述する）を使って仕切り注文を調整していくことにしています。この時点で、下に窓を空けないかぎりこのポジションは最低でもトントンになります（図8.21）。

次に仕切り注文を動かすタイミングは、２日間下落したあと力強い

図8.22　トレード管理の詳細

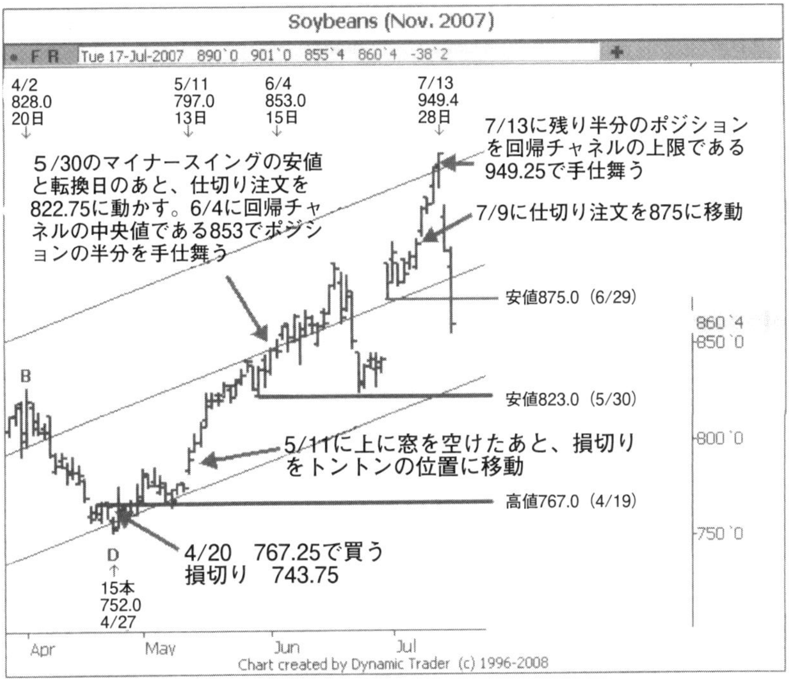

上昇に転じた５月30日で、この日の安値である823に損切りを置きました（売りのあと損切りを移動するためにスイングの安値や構造を検討するとき、私は最低でも２日間下げるまで待つことにしています）。

６月４日、価格が回帰線の中央に達したところで私はポジションの半分を手仕舞いましたが、残りのポジションの仕切り注文は直近の安値である822.75に置いたままにしておきました。

先述のとおり、回帰チャネルの中心線はポジションの一部を手仕舞う目標値となっています。

この目標値に達したら２標準偏差のチャネルの中心ではちゃぶつくことを考慮して十分上下するだけの余地を残しておくことにしています。このトレードでももちろんそうなりました。私は仕切り注文を５月30日の安値から動かしませんでしたが、６月18日～22日に68セント下落すると仕切り注文まであと数セントのところまで近づきました。しかし、６月29日に上に窓を空けたことで手仕舞いさせられる心配はなくなりました。

６月29日に大豆が上に大きく窓を空けてから６日間保ち合いが続いたとき、このあと上にブレイクしたら仕切り注文を保ち合いの下限に動かしたいと思っていました。そして、このときは期待どおり大豆は６日間の保ち合いのあと上にブレイクしたため、私は仕切り注文を６月29日の安値である875に動かしました。

保ち合いをブレイクしてから４日後の７月13日に、大豆は最終的な目標値である回帰チャネルの上限に達しました。私は、２標準偏差の天井に達するとすぐに利食いましたが、これはちょうどよいタイミングでした（**図8.22**）。

これは、失敗しようがないように見える完璧なトレードで、仕切り注文を価格構造の下に置く私のトレイリングストップの手法がお守りのようにうまくいきました。ただ、ボラティリティが高まると、マーケットはこのような構造になっても仕切り注文に達してしまうことがよくあります。それでも一貫して資金管理の原則を守っていれば、マーケットが暴走してもそれをとらえることができ、ちゃぶついた相場でも仕切り注文を動かす戦略を使って最終的には多少の利益か小さな損失で終わることができます。

トレード結果

ユニット１の利益　１枚当たり4287.50ドル

ユニット２の利益　１枚当たり9100.50ドル

マイナーの解説

「大きく稼ぐなら大きなトレンドに乗れ」の好例としてこれ以上のトレードはないだろう。このトレードも、成功するトレーダーが仕切り注文を価格と離しておいて、マーケットが特定の動きをしたときのみ移動させる様子をよく表している。ホブスはマーケットの構造を見て仕切り注文を移動させていたが、「構造」とは何を意味しているのだろうか。彼は、窓を空けたあとやマイナースイングの安値や保ち合いからのブレイクアウトなど、マーケットの動きに基づいて判断を下している。マーケットがこのような「構造」になるかどうかを事前に知ることはできないため、トレード管理計画はトレードの展開に合わせて変更していくかもしれない。ただ、回帰チャネルの中心でポジションの一部を手仕舞ったり、残りをチャネル上限で手仕舞ったりするといったあくまで客観的な部分もある。

このトレードはトレンドを利用してすべてがうまくいく理想的な展開になったが、通常はトレンドがなかったり、ボラティリティが高くて、ちゃぶついて仕切り注文に達して小さい利益か損失で終わることが多いこともホブスは率直に認めている。彼の目的はマーケットがメジャートレンドを形成しているときはポジションを保有し続けることで、この手法はポジショントレードだけでなく、短期トレードやデイトレードにも応用できる。

キャロリン・ボロディン（アリゾナ州スコッツデール）

ES（S&Pミニ先物）の空売りトレード

長い時間枠　15分足

短い時間枠　３分足

図8.23　デイトレードのセットアップ

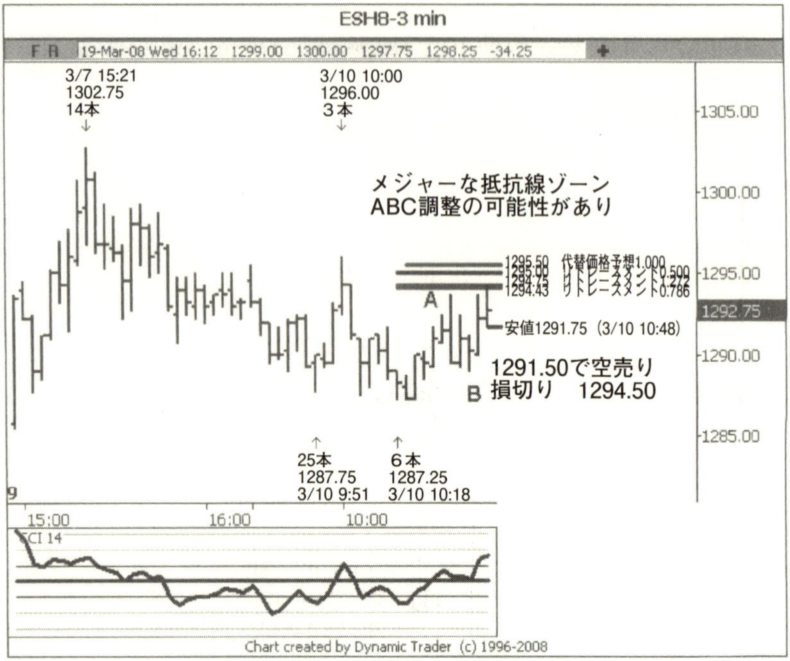

長年の友人であるボロディンは、デイトレードに関するサイトでチャットもできるフィボナッチクイーン（http://www.FibonacciQueen.com/）を主宰し、『**フィボナッチトレーディング――時間と価格を味方につける方法**』（パンローリング）という著書もある。彼女は10代でシカゴ商業取引所（CME）の電話番の仕事を始めて以来、トレーディング業界一筋である。1990年代初めには、短期間だがアリゾナ州ツーソンの私の会社で働いていたこともある。

ボロディンは、指数先物と非常に短期のデイトレードが専門で、彼女にとって15分足は長期と言える。私が連絡を取ると、彼女はその日のうちにデイトレードのチャート数枚と簡単な説明文を送ってくれた。私はこのなかから2008年３月10日のESのトレードのチャートを再構成して補足説明を加えた。

空売りトレードのセットアップ

図8.23は３月７日金曜日から３月10日月曜日の朝にかけたESの３分足チャートで、ESはABC調整波動パターンの高値を付けたかもしれないメジャーな抵抗線エリアに達している。ボロディンは、これを２ステップパターンのセットアップと呼んでいる。この抵抗線エリアには３つのマイナーな100％代替価格予想と、Ｂ波の127％外部リトレースメント、３月７日の高値からの50％リトレースメント、３月10日の朝早く付けた高値からの78.6％リトレースメントなどが含まれている。ボロディンは、いくつかの100％代替価格予想が非常に狭いレンジを形成するとき、これをシンメトリーセットアップと呼んでいる。

ボロディンは通常、２つのタイプの仕掛けトリガーを使っている。ひとつはマイナースイングの安値を下回る下落、つまり先に学んだトレイリング・ワン・バー安値で、もうひとつはCCI（商品チャネル指数）のセットアップ（この場合は３分足の14本CCIがゼロの線を下抜いたとき）である。彼女は、仕掛けと手仕舞いの条件を探すときにCCI指数を頻繁に使っている。本書ではCCIの説明は省略するが、これは一般的な指数なのでインターネットやトレード教材などで紹介されている。ボロディンは、CCIのセットアップとトリガーについて、著書の『**フィボナッチトレーディング**』（パンローリング）で詳しく述べている。

トレードの執行と仕掛け戦略

図8.24には、トレードが仕掛けられたときまでの３分足を追加してある。トレイリング・ワン・バー安値（直近の足の安値）である

図8.24　デイトレードの実行

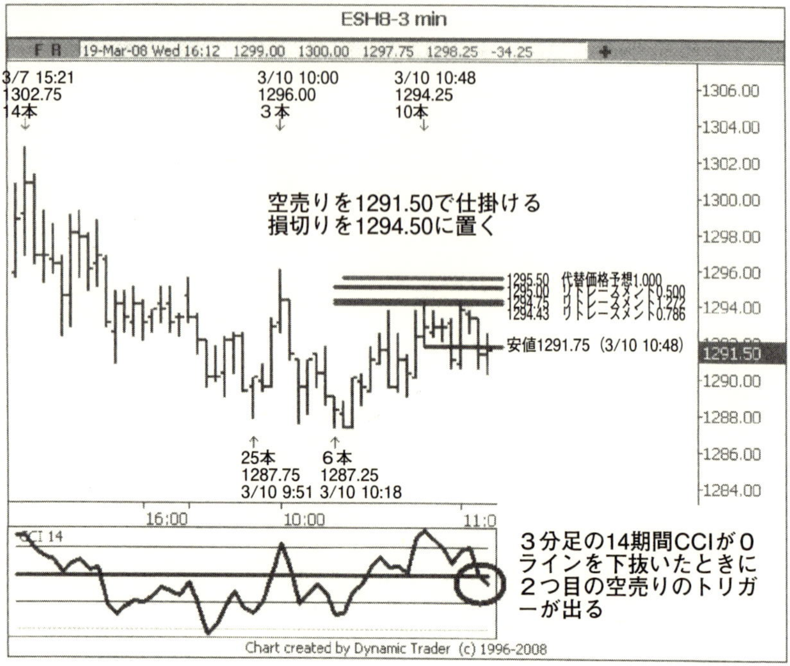

1291.75ドルを下回ったところで空売りを仕掛け、損切りを直近の高値よりも１ティック上の1294.50ドルに置いた。ESはそのあとのスイングで1294.25ドルの高値まで上昇したが、損切りまでは達しないで下落に転じた。３分足の14本CCIはすぐにゼロの線を下抜いて、前にトレイリング・ワン・バー安値で仕掛けた1291.50ドルよりも２ティック下で新たな仕掛けポイントを示した。

図8.25は、手仕舞いまでの足を示している。ESはほぼすぐに急落して１時間ほどで100％代替価格予想に達した。そして、次の足でト

図8.25　デイトレードの手仕舞い戦略

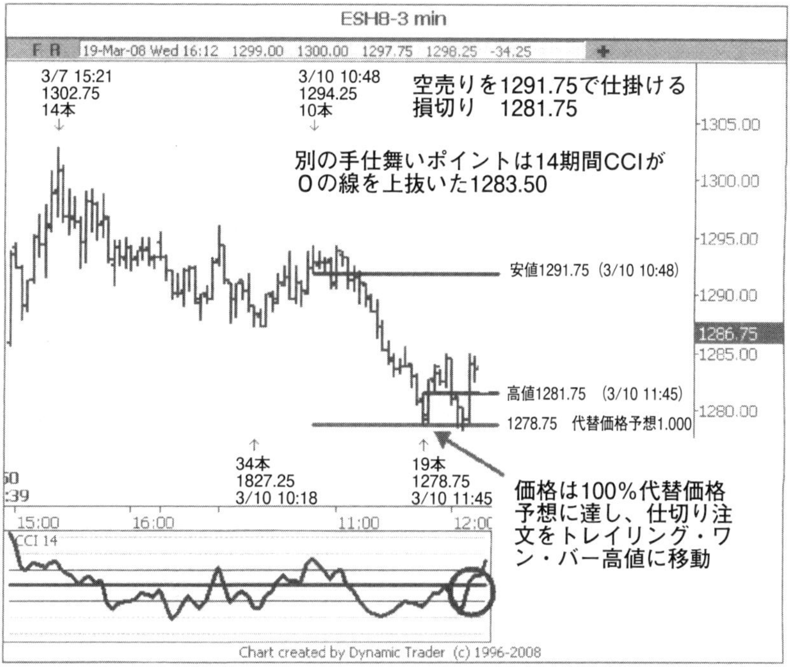

レイリング・ワン・バー高値よりも１ティック上の1281.75ドルに置いた仕切り注文に達した。ちなみに、そこから足２～３本後に３分足の14期間CCIが０の線を上抜いたところを手仕舞いポイントとしてもよい。

トレード結果

複数のユニットは使用せず

１枚当たり10ポイント（500ドル）

どんなマーケットでも、どんな時間枠でも

ボロディンが提供してくれたトレード例には複数のユニットを使った戦略は含まれていなかった。彼女はすべてのデイトレードで１時間以内に10ポイントの利益が上がるわけではないことを認めている。しかし、日中に調整の高値や安値が付けば、そのあとは速い動きになることが多く、空売りは特にそうだ。彼女は通常、時間と価格の目標値のみを使って仕掛けや手仕舞いのセットアップ用に高値や安値を探し、執行のトリガーとしてCCIを使うことが多い。ただ、週足や日足のように時間枠が長くても、反対に３分足のように非常に短くても（この例のようなデイトレードなど）、トレード計画の概要は同じだということを覚えておいてほしい。

ジェイム・ジョンソン（カリフォルニア州エンシニータスとコロンビアのボゴタ）

米ドル・加ドル（USD/CAD）の空売りトレード

長い時間枠　日足

短い時間枠　60分足

ジョンソンは、カリフォルニア州エンシニータスとコロンビアのボゴタを行き来する生活を送っている。トレード歴は約８年で、この２～３年は主にFXのスイングトレードをしている。彼は、本書で教えている高勝率トレード戦略を基礎からしっかりと学び、当社が発行しているダイナミックトレーダー・レポートのチーフテクニカルアナリストを務めている。彼がFXトレードのために60分足よりも短い時間枠を使うことはほとんどない。ジョンソンは、ダイナミックトレーダーズグループが主催する「ノー・BS・フォレックス・トレーディング」という総合的なFXトレーディングセミナーの運営も手がけている。

図8.26　USD/CADの空売りトレードのセットアップと１つ目のユニットの手仕舞い戦略

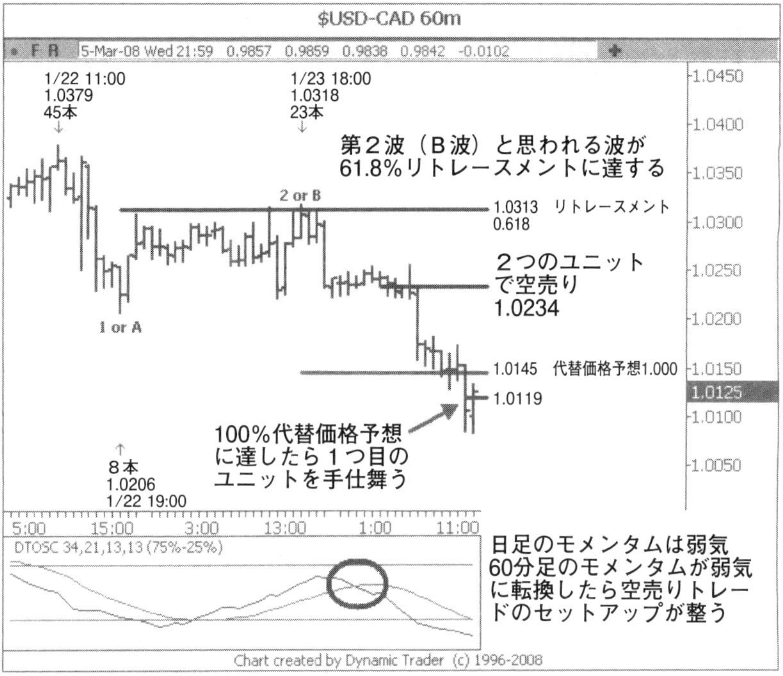

トレードの説明はジョンソン自身によるもので、私のコメントは括弧内と「マイナーの解説」にまとめてある。

セットアップ――長い時間枠である日足のトレンドが弱気で、短い時間枠である60分足のモメンタムが転換した

長い時間枠である日足の13日DTオシレーター（モメンタム）は弱気で、１月22日の高値は複数日に及ぶ調整の高値の位置にありました。

１月22日の安値は、マイナーな第１波（A波）の安値で、１月23日

図8.27　2つ目のユニットのトレード管理

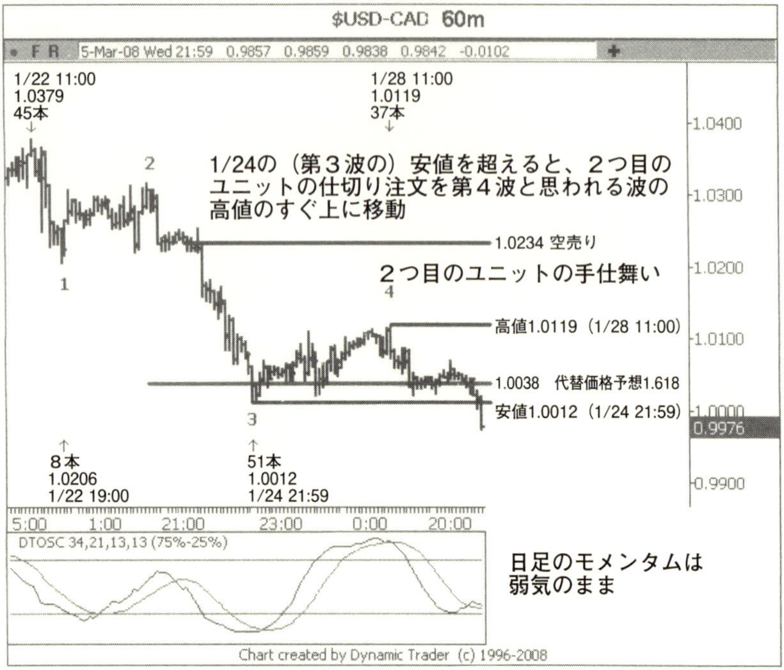

の高値はマイナーな第２波（Ｂ波）の高値の位置にありました（**図8.26**）。どちらの場合も、少なくとも短期間（１～２日）は下落する可能性が高いでしょう。60分足の34期間DTオシレーターが弱気に転換したあと、私は１月24日に米ドルを1.0233ドルで空売りを２つのユニットに分けて仕掛けました。損切りは、１月23日の第２波（Ｂ波）の高値からアスクとビッドの差プラス５ピップス上の1.0328ドルに置きました。

Ｃ波が典型的な目標値である第１波（Ａ波、１月22日）の100％代

図8.28　2つ目のユニットの手仕舞い

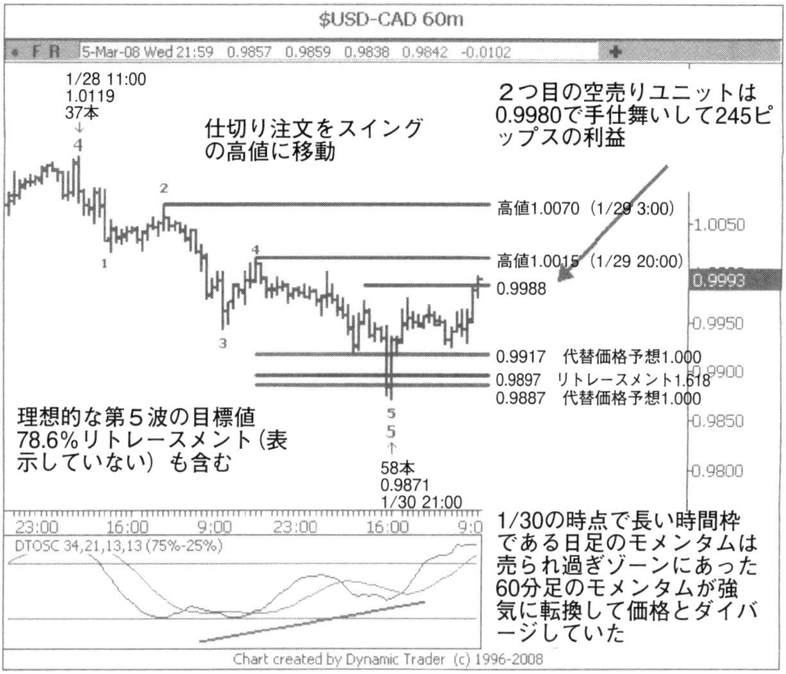

替価格予想（1.0145ドル）まで下落したため、私は一方のユニットの仕切り注文をマーケットよりも10ピップス上に動かしました。また、２つ目のユニットの仕切り注文はトントンになるところに動かしました。１つ目のユニットは1.0119ドルで仕切り注文に達し、114ピップスで利食いました。

2つ目のユニットのトレード管理

米ドルが下がり続けると、価格パターンは調整よりもトレンド的な特徴を帯びてきます。この下落は単なるABC調整波動パターンではなく、通常は最低でも5波動から成る下降トレンドである可能性が高いでしょう。1月24日の第3波の安値を超えると、2つ目のユニットの仕切り注文を1月28日の第4波の高値よりも2～3ピップス上に動かします（**図8.27**）。

仕切り注文の調整

第5波が形成されて5波動パターンが現れても、仕切り注文はそれまでと同様にマイナースイングの高値よりも2～3ピップス上に動かしていきます。1月30日の安値が5波動の第5波の安値のパターンを示し、長い時間枠の日足の13期間DTオシレーターが売られ過ぎゾーンを下回っていたため、損切りを直前のマイナースイングの高値だった0.9972ドルよりも2～3ピップス上に動かしました。しばらくして2つ目のユニットは0.9980ドルで仕切り注文に達し、245ピップスの利益が出ました（**図8.28**）。

トレード結果　359ピップスの利益

ユニット1の利益　114ピップス

ユニット2の利益　245ピップス

マイナーの解説

この例の最初のチャートには、1月22日の高値から始まる2つのスイングに第1波（A波）、第2波（B波）と記してある。もし米ドルがABC（あるいはそれ以外の）調整を形成するか、下降トレンドが始まっていれば、ジョンソンに特に意見はなかっただろう。いずれにしても、下落が続いて第3波（C波）を完成するセットアップになっているからだ。彼は、マーケットが100％代替価格予想に達すると、一方のユニットを素早く利食った。もし米ドルが単にABCかそれ以外の調整であれば、ここが典型的な目標値となる。短期のユニットを利食ったら、２つ目のユニットの仕切り注文をトントンになるところに動かす。そうすれば、仮にマーケットが急に反転して上昇したとしても２つのユニットを合わせれば最低でも多少の利益は確保できる。

米ドルは急落を続け、典型的な第３波の目標値である162％代替価格予想でやっと安値を付けた。日足のモメンタムはまだ弱気で売られ過ぎゾーンにはないため、このトレンドはまだ続く可能性が高い。ジョンソンは、第３波と思われる波の安値を超えた１月22日まで仕切り注文を価格の近くに動かさなかった。このことも、経験を積んだトレーダーと積まないトレーダーの違いを示す好例と言える。経験豊富なトレーダーは、テクニカル上で論理的な理由が出現するまでは仕切り注文をマーケットの動きから比較的遠くに置いておく。

米ドルは第４波の高値と思われる１月28日から下げ続けたため、ジョンソンはそれまでよりも頻繁に仕切り注文を動かし、マイナーなスイングの高値を付けるたびにそのすぐ上に移動していった。１月30日に米ドルはメジャーなリトレースメント（78.6％）で５波動のなかのマイナーな第５波の目標値に達したうえ、長い時間枠である日足のモメンタムも売られ過ぎゾーンに入った。これで米ドルは５波動トレンドを完成する位置に達したため、ジョンソンは２つ目のユニットの仕切り注文をマーケットに近づけた。このトレードは、１月31日に仕切り注文に達し、245ピップスで利食った。

トレードを管理するための行動は、すべてマーケットの展開に合わせて価格とパターンとモメンタムの位置から理論的に導いた結論に従っている。この期間に、米ドルは教科書どおりのエリオット波動を形成したように見え、トレンドの位置を判断する助けになった。もちろん、いつもこうなるわけではないし、これが判断を下すための必要条件でもないが、有望なパターンが形成されているときは、その位置を認識できれば助けになる。

本章のまとめ

本章では、本書で紹介した高勝率トレード戦略を使っている世界中のトレーダーがさまざまなマーケットや時間枠で行ってきたトレードを見てきた。ここに登場したトレーダーは、トレードを始めてまだ日が浅い人から経験豊富な人までさまざまな人がおり、このなかには本書では取り上げなかったテクニカル指標を使っている人もいる。また、それぞれにトレード計画も少しずつ違うが、どれも本書で紹介している戦略を論理的に応用したトレード管理戦略に基づいている。

ほかにもたくさんのトレード例が寄せられたが、残念ながら限られた紙面にすべてを載せることはできなかった。高勝率トレード戦略のウエブサイト（http://www.highprobabilitytradingstrategies.com/）を定期的にチェックしてもらえば、多くの生徒が提供してくれた最近のトレード例を使って学べるようになっている。

第9章

トレーディングという仕事やそのほかのこと

The Business of Trading and Other Matters

トレーディングもほかの仕事と何ら変わらない。

どのような仕事でも、プロとして成功するためには知識と経験が必要とされる。すべての仕事と同様、トレーダーも現時点までに入手している情報を基に判断を下したり仕事を管理したりするための計画を立てなければならない。

そういう意味では、トレーディングもほかの仕事と何ら変わらないのだ。ほかの仕事では時間をかけて学んで成功した人でも、その多くの人がトレーディングだけは別だと思っていることに私はいつも驚き、いらだちを覚えている。彼らはほかの仕事と同じような努力をしなくとも、トレーディングならば短時間で簡単に学べてお金持ちになれると信じているのだ。しかし、トレーディングもほかの仕事と同じで、習得するまでには時間がかかる。知識と経験を積み重ねて、トレード計画を立て、検証と評価と反省を繰り返して初めて向上できるということにおいてはほかの仕事と何ら変わらない。トレーディングの良い点は、資本を大きなリスクにさらさないでも知識と経験を積むことができることにある。学んでいる間は、レバレッジの掛かっていないマーケットで少ない金額を小さいリスクでトレードしていけばよい。このようなことができる仕事はほかにはあまりない。

成功するためにはすべきことがある。トレーディングもほかの仕事と同じように取り組もう。

手順とトレード記録

毎日トレーディングにかける時間は、使っている時間枠とトレードしているマーケットの数によって変わってくる。もしデイトレーダーであれば、トレード画面の前に１日５～６時間座って素早く判断を下していくことになるだろう。また、日中のデータに基づいて判断を下すスイングトレーダー（トレード期間は通常２～３日）ならば、最低限の条件が整ったときだけマーケットを見ればよいため、画面を見る時間は１日１～２時間程度だろう。そして、月足や週足や日足のデータを使うポジショントレーダーならば、毎晩データやチャートをざっと見てセットアップの条件が整っているかどうかを見るのに30分程度を見ておけばよい。株やETF（上場投信）を複数のマーケットでトレードしているのならば、もう少し長くかかるかもしれない。

どんな時間枠でトレードしていても、手順は変わらない。１日の初めにトレードの最初の条件が整ったか、それに近い状態のマーケットがあるかどうかを確認する。そして、条件が整ったら仕掛けの注文を出す。それが執行されて損切りに達しなければ、トレード計画に従って観察を続け、マーケットの進展に合わせて仕切り注文を動かしていく。この手順は５分足や15分足を使ったデイトレードでも、週足や日足を使ったポジショントレードでもまったく同じである。

このなかで重要なカギとなるのは、たとえデイトレーダーであっても分析と予備的な判断はマーケットの取引時間外にしておくということだ。スイングトレーダーやポジショントレーダーは２～３日から数週間のトレード期間中に、トレードしているマーケットで毎日新しい情報がたくさん出てくるわけではないため、１日に下す判断の数はそう多くはない。しかし、デイトレーダーであっても、１日の初めにセットアップが整う可能性がもっとも高いマーケットを探して、計画を立てたうえでトレードを始めなければならない。

成功を続けているトレーダーは、すべてのトレードを記録している。トレードを検討した理由や執行の状況、トレード管理計画などについて多少なりともメモを残しているのだ。記録は簡単でも詳細でもよいが、トレードの経緯を記録しておかなければならない。ブローカーの月間手数料の明細はこの代用にはならない。これにはトレードがリストアップされてあるだけで、仕掛けや手仕舞いの理由までは載っていない。

私は、以前は非常に詳細な日誌をつけていた。当時はエクセルでフォーマットを作り、トレードを検討した条件から仕掛け戦略、すべての仕切り注文の移動を含むトレード管理まですべてを記録していた。ここには最低でも仕掛けたときのチャートと手仕舞うまでのチャートを添付していた。この日誌は今では簡単な形に進化している。理由は、年月をへて私のトレード計画と判断を下すのに必要な情報が以前よりも簡素化したことがある。

私のトレード計画は、非常に細かくて複雑なギャン理論やエリオット波動、チャート解析、時間、価格戦略などを織り込んだ非常に複雑なものから、本書で紹介しているような単純なものへと進化していった。最近では、トレードのたびにチャートに直接メモを書き込んでプリントアウトしている。そこにさらに手書きで書き込むこともある。もし最初の損切りに達しなければ、トレードの進展に伴って重要な判断を下したときのチャートにメモを書き込んで１～２枚プリントアウトしておく。これらのメモ付きチャートをバインダーにとじておけば、すべてのトレードの完全な記録を残すことができ、あとで見直すことができる。

この方法ならば、トレード記録を素早く簡単に保存できる。素早く簡単にできるということは実行可能だということで、必要な情報がすべて記録される。複雑で細かい手順では常に保存することは難しいかもしれない。自分の性格に合ったトレードの記録方法をぜひ確立してほしい。言い換えれば、これはあとでトレードを見直すために必要なすべての情報をその都度必ず記録することができる体制を整えるということでもある。

非常に短期のデイトレーダーやスイングトレーダーの場合は、手仕舞ったあとで１枚のチャートに必要なことを書き込んでプリントアウトするだけでも十分かもしれない。たいていのトレーディングソフトにはチャートに直接書き込むかドロップダウンに書き込める機能が付いていると思う。あるいは、トレードを執行したときにチャートをプリントアウトしてそこに重要なポイントをメモしておけば、１日の終わりには完全なトレード記録ができている。

また、トレード記録をつけるための市販のプログラムもある。自分の好みに合うものがあるかもしれないので、一応内容を確認しておくとよいだろう。私自身はチャートに直接書き込む方法が一番気に入っているが、トレード記録ソフトで詳細な情報を系統立てて記録するほうが好きな人もいるかもしれない。

執行したトレードは、定期的に見直す必要がある。これはどのような仕事でも成功するためには実行しなければならないことと言える。短期トレーダーならば１週間に一度は見直しをしてほしい。スイングトレーダーやポジショントレーダーならば、総合的な見直しは１カ月に一度でよいだろう。どのような方法でトレードを記録していても、あとで（それがたとえ数年後でも）情報を引き出して、仕掛けた理由や手仕舞うまでのあらゆる段階における管理が分かるようにしておかなければならない。

成功するトレーダーと失敗するトレーダーの主な違いのひとつに、成功するトレーダーはみんなトレード記録をコメントと合わせて残すための何らかのシステムを持っているが、失敗に終わるトレーダーは持っていないということがある。記録し、見直し、評価する。選択の余地はない。優れたトレード記録が成功を保証するわけではないが、それをしなければ間違いなく失敗する。もし成功するチャンスを望むのであれば、しっかりと記録をとってほしい。

常に成功しているトレーダーはみんなトレードを記録するシステムを確立しており、そこにはトレードの仕掛けから手仕舞いまでをいつでも見直すことができる十分な情報が含まれている。

勝つトレーダーと負けるトレーダーがいる理由

トレーダーが失敗する主な理由はトレード計画を立てていないことだと私は考えている。成功しているトレーダーはみんな紙に書いたトレード計画を持っているが、失敗するトレーダーの多くはそれを持っていない。トレード計画自体が成功を保証するわけではないが、それがなければ間違いなく失敗する。

トレード計画には、判断を下すために必要な過程と情報の概要を記しておく。トレード計画がなければ、関連する情報を得たときに、一貫した手法に基づいて一貫した判断を下すことができない。トレード計画は、トレードを仕掛ける前に順守すべきルールを書き出しておく（特別に詳細なものである必要はない）。ただ、少なくともトレードを検討する前に整っていなければならない最低限の条件と、客観的な仕掛け戦略と、手仕舞うまでの管理の細かい方針は含まれていなければならない。

トレード計画を作成するためのさまざまな要素はこれまで本書を通して学んできた。２つの時間枠のモメンタムを使ったセットアップも、トレードを検討するための最低限の条件を探す方法のひとつだ。また、最低限の条件が整ったときに用いる客観的かつ具体的な仕掛け戦略も学んだ。さらに、トレードを手仕舞うまで仕切り注文を移動するために、時間や価格やパターンやモメンタムの条件を探す方法も学んだ。トレードが進んでいくとその都度その都度で判断を下さなければならなくなるが、その判断は仕掛けた当初の理由と関係のない気まぐれな恐怖や強欲によるものではなく、マーケットの現在位置に沿ったものでなければならない。

なかには「それならトレード計画を教えてくれればよいではないか」と言う人もいるかもしれないが、それはできない。理由はいくつかある。まず、それをしてもおそらくだれもその計画には従わないだろう。人は判断を下さなければならないときになると、客観的なルールはなどと言い出したり、根拠のないことにとらわれてしまうことがよくある。

このように他人の計画に従うのは非常に難しいのだ。何年か前に、私は２年間ほどアドベンチャーレースの訓練を受けてレースに参加した。これは24時間ノンストップでマウンテンバイクやハイキング、ランニング、カヤック、ラペリング、ランドナビゲーションなどを行うかなり過酷な競技だ。私は耐久訓練に関する本を数冊読み、訓練の重要な原則を理解した。そしてバイクとランニングの耐久力をつけるように思い、その日々のトレーニング計画を作成するために、数カ月間トレーナーについた。週末になるとトレーナーから翌週のトレーニング計画が電子メールで送られてくる。実は私はこれを厳密には守ってはいなかった。トレーナーの計画書はすべきことの指針にはなっていたが、実際にはそれを自分のその日の体調に合わせて手加減した日が多かったからだ。トレーニング計画は、集中力を維持する役に立った。ただ、私は計画の指針から外れない範囲で、その日の気分に合わせて内容を変更した。トレーナーの計画は私の耐久力を向上させるためのカギとなっていたが、多少の変更を加えることでトレーニングの進展、もしくは少なくともトレーニングを続ける動機と関心を維持する効果があったと思っている。言い換えれば、私はトレーナーの計画を基に自分自身の計画を作っていたのだ。かくも、他人の計画にそのまま従うのは非常に難しいのである。

２つ目に、最初は私が提案するものよりも厳格で客観的な計画から始めたい人もいると思う。より客観的な規則に見合う計画を使えば、セットアップの条件が整う回数は減る代わりに勝率が上がるかもしれない。通常、ルールが増えると仕掛ける回数は減るが、勝率は高くなることが多い。そして経験を積んだあとでルールや指針を緩めて、それまでに得た知識をその場その場で臨機応変に応用していけばよい。

これまでの章に、トレード計画を作成し、必要なときに判断を下すためのすべての情報は書いてある。トレード計画のカギとなる要素をすべておさらいして、自分に合った具体的な計画を立てるための指針としてほしい。

トレード計画のカギとなる4つの要素

1. **客観的なセットアップの最低限の条件**　トレードを検討するために整っていなければならない最低限の客観的な条件は何か。私は、本書で紹介した２つの時間枠のモメンタムセットアップが、トレードの可能性を客観的に探るためにトレード計画に含めるべきもっとも優れた条件だと考えている。ここでは、２つの時間枠を使ったセットアップが論理的で客観的だということがカギとなる。これはうまくいく。２つの時間枠のモメンタムによる条件は、私がこの20年余りで発見した最高のフィルターだと思っている。

2．**客観的ではないセットアップの条件**　セットアップを探すときにはパターンと価格と時間の位置も考慮するが、これらは客観的にも主観的にもなり得る。パターンの最低限の条件は、調整やトレンドが終わることを示唆する形になっているのだろうか。価格や時間は調整やトレンドが転換する典型的な目標値に達したのだろうか。判断は下さなければならないが、それは前章までに学んだとおり絞り込んだ指針のなかで行う。

3．**客観的な仕掛け戦略**　私は、仕掛けの条件がそろったあとは客観的な仕掛け戦略を用いるべきだと固く信じている。言い換えれば、そのトレードをどの価格でどのように執行して最初の損切りをどこに置くかは自分で判断しなくてよい。本書では、トレイリング・ワン・バー戦略とスイングエントリー戦略という２つの客観的な仕掛け戦略を学んだ。これ以外は必要ないと思う。

4．**トレード管理と手仕舞い戦略**　トレードは手仕舞うまでの間、どのように管理していけばよいのだろうか。トレードの判断のほとんどはここで行われる。そこで、トレード計画のこの部分を極めて客観的にしておくとよい。例えば、１つ目のユニットの損切りは、短いほうの時間枠のモメンタムが長いほうの時間枠のトレンドと反対方向に転換したあとでトレイリング・ワン・バー安値やトレイリング・ワン・バー高値に動かすとか、価格が100％代替価格予想に達したら動かすなどと決めておくのだ。これらは客観的な手仕舞い戦略として役に立つだろう。

しかし、最大限の知識と経験を得るためには、価格と時間とパターンの位置をトレード管理戦略の一部として考えなければならない。そして、この判断はマーケットの進展に沿った具体的な状況に応じて下すことになる。第８章で紹介したトレーダーの戦略を含めて、これまでの章のトレード例から学んだように、トレード管理計画はトレードが進展してマーケットが新しい情報を提供すれば変わることもある。

トレード管理の非常に重要な部分は最低でも２つのユニットでトレードするということで、１つは短い時間枠の状況に応じて手仕舞い、２つ目は長い時間枠の状況に応じて手仕舞う。短い時間枠で手仕舞うユニットのほうは客観的な手仕舞い戦略を使い、長い時間枠のほうはトレードの進展に沿ったマーケットの現在値の位置に基づいて判断を下す戦略を使っていく。

この４つの要素はどのようなトレード計画にも当てはまる。これまでの章のトレード例で、自分に合うトレード計画を作成して４つの要素に基づいて判断を下すために必要なすべてを学んできた。

他人のトレード計画をすべてまねしたり、トレードシステムを買ったりして、成功をお金で買えるという考えにだまされてはならない。成功するためには知識と経験を身につけ、４つの要素を含む自分に合ったトレード計画を作成することが唯一の方法なのである。

成功したトレーダーはみんな紙に書いたトレード計画を持っている。失敗したトレーダーの多くはそれを持っていない。

技術、時間枠、マーケット、レバレッジ

最高の利益を上げられる可能性が高いのはどの時間枠なのだろうか。トレードするのにもっとも良いマーケットはどれなのだろうか。

この10年ほどは短期トレードが主流で、特に高いレバレッジを掛けたデイトレードに人気がある。ほんの何年か前まで、高いレバレッジを掛ける先物トレーダーを含めてトレーディングの時間枠は２～３日から２～３週、２～３カ月が多かった。今日、これらはスイングトレ

ードやポジショントレードなどと呼ばれるようになった。リアルタイムのデータは、少なくとも1990年代初めまでは非常に高額で、手数料も比較的高く、コンピューターも高かった。そしてリアルタイムのトレーディングソフトもほとんどなかった。ところが、この状況が1990年代半ばに急変した。

私が1980年代にトレーディングを始めたとき、チャート用のプログラムを持っている人はあまりいなかった。みんな製図用紙に手書きでチャートをつけたり、チャートサービスを購読して１～２週間ごとに郵送で送られてくるチャート集を手書きで更新したりしていた。私は証券会社に通ってチャート集の15分足チャートを15分ごとに更新していたこともある。

当時は、オンラインのトレーディングプラットフォームで注文を出すこともできなかった。注文を出すには、まずブローカーに電話を掛け、ブローカーが取引所の担当者に電話をして、それから注文が執行され、執行価格を知らせる電話が掛かってきていた。ブローカーに電話をしてから注文が執行されるまでには時間差があるため、執行価格はトレーダーが判断を下したときとは２～３ティック離れていることが多かった。そしてこのサービスには先物１枚当たり高ければ100ドル程度の手数料がかかっていた。

現在では、リアルタイムのデータが非常に安く手に入り、望めば１分足チャートさえある。

また、さまざまな優れたトレーディングソフトを使って即時注文することが可能で、手数料も先物ならば１枚当たり３ドル程度、株式ならば１株当たり１セント程度に設定されている。この金額ならば１日で数十回トレードすることもできる。また、FX取引のなかには100倍のレバレッジを掛けられるものもある。技術の驚くべき進歩によって、時代は大きく変わった。それでは成功するトレーダーの割合もかつてよりも増えたのだろうか。おそらくそんなことはないだろう。もしかすると手書きでチャートを作成していた時代よりも成功する確率は下がってしまったのかもしれない。

トレーダーの70％以上（90％以上という統計もある）が数カ月以内にトレード資本のすべてか、もしくはほとんどを失うという統計結果をおそらく聞いたことがあるだろう。正確な数字は分からないが、20年以上トレーディングを教えたりブローカーと話したりしてきた経験から言えば、この割合が近年改善したということはあり得ないと思う。あるブローカーは、95％以上のトレード口座が損失を出して６カ月以内に解約すると自信満々に言っていた。新しい技術やソフトウエアやリアルタイムのデータサービスによって成功するトレーダーが増えたわけではない。新しい技術によって、より多くの情報をより速く受け取ることができるようになっただけなのだ。どのような時代になっても、トレーダーが現在時点での情報を基に判断を下す方法を学ばなければならないという部分は変わらない。

レバレッジには非常にプラスの効果と非常にマイナスの効果がある。もしマーケットの正しい側にいれば、レバレッジが利益を倍増させてくれる。しかし、もし間違った側にいれば、すぐにマーケットから追い出されてしまうことにもなりかねない。陽があるところには必ず影もある。

次の文は心して読んでほしい。もしレバレッジをかけていないトレードで利益を出せなければ、レバレッジを掛けてもけっして利益は出せない。先物でもFXでも株でもレバレッジを掛けて安定的に利益を上げることができないのならば、まずはレバレッジを掛けないマーケットでトレードを学ぶべきだろう。そうすれば、経験を積んでトレード計画を作成するためのコストを最低限に抑えることができる。ほとんどの主要な金融市場には、それに連動するETFや投資信託があり、このなかには主要な株価指数や債券や金や通貨だけでなく、一部の商品も含まれている。これらを使って小さなポジションを建てて経験を積み、トレード計画を作り上げていけばよい。そしてトレード計画が完成して経験も積み、レバレッジを掛けないトレードで利益を上げられるようになれば、その知識と経験とトレード計画をレバレッジが掛かった株の先物やFXや株の証拠金取引や信用取引に応用すればよい。

トレード計画の作成方法を学ぶのに大きな資本や大きなリスクは必要ない。もちろん小さな資本でレバレッジを掛けなければ大金を儲けることはできないが、学ぶ過程で大金を失うこともない。しかし、学んでいる過程でレバレッジを掛けてトレードすれば、コストが増大する可能性がある。定期的に利益を上げて安定的に成功できるトレード計画が完成するまでは、利益を上げることが目的ではなく、トレードを学ぶことを目的にしてほしい。儲けることが目的ではないと言うと奇妙に聞こえるかもしれないが、それが正道なのだ。そして、トレードの仕方が分かったら、利益は自然についてくる。トレードで勝てるようになる前に大きなリスクをとる理由はどこにもない。

S&Pミニ先物など株の指数先物のトレーディングに興味はあるだろうか。それならば、最初はS&Pに連動しているETFをトレードして、安定的に利益を上げられるようになったら、レバレッジの掛かった先物トレードを始めればよい。もしFXをトレードしたくても、最初から100倍のレバレッジを掛けるのはやめてほしい。ほとんどの通貨の組み合わせはETFにもあるので、勝てるようになるまではそれをトレードすればよい。レバレッジを掛けないで利益を上げられないのならば、レバレッジを掛けてもけっして利益は上がらない。ただそれだけだ。真剣にトレーディングを学びたい人とトレーディングで簡単にお金持ちになれると思っている人のはっきりとした違いは、ここにある。

近年はデイトレードに人気が集まっており、安くて新しいソフトを使って素早く仕掛けて素早く手仕舞うことができるようになった。デイトレードをするならば、利食いや損切りは素早く行ってほしい。ポジションを翌日まで持ち越さず、エクスポージャーは最低限に抑えるのだ。デイトレードは魅力的に聞こえるかもしれないが、少なくともトレーディング技術を習得しておかないと、スイングトレーダーやポジショントレーダーよりもデイトレーダーのほうが成功する確率ははるかに低いと思っている。少なくともトレードを学んでいる間はそうだろう。1日中画面の前に座って日中の足がティックごとに更新されているのを見ていると、何かが規律や信念や体や判断力をゆがめてしまう。短期のデイトレードで規律を守り、トレード計画を順守し、論理的で正しい判断を下すのはとても難しい。

デイトレードに興味があるトレーダーにも、デイトレードを始める前にまずはトレード計画を作成してレバレッジを掛けずにスイングトレードやポジショントレードを経験するよう強く勧めたい。

週足や日足を使った中期トレードでレバレッジを掛けないで利益を上げられないのならば、高いレバレッジを掛けた短期トレードをしても即座にマーケットから一掃されてしまうだろう。

ティック単位ではなくポイント単位のトレードを

デイトレードの欠点のひとつは、潜在利益が限られていることにある。デイトレーダーが狙うのはティック単位の利益で、ポイント単位ではない。しかし、1日のなかでそれほど大きな動きがあるわけではないため、潜在利益はさして大きくはない。デイトレードでトレードコスト（ソフトウエア、データ、勉強など）を賄おうとすれば、トレードサイズを大きくする必要がある。たとえ勝率が非常に高くても、デイトレードで先物を2～3枚トレードするのは時間的にもコスト的にも価値がない。

私は、いろんな時間枠での投資や労力においてデイトレーディングのリターンは最低だと思っている。少なくともデイトレーダーとして成功しようと思うのならば、トレンドに乗って最低でも２～３日や２～３週間といった長めのポジションを建てて、大きな利益を狙ってほしい。せっかくの知識や経験を、さらに大きな潜在利益を得るのに向けてほしい。W・D・ギャンは、「大きな儲けは大きなトレンドから来る」と説いている。新人トレーダーは、この真実を注意深く受け止め、ティック単位ではなくポイント単位の利益を狙ってほしい。

成功はお金では買えない

私はときどきトレーダーに教えたりトレーディングソフトを開発したりする仕事をしていることを恥じたいような気分になることがある。この業界には、「トレーディングは簡単に学べてすぐにお金持ちになれる」といったたぐいのことを触れ回る明らかな詐欺師たちが横行しているからだ。読者も「ウォール街のプロの『秘密』を学んで大儲けしよう」などという広告を見たことがあるだろう。また、チャートに小さな矢印で売買ポイントを書き込んであって、そのどれもが大きな儲けにつながっているとか、もしこのシステムに従うか推奨レポートを購読すれば100％のリターンが得られるとか、このシステム（たいていは非常に高額）の売買シグナルに従えば必ず利益が上がるなどといった広告にも見覚えがあるだろう。トレード関連の出版物やインターネットのトレーディング関連サイトを見ると、この種の怪しげな宣伝文句にあふれている。もしかしたら、読者もこのいくつかに引っかかって大金をはたいたのにほとんど結果が出なかった経験を持っているかもしれない。しかし、それは読者だけではない。私自身もカモになったことがある。特にトレードを始めたばかりのころはそうだった。おそらくこれも新しいことを学ぶ過程でみんなが通る道の一部なのだろう。トレードを始めたばかりのころは、だれでもついすぐに学べてお金持ちになれる秘密の方法があると思ってしまうものだ。

非現実的な宣伝文句には注意してほしい。常識で考えれば分かることなのだが、残念ながら恐怖と強欲がときどきその常識をわれわれの意識の外に押し出してしまう。もちろん優れたトレーディングの講師もたくさんいる。トレーディングとそれを教える経験が豊富で、実績がある人もいる。まっとうなトレーディングの講師は、非現実的な約束はしない。そして、まっとうな講師が結果を約束するような宣伝をするのは見たことがない。彼らは、自分が得意なことを教える以上のことはできないと考えている。その知識をどのように応用するかは生徒自身が決めることなのである。

知識と経験が増えれば、だまされることなく、何がまっとうで役に立つ情報かがすぐに分かるようになる。

本書を通じて何度も述べてきたことだが、念のためにもう一度言っておく。成功はお金では買えない。これは、勉強と経験を積んで自分で手に入れるしかないのだ。

トレーダーとしての成功は可能だ

トレーダーとして成功するのがなかなか難しいということは分かったと思う。トレーダーのほとんどが、ほんの２～３カ月で退場させられたり破産したりするという統計もたくさん目にしてきただろう。しかし、読者がそのひとりになる必要はない。

もしきちんとトレード技術を学べば、成功する可能性は十分ある。それにはトレーディングも普通の仕事と同じだと思って取り組んでほしい。調査し、見直し、評価し、トレード計画を作成し、経験を積めばよいのだ。新人トレーダーの多くが犯す自分の資金に対してリスクが大きすぎるトレードを必要以上に仕掛けてしまうという間違いは避けなければならない。トレード計画が完成し、リアルタイムで検証するまでは、レバレッジが掛らないマーケットでトレードしていってほしい。約束も保証もできないが、本書で学んだ戦略を応用すれば、大きな成功を手にすることができると私は信じている。

もしすでに経験を積んで成功しているトレーダーならば、本書の戦略を現在使っているトレード計画に組み込むことで、もしかしたら結果が劇的に向上するかもしれない。

私のサイト（http://www.highprobabilitytradingstrategies.com/）では、最新のトレード例を無料で公開している。ぜひアクセスして本書のトレード戦略についてさらに学んでほしい。

読者のトレーディングの成功を祈っている。

ロバート・マイナー

用語集

ABC（単純）調整（ABC [simple] correction）　よくある調整パターンで、３つのスイングから成り、３つ目のスイング（Ｃ波）は１つ目のスイング（Ａ波）の極端な値を超える。ジグザグとも呼ばれる。Ｃ波がＡ波の極端な値を超えないときは、不規則なABC調整波動パターンとなる。３つのスイングから成るABC調整波動パターンが完成する時間と価格の目標値は予測しやすい。調整は常に最低３つのスイングから成るという前提で考える。

Ｅ波（E-Wave）　エリオット波動分析。「エリオット波動」参照。

売られ過ぎ（oversold）　指標の０％から100％までのレンジのうちの一定割合を示す水準。指標が比較的低い水準（通常は20～30％）にあることを表している。多くの指標は売られ過ぎの水準に達していると、そこから価格が安値を付けるまでの下落の余地は小さいと考えられる。

エクスポージャー（capital exposure）　最初に建てたポジションが逆行した場合に失う資本の額（資金）。言い換えれば、下した判断が利益を出すかどうかを知るための潜在コスト。リスクと呼ばれることも多い。１ユニット当たりの最初のエクスポージャーは、仕掛け値と最初の損切りとの価格差。

エリオット波動（Elliott wave, E-wave）　Ｒ・Ｎ・エリオットが開発したパターン分析の手法。トレンドや調整は通常、あるスイングがトレンドや調整の一部かどうかを見分けるための規則や指針となるいくつかのパターンで形成されているという考えに基づいている。エリオット波動パターンのもっとも重要な価値のひとつに、マーケットがトレンドや調整が終わりそうな位置にあるかどうかを見分ける助けになるということがある。トレンドは、通常５つの異なるスイングで形成されている。調整は、最低３つのスイングから成るが、さらに複雑な構造に発展することもある。

オシレーター指標（oscillator indicators） 通常はモメンタム指標と同じ意味で使われている。

オーバーラップの指針（overlap guideline） オーバーラップはマーケットが直前のスイングのレンジに重なること。マーケットが新しいトレンドに入るのではなく調整していることを知らせてくれる重要な指針。

外部リトレースメント（retracement, external price[Ex-Ret]） 100％を超えるリトレースメント。外部リトレースメントでもっともよく使われるのは127％と162％と262％。ABC調整波動パターンのＣ波や５波動トレンドの第５波など、調整やトレンドの最終スイングの価格の目標値を予測するのに使われることが多い。

カウンタートレンド（countertrend） 現在のトレンドとは逆行している調整のこと。調整は最低３つのスイングから成るということを前提とする。トレード計画の重要な部分に、調整が終わる可能性があるところを探してトレンドの方向にトレードを仕掛けるということがある。

価格とモメンタムの強気のダイバージェンス（price/momentum

bullish divergence） 価格が安値を更新しているときにモメンタム指標のほうは高値を更新していること。下落率が減速しており、価格は近い将来に安値を付けて上昇に転じるというサイン。

価格とモメンタムの弱気のダイバージェンス（price/momentum bearish divergence） 価格が高値を更新しているときにモメンタム指標のほうは高値を更新できずにいること。上昇率が減速しており、価格は近い将来に高値を付けて下落に転じるというサイン。

価格や時間のオーバーバランス（overbalance [of time and/or price]） Ｗ・Ｄ・ギャンが作った用語で、調整の時間や値幅が直前の調整の時間や値幅を上回っているとき。より長い時間枠の調整か反対方向の新しいトレンドが起こっている可能性があり、長い時間枠でのトレンドが転換するかもしれないというサインのこと。

買われ過ぎ（overbought） 指標の０％から100％までのレンジのうちの一定割合を示す水準。指標が比較的高い水準（通常は70～80％）にあることを表している。多くの指標は買われ過ぎの水準に達していると、そこから価格が高値を付けるまでの上昇の余地は小さいと考えられる。

期間（lookback period） 指標で現在の値を算出するためにさかのぼる足の数。期間が比較的短いと、指標は最近の価格のボラティリティやトレンドに影響されやすくなる。また、期間が比較的長いと、指標が変化するのにある程度の時間がかかる。

仕掛け戦略（entry strategy） 仕掛けの条件と、仕掛け価格と最初の損切り価格を決めるための戦略。本書で勧める仕掛け戦略は、トレードの条件が整えばあとは完全に客観的な手順になっている。本書で推奨する仕掛け戦略は、モメンタムの転換によるトレイリング・ワン・バー高値（またはトレイリング・ワン・バー安値）戦略とスイングエントリー戦略の２つ。

時間リトレースメント（time retracement）　調整のスイングのタイムレンジとその前のトレンドのスイングを比較すること。時間リトレースメントでもっともよく使われている比率は38.2％、50％、61.8％、100％、162％など。単純なABC調整波動パターンは、38.2～61.8％の時間リトレースメントのレンジで終わることが多い。また、複雑な調整は、直前のトレンドのスイングの100％時間リトレースメントまでに終わることが多い。

システムトレーディング（system, trading）　完全に客観的な規則に基づいて仕掛けや損切りや手仕舞いの価格を具体的に決める手法。メカニカルトレーディングとも呼ばれる。ただ、「成功はお金では買えない」。私の知るかぎりで、長期間リアルタイムのトレーディングで一貫して利益を上げ続けている市販のトレーディングシステムは存在しない。怪しげなシステムを買うくらいならば、そのお金とトレード資金を好きな慈善団体に寄付したほうがマシ。無益な試みでお金を無駄にするのならば、有効に使ったほうがよい。

推進トレンド（impulse trend）　エリオット波動の用語で５つの波から成るトレンドのこと。多くのトレンドは５波動で終わるため、トレーダーは５つ目の波が形成されればトレンドの終わりを警戒しておかなければならない。

スイングエントリー戦略（swing breakout entry strategy）　トレー

ドの条件が整ったら、直近のスイングの高値（安値）よりも1ティック上（下）で買い（空売り）を仕掛ける。最初の損切りは、仕掛ける直前のスイングの高値（安値）よりも1ティック下（上）に置く。この手法の原則は、トレンドが転換か継続かの条件が整ったあと、マーケットが直前のスイングの高値（安値）の上（下）に動いたところでトレンドの予想方向に仕掛けるということ。

スイングトレーダー（swing trader） 2～3日かそれより少し長いスイングでトレードする人たち。成功する確率はデイトレーダーよりもはるかに高い。ティック単位ではなくポイント単位の利益を狙う。取引時間中にマーケットを観察しなければならないときもある。

代替価格予想（alternate price projection） 同じ方向のスイングの価格レンジを比較するもの。もっともよく使われている代替価格予想の割合は62％と100％と162％。一部の書籍やソフトウエアでは価格エクステンションとも呼ばれている。この原理は、スイングの価格レンジが直前のスイングの主な代替価格予想比率と一致することが多いということが基になっている。代替価格予想は、3つのピボットポイントから成る。2つのピボットの間の価格レンジは、3つ目のピボットから測って延長する。

代替時間予想（alternate time projection） 同じ方向のスイングの時間レンジを比較するもの。もっともよく使われている代替時間予想の割合は62％と100％と162％。この原理は、スイングの価格レンジが直前のスイングの主な代替価格予想比率と一致することが多いということが基になっている。代替価格予想は、3つのピボットポイントから成る。2つのピボットの間の時間レンジは、3つ目のピボットから測って延長する。

ダイナミック比率（dynamic ratios）　ダイナミック・タイム・アンド・プライス戦略で使われる幾何学的で調和した一連の比率で、0.382、0.50、0.618、0.786、1.00、1.272、1.618、2.618などが含まれる。本書でも述べたように、この戦略の特徴は時間と価格の分析に異なった比率が使われることにある。さらに、これらの比率はトレンドと調整で適用する方法が違う。

タイムバンド（time band）　上昇トレンドならば、直近の高値・高値サイクル（時間サイクル）のレンジと最近の安値・高値サイクルのレンジがオーバーラップしたところ。直近の時間サイクルのリズムが持続すれば、次の高値はタイムバンド（オーバーラップ）のレンジ内で付くと考えられる。高値・高値サイクルや安値・高値サイクルのレンジを計測するとき、外れ値は除外することもある。下降トレンドのタイムバンドは、直近の安値・安値サイクルと高値・安値サイクルがオーバーラップしたところ。

デイトレーダー（day trader）　非常に短期のトレーダーで、通常取引時間はずっと画面の前に張り付いて、１日のなかで仕掛けて手仕舞う。スイングトレードやポジショントレードで一貫して利益を上げられるトレード計画が完成していないかぎり、デイトレードで成功する確率は非常に低い。

手仕舞い戦略（exit strategy）　トレードを手仕舞う条件。仕掛ける前に決定しておかなければならない。手仕舞い戦略は、例えばモメンタムが転換したあと仕切り注文をトレイリング・ワン・バー高値やトレイリング・ワン・バー安値に動かすなどというように、完全に客観的でなくてはならない。ただ、マーケットの展開に沿って主観的になったり調整が必要になったりする場合もある。また、戦略が主観的になってもトレードの目的と手仕舞うことを検討する条件はトレードを仕掛ける前に決めておかなければならない。第７章と第８章のトレード例で、マーケットが展開して新しい情報を入手したときにどのように手仕舞い戦略を変更すべきかを学んでほしい。

トレイリング・ワン・バー高値とトレイリング・ワン・バー安値（trailing one-bar-high/low）　短い時間枠のモメンタムの転換を含めて仕掛けの条件が整ったら、直近の足の高値（安値）の１ティック上（下）に買い（空売り）の注文を置き、ヒットしないときは直近の足の１ティック上（下）に動かしていくこと。すべての時間枠で使える。

トレード管理（trade management）　仕掛けてから手仕舞うまでトレードを管理していく方法。

トレード計画（trade plan）　トレーディングの進め方の計画で、仕掛けや仕掛けてから手仕舞うまでの戦略や、最大エクスポージャーやトレード管理などが含まれる。成功しているトレーダーはみんなトレード計画を持っている。第９章の「トレード計画のカギとなる４つの要素」参照。

トレンド（trend）　価格の動きの主な方向。トレードしたい方向。トレンドは通常５つの波動で完成し、エリオット波動推進トレンドとも呼ばれている。

内部リトレースメント（retracement,　internal price[In-Ret]）　100％未満のリトレースメント。内部リトレースメントでもっともよく使われるのは38.2％と50％と61.8％と78.6％。調整の目標値を予測するために使われる。ほとんどの調整は、４つの主な内部リトレースメントかその近くで終わることが多い。どの内部リトレースメントが調整の終わりになる可能性が高いのかを判断するテクニックを第４章で紹介している。

波の終了を示す価格と時間の目標値（end-of-wave price and time targets） トレンドや調整が終わる時間と価格の目標値を事前に高い確率で予測するダイナミック・タイム・アンド・プライス戦略独自の手法。本書では、単純なABC調整波動パターンと５波動トレンドパターンの終了する目標値の算出方法を紹介している。

外れ値（outlier） サイクルの期間を測定するときに、ほかの値よりも異常に長いか短い期間。外れ値は、サイクルの期間の測定値には含めないこともある。

フィボナッチ比率（Fibonacci[Fib] ratios） 「ダイナミック比率」参照。

複雑な調整（complex correction） スイング（波）が４つ以上ある調整。複雑な調整の形を事前に予測することはできない。また、複雑な調整の時間と価格の目標値は、単純なABC調整波動パターンの目標値のように事前に簡単に予想することはできない。

複数の時間枠のモメンタムを使った戦略（Multiple Time Frame Momentum Strategy） 週足と日足や、日足と60分足など、最低２つの時間枠のモメンタムが同じ方向に向いているときだけトレードを仕掛ける戦略。この戦略の基本は、短いほうの時間枠のモメンタムが長い時間枠と同じ方向に転換したときに、長いほうの時間枠の方向でトレードを執行するということ。３つ以上の時間枠を使うことも可能

（2つの時間枠のモメンタムを使った戦略の規則は、本文のモメンタムが強気の買われ過ぎとモメンタムが弱気の売られ過ぎの例外に関する記述参照）。

複数のユニットを使ったトレーディング（multiple-unit trading） すべてのトレードは最低でも2つのユニットで仕掛ける。そして、それぞれに異なる手仕舞い戦略を適用する。1つのユニットは短期で考え、マーケットが小さい調整の目標値に達すれば手仕舞う。2つ目のユニットは長期で考え、トレンドの目標値に達したときに手仕舞う。複数のユニットを使ったトレード計画のほうが、長期で見た利益率は向上すると考えられる。

2つの時間枠を使ったモメンタム戦略（Dual Time Frame Momentum Strategy） 「複数の時間枠を使ったモメンタム戦略」参照。

ポジションサイズ（position size） トレードの単位数（枚数、株数）。エクスポージャーが投資資本額の3％を超えない単位数がトレード可能な最大のサイズ（最大のポジションサイズの算出方法は第6章参照）。

ポジショントレーダー（position trader） 長期のトレンドを利用し、トレード期間が数日から数週間のトレーダー。ティック単位ではなくポイント単位の利益を狙う。期間と資本とリスクが同じであれば、成功しているポジショントレーダーの利益のほうが何十人もの成功しているデイトレーダー（もし集められたとして）の利益をおそらく上回る。過去100年における伝説のトレーダーのほとんどはポジショントレーダーだった。「大きな儲けは大きなトレンドから来る」（W・D・ギャン）。ポジショントレーダーは、取引時間中にトレード画面をほとんど（あるいはまったく）見ない。

モメンタムが強気（bull, momentum）　モメンタム指標がプラスのとき。２本線の指標ならば、ファストラインがスローラインを上回っているとき。高勝率トレード戦略の基本はモメンタムの方向にトレードすることにある。モメンタムが強気の買われ過ぎの場合を除いて、モメンタムが強気のときは買いのみを検討する。

モメンタムが強気で買われ過ぎ（bull OB, momentum）　指標が強気で買われ過ぎゾーンに達したとき。２本線の指標ならば、ファストラインがスローラインを上回っていて、両方の線が買われ過ぎゾーンに達しているとき。ほとんどの場合、モメンタムが強気で買われ過ぎは上昇の余地が限られているというサインであり、モメンタムの天井だけでなく、価格も高値を付ける可能性が高い。

モメンタムが強気に転換（bullish reversal, momentum）　モメンタムが弱気から強気に変わるとき。２本線の指標ならば、ファストラインがスローラインを上抜くとき。モメンタムが強気に転換すれば、通常は買いのセットアップが整うか、空売りトレードを手仕舞うべきときを示している。

モメンタムが弱気（bear, momentum）　モメンタム指標がマイナスのとき。２本線の指標ならば、ファストラインがスローラインを下回っているとき。高勝率トレード戦略の基本はモメンタムの方向にトレードすることにある。モメンタムが弱気の売られ過ぎの場合を除いて、モメンタムが弱気のときは空売りのみを検討する。

モメンタムが弱気で売られ過ぎ（bear OS, momentum）　指標が弱気で売られ過ぎゾーンに達したとき。２本線の指標ならば、ファストラインがスローラインを下回っていて、両方の線が売られ過ぎゾーンに達しているとき。ほとんどの場合、モメンタムが弱気で売られ過ぎは下落の余地が限られているというサインであり、モメンタムの底だけでなく、価格も安値を付ける可能性が高い。

モメンタムが弱気に転換（bearish reversal, momentum） モメンタムが強気から弱気に変わるとき。２本線の指標ならば、ファストラインがスローラインを下抜くとき。モメンタムが弱気に転換すれば、通常は空売りのセットアップが整うか、買いトレードを手仕舞うべきときを示している。

モメンタム指標（momentum indicator） 価格に基づいた指標の大部分はモメンタム指標と呼ぶことができる。ほとんどの場合、モメンタム指標は期間のROCを表している。ROCは、トレンドが前のトレンドよりも加速しているか、あるいは減速しているかを反映していることもある。モメンタムのトレンドは必ずしも価格のトレンドと同じ方向を向いているわけではない。

モメンタムの転換とトレイリング・ワン・バー高値やトレイリング・ワン・バー安値を使った仕掛け戦略（momentum reversal trailing one-bar-high/low entry strategy） 短い時間枠のモメンタムが長い時間枠のモメンタムの方向に転換したあと、仕掛け価格を直近の足の１ティック上（または下）に動かす手法。トレードがまだ執行されておらず、短い時間枠のモメンタムが反対方向に転換していなければ、新しい足ができるたびに仕掛け価格を新しい足に移動させる。もし仕掛けの注文が執行されれば、最初の損切りは仕掛け直前のスイングの安値（または高値）の１ティック下（または上）に置く。原則として、マーケットがトレードしようとする方向の高値の足(または安値の足)を超えたときのみトレードを仕掛ける。

リスク（risk） トレーディングでは、最初に建てたポジションが逆行したときに失う損失額を指すことが多い。より適切な定義は、ある出来事が起こる確率。「エクスポージャー」参照。

リスク・リワード（risk/reward） リスクにさらされる金額に対する潜在利益。通常は例えば３：１などといった比率で表されるときが多いが、実はこれは利益対リスク、つまり３ドルの潜在利益に対して１ドルのリスク（エクスポージャー）を意味している。１単位当たりのリスクは、仕掛け価格と最初の損切り価格の差で表すことができる。利益は、マーケットが最低限動く可能性がある値幅のもっとも妥当な予測値。

参考書籍

キャロリン・ボロディン著『フィボナッチトレーディング――時間と価格を味方につける方法』（パンローリング）

トゥーシャー・シャンデ著『売買システム入門――相場金融工学の考え方→作り方→評価法』（パンローリング）

アレキサンダー・エルダー著『投資苑２』『投資苑３』（いずれもパンローリング）

ラリー・ペサベント、レスリー・ジョウフラス著『フィボナッチ逆張り売買法――パターンを認識し、押し目買いと戻り売りを極める』（パンローリング）

マーティン・アームストロング著『ザ・グレイテスト・ブル・マーケット・イン・ヒストリー（The Greatest Bull Market in History）』（プリンストン・エコノミクス、1986年）

L・ディー・ベルビール著『チャーティング・コモディティー・マーケット・プライス・ビヘイビア（Charting Commodity Market Price Behavior）』（トレーダーズ・プレス、2000年）

テリー・バーナム著『トカゲの脳と意地悪な市場』（晃洋書房）

W・D・ギャン著『ハウ・トゥ・メイク・プロフィット・イン・コモディティース（How to Make Profits in Commodities）』（ランバート・パブリッシング・カンパニー、2003年）

『45イヤーズ・イン・ウォール・ストリート（45 Years in Wall Street）』（ランバート・パブリッシング・カンパニー、2002年）

『株価の真実・ウォール街株の選択』（日本テクニカル・アナリスト協会訳）

デリク・S・ホブス著『フィボナッチ・フォー・ザ・アクティブ・トレーダー（Fibonacci for the Active Trader）』（トレーディング・マーケット、2003年）

ジェイム・S・ジョンソン著『ノー・BS・フォレックス・トレーディング（No BS Forex Trading）』（ノー・BS・トレーダーズ・パブリッシング、2008年）

フレッド・ケリー著『ワイ・ユー・ウィン・オア・ルーズ、ザ・サイコロジー・オブ・スペキュレーション（Why You Win or Lose : The Psychology of Speculation）』（フレーザー・パブリッシング・カンパニー、1962年）

エドウィン・ルフェーブル著『欲望と幻想の市場――伝説の投機王リバモア』（東洋経済新報社）

ロイ・W・ロングストリート著『相場のこころ――マーケットの見方・考え方』（東洋経済新報社）

アーサー・メリル著『株はいつ買うべきか、いつ売ればよいか』（東洋経済新報社）

『フィルタード・ウエーブス（Filtered Waves）』（アナリシス・プレス、1977年）

ロバート・マイナー著『ダイナミック・トレーディング（Dynamic Trading）』（トレーダーズ・プレス、1997年）

ジム・ポール、ブレンダン・モイニハン著『ワット・アイ・ラーンド・ルージング・ア・ミリオン・ダラース（What I Learned Losing a Million Dollars）』（インフラレッド・プレス、1994年）

トニー・プラマー著『ザ・サイコロジー・オブ・テクニカル・アナリシス（The Psychology of Technical analysis）』（コーガン・マグロウヒル、1993年）

ロバート・R・プレクター、ジュニア著『ザ・メジャー・ワークス・オブ・R・N・エリオット（The Major Works of R.N.Elliott）』（ニュー・クラシックス・ライブラリー、1980年）

『パイオニアリング・スタディース・イン・ソシオノミクス（Pioneering Studies in Socionomics）』（ニュー・クラシックス・ライブラリー、2003年）

『ザ・ウエーブ・プリンシプル・オブ・ヒューマン・ソーシャル・ビヘイビア（The Wave Principle of Human Social Behavior）』（ニュー・クラシックス・ライブラリー、1999年）

『R・N・エリオット・マーケット・レタース、1938～1946（R.N.Elliott's Market Letters, 1938-1946）』（ニュークラシックス・ライブラリー、1993年）

ジム・ロジャーズ著『大投資家ジム・ロジャーズ世界を行く』（日本経済新聞社）

ロバート・J・シラー著『投機バブル　根拠なき熱狂――アメリカ株式市場、暴落の必然』（ダイヤモンド）

アーサー・スクラリュウ著『テクニックス・オブ・ア・プロフェッショナル・コモディティー・チャート・アナリスト（Techniques of a Professional Commmodity Chart Analyst）』（コモディティー・リサーチ・ビューロー・インク）

ビル・ウィリアムズ著『相場の達人――常勝のカオス思考』（シグマベイスキャピタル）

■著者紹介

ロバート・C・マイナー（Robert C. Miner）

1986年以来、ロバート・マイナーは金融、先物、FX、株式など市場における優秀な講師として実践的なトレード戦略を指導してきた。実演やオンラインや録画や家庭用のトレード講座を通じて30カ国以上のトレーダーや投資家に独自のテクニカル分析とトレード戦略を教えてきた。マイナーは、アメリカの大手証券会社が毎年開催しているリアルタイムのトレーディングコンテストで第１位になり、『スーパートレーダーズ・アルマナック（Supertraders Almanac）』の年間最優秀トレーダーに選ばれたこともある。また、彼が発行している「ダイナミックトレーダー・デイリー・ストック／ETF・レポート」は、マーケットタイミング系のモデルを数多く検証している「タイマーズ・ダイジェスト」が選ぶS&Pのタイミング部門で第１位になったこともある。さらに、彼の最初の著作である『ダイナミック・トレーディング（Dynamic Trading）』（ダイナミックトレーダーズグループ・インク、1999年）は、1999年の最優秀トレード本に選ばれている。1989年、マイナーは現代の家庭用トレード講座の草分けのひとつとも言える「ザ・W・D・ギャン・ホーム・スタディ・トレーディング・コース」（現在は販売されていない）を発表した。近年、彼は数種類のマルチメディアに対応した家庭学習用トレーディング講座を制作し、このなかにはマルチメディアを使って対話式で短期間に学べる技術を取り入れた「ダイナミック・トレーディング・Eラーニング・ワークショップ」も含まれている。マイナーが経営するダイナミックトレーダーズグループ・インクでは、先物やFXや株式・ETFのマーケットについて書かれたダイナミックトレーダーデイリーやジャスト・イン・タイム・レポートなどを発行している。また、彼独自のモメンタムと時間と価格とパターンを使ったトレード戦略に必要な分析を迅速かつ正確に行うことができるダイナミックトレーダーというトレーディングソフトも開発した。過去20年間で、マイナーはトレーダーとしても、投資アナリスト、トレーディング講師、テクニカル分析ソフトの開発者としても世界で有数の存在となっている。彼が提供している製品やサービスを多くのトレーダーや投資家が成功のカギとなったとして称賛している。さらに詳しく学びたければ、http://www.highprobabilitytradingstrategies.com/ を参照してほしい。

■監修者紹介

長尾慎太郎（ながお・しんたろう）

東京大学工学部原子力工学科卒。日米の銀行、投資顧問会社、ヘッジファンドなどを経て、現在は大手運用会社勤務。訳書に『魔術師リンダ・ラリーの短期売買入門』『タートルズの秘密』『新マーケットの魔術師』『マーケットの魔術師【株式編】』（いずれもパンローリング、共訳）、監修に『ゲイリー・スミスの短期売買入門』『バーンスタインのデイトレード入門』『究極のトレーディングガイド』『マーケットのテクニカル秘録』『高勝率トレード学のススメ』『フルタイムトレーダー完全マニュアル』『新版　魔術師たちの心理学』『トレーディングエッジ入門』『スイングトレードの法則』『エリオット波動入門』『EVトレーダー』『ロジカルトレーダー』『タープ博士のトレード学校　ポジションサイジング入門』『フィボナッチトレーディング』『チャートで見る株式市場200年の歴史』（いずれもパンローリング）など、多数。

■訳者紹介

井田京子（いだ・きょうこ）

翻訳者。主な訳書に『ワイルダーのテクニカル分析入門』『トゥモローズゴールド』『ヘッジファンドの売買技術』『投資家のためのリスクマネジメント』『トレーダーの心理学』『スペランデオのトレード実践講座』『投資苑３　スタディガイド』『マーケットの魔術師【オーストラリア編】』『トレーディングエッジ入門』『デイリートレード入門』『千年投資の公理』『EVトレーダー』『ロジカルトレーダー』『チャートで見る株式市場200年の歴史』（いずれもパンローリング）などがある。

2010年6月3日　初版第1刷発行
2016年4月1日　　　第2刷発行
2021年4月1日　　　第3刷発行

ウィザードブックシリーズ ⑯⑥

フィボナッチブレイクアウト売買法
――高勝率トレーディングの仕掛けから手仕舞いまで

著　者　ロバート・C・マイナー
監修者　長尾慎太郎
訳　者　井田京子
発行者　後藤康徳
発行所　パンローリング株式会社
〒160-0023　東京都新宿区西新宿7-9-18-6F
TEL 03-5386-7391　FAX 03-5386-7393
http://www.panrolling.com/
E-mail　info@panrolling.com
編　集　エフ・ジー・アイ（Factory of Gnomic Three Monkeys Investment）合資会社
装　丁　パンローリング装丁室
組　版　パンローリング制作室
印刷·製本　株式会社シナノ
ISBN978-4-7759-7133-8

ウィザードブックシリーズ 146

フィボナッチ逆張り売買法

パターンを認識し、押し目買いと戻り売りを極める

ラリー・ペサベント、レスリー・ジョウフラス【著】

定価 本体5,800円+税　ISBN:9784775971130

フィボナッチ比率で押しや戻りを予測して、トレードする！ デイトレードからポジショントレード売買手法が満載！

本書には、今まであまり知られていなかったいろいろなパターンの形成を見極め、それを効果的にトレードする方法が述べられている。焦点が当てられているのは幾何学的なパターンとフィボナッチ比率に基づいたトレード方法である。そうした幾何学的なパターンの形成プロセスとそのトレードの仕方が分かれば、パターン認識とそのトレードはぐっと身近なものになるだろう。不安定なマーケットでは買いと売りを自在に操ることが資産を築く第一歩になる。

ウィザードブックシリーズ 163

フィボナッチトレーディング

時間と価格を味方につける方法

キャロリン・ボロディン【著】

定価 本体5,800円+税　ISBN:9784775971307

利益を最大化し、損失を最小化する！トレンドを予測するフィボナッチの魅力！

本書はフィボナッチ級数の数値パターンに基づく実績ある方法を使い、トレードで 高値と安値を正確に見定めるための新たな洞察を提供する。本書の知識やツールを身 につければ、フィボナッチ比率の水準を使ってどのように相場のトレンドを判断すれ ばいいかが分かる。それに従って相場の波を予測すれば、利益を最大化し、損失を限定する方法を学ぶことができる。

ウィザードブックシリーズ 156

エリオット波動入門

相場の未来から投資家心理までわかる

ロバート・R・プレクター・ジュニア、A・J・フロスト【著】

定価 本体5,800円+税　ISBN:9784775971239

待望のエリオット波動の改定新版！相場はフィボナッチを元に動く！波動理論の教科書！

本書の初版本は1978年に出版されたが、そのときのダウ工業株平均は790ドルだった。初版本が出版されると、書評家たちはこぞって波動原理に関する決定的な参考書だと称賛したが、残念なことにベストセラーとなるには数十万部も及ばなかった。しかし、本書の興味あるテーマと長期の株価を正確に予想したことに対する関心が大きく高まったことから、毎年増刷を続け、ついにウォール街では古典の地位を獲得するまでになった。

【DVD】エリオット波動

～勝つための仕掛けと手仕舞い～

講師：ロバート・プレクター　DVD 119分

定価 本体7,800円+税　ISBN:9784775960462

すべてのチャート分析は、エリオットに始まり、エリオットに終わる

TRADERS HALL OF FAME AWARD受賞者であり、金融界の古典『エリオット波動入門』の著者でもあるロバート・プレクターがエリオット波動による投資術、エントリー・エグジットのタイミング戦略を解説（英語音声 日本語字幕）。彼が明日の投資家たちに、波動理論を使った市場の変化の時と、それを支えるテクニカル指標の見方を指導する貴重な講演です。テクニカル分析に興味がある人にとって ラルフ・ネルソン・エリオットの考案した「5波で上昇、3波で下落」「フィボナッチ係数」から成り立つエリオット波動は必ず通る通過儀礼のようなものである。

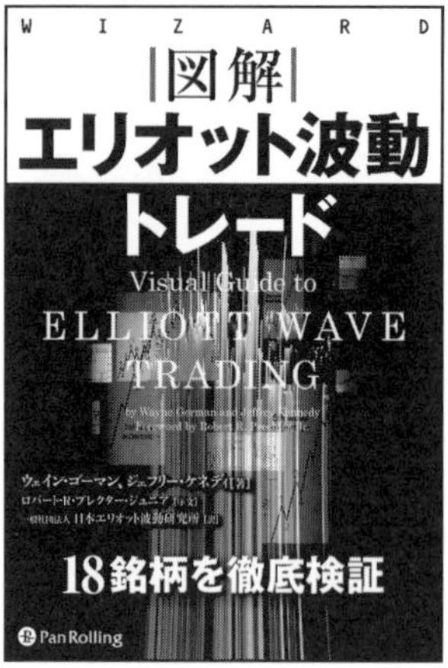

ウィザードブックシリーズ 271

図解
エリオット波動トレード

ウェイン・ゴーマン、ジェフリー・ケネディ【著】

定価 本体2,800円+税　ISBN:9784775972410

掲載チャート数250！ トレードの実例を詳述。

本書は、波動パターンを表す実際のチャートを多数収録することで、トレードを分かりやすく解説している。著者のウェイン・ゴーマンとジェフリー・ケネディは、エリオット・ウエーブ・インターナショナル（EWI）のアナリスト。彼らが分析した18銘柄の事例を挙げ、波動原理を使ってトレード機会を探し、エントリーし、プロテクティブストップを上下させながらリスク管理をして、最後にエグジットするという一連の手順について詳細に伝えている。また、エリオット波動を用いたオプション戦略といったレベルの高いテクニカル分析、およびトレード手法にも言及している。プレクター&フロストのロングセラー『エリオット波動入門』（パンローリング）とトレードの現場を見事に融合させたユニークな実践書。あなたの取引スタイルが保守的であろうと積極的であろうと、本書のチャートとテクニックは信憑性の高いトレード機会を特定するのに役立つはずだ。

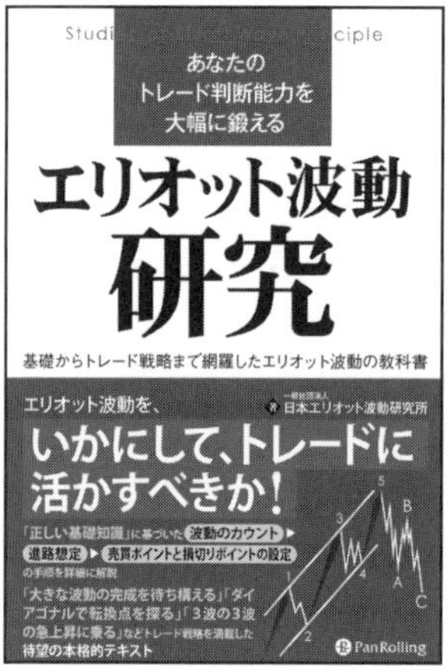

あなたのトレード判断能力を大幅に鍛える
エリオット波動研究

一般社団法人日本エリオット波動研究所【著】

定価 本体2,800円+税　ISBN:9784775991527

基礎からトレード戦略まで網羅したエリオット波動の教科書

エリオット波動理論を学ぶことで得られるのは、「今の株価が波動のどの位置にいるのか（上昇波動や下落波動の序盤か中盤か終盤か）」「今後どちらの方向に動くのか（上昇か下落か）」「どの地点まで動くのか（上昇や下落の目標）」という問題に対する判断能力です。

エリオット波動理論によって、これまでの株価の動きを分析し、さらに今後の株価の進路のメインシナリオとサブシナリオを描くことで、それらに基づいた「効率良いリスク管理に優れたトレード戦略」を探ることができます。そのためにも、まずは本書でエリオット波動の基本をしっかり理解して習得してください。

イメージ先行のエリオット波動の基本要素や誤解などを３巻に分けて徹底解説。

講師からのメッセージ

エリオット波動について巷にあふれる数多の解説・情報がイメージ先行になって いるのが実状です。

例えば、右下の図で"波動の大きさ"は何番だと思いますか？　①は価格（または変化率）、③は時間、②はチャートで表されるように価格と時間 のベクトルが合致した点です。

エリオット波動では、時間はあまり重要としてはいません。つまりエリオット波 動的には、「波動の大きさは①」を指します。②の長さを波動の大きさと思われている方も多いのではないでしょうか。

本DVDシリーズは、エリオット波動の基礎的解説だけで3巻で構成されています。ご覧になった方は「細かすぎる」と思われるかもしれません。ですが正しい理解ができなければ、エリオット波動を正しく生かすことができな いと考えているからです。その正しい理解のために、事例やチャートを使って細かく解説しています。

皆さんもぜひ、感覚的にエリオット波動をカウントするのではなく、正しいルールにそって、客観的に判断できる知識を身につけてください。

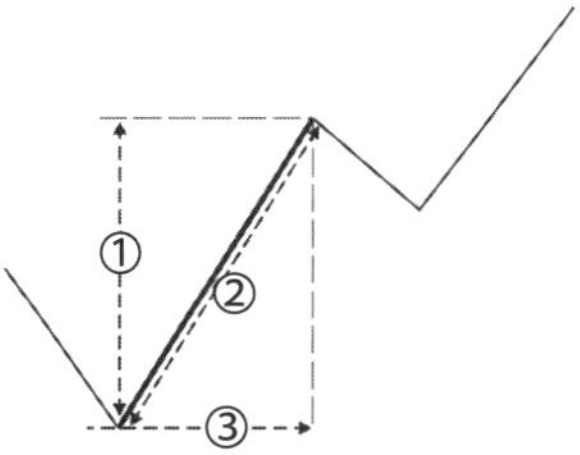

【DVD】 エリオット波動原理の基本
波動原理の概念と波形認識　　講師：有川和幸

	第1巻	第2巻	第3巻
内容	フラクタル構造の基本と「インパルス」	推進波「ダイアゴナル」	修正波と複合修正波
商品情報	DVD 100分 ISBN 9784775965344	DVD 66分 ISBN 9784775965368	DVD 103分 ISBN 9784775965375

各定価 本体3,800円+税

ウィザードブックシリーズ80

ディナポリの秘数

フィボナッチ売買法

ジョー・ディナポリ【著】

定価 本体16,000円+税　ISBN:9784775970423

押し・戻り分析で仕掛けから手仕舞いまでわかる

本書は、投資市場における「押しや戻り」を正確に当てるフィボナッチを基本したトレーディング手法を紹介したものである。この不思議な数値である0.382や0.618は、投資家として、またトレーダーとしてワンランク上を目指す者、どうしても現状の沈滞ムードを打破できない者にとっては絶大な力と啓示を与えてくれるだろう！

レオナルド・フィボナッチが発見した秘数があなたに莫大な財産を作らせる第一歩になるかもしれない！

ウィザードブックシリーズ36

ワイルダーのテクニカル分析入門

オシレーターの売買シグナルによるトレード実践法

J・ウエルズ・ワイルダー・ジュニア【著】

定価 本体 9,800円+税　ISBN:9784939103636

あなたは、RSIやADXの本当の使い方を知っていますか？

RSI、ADX開発者自身による伝説の書！ワイルダーの古典をついに完全邦訳。ウエルズ・ワイルダーは、テクニカル・トレーディング・システムに関する斬新か つ独創的な概念を次々と考案し、世界中にその名を知られている。この分野に革命を起こした本書は、今やテクニカル派にとって伝説ともいえる1冊だ。

また図表やワークシート、チャートをふんだんに使って、初心者でもその指標を簡単に算出できるように配慮した本書は、すべてのトレーダーにとってかけがえのない 財産になるだろう。

ウィザードブックシリーズ 257

マーケットのテクニカル分析
トレード手法と売買指標の完全総合ガイド

ジョン・J・マーフィー【著】

定価 本体5,800円+税　ISBN:9784775972267

世界的権威が著したテクニカル分析の決定版！

1980年代後半に世に出された『テクニカル・アナリシス・オブ・ザ・フューチャーズ・マーケット（Technical Analysis of the Futures Markets）』は大反響を呼んだ。そして、先物市場のテクニカル分析の考え方とその応用を記した前著は瞬く間に古典となり、今日ではテクニカル分析の「バイブル」とみなされている。そのベストセラーの古典的名著の内容を全面改定し、増補・更新したのが本書である。本書は各要点を分かりやすくするために400もの生きたチャートを付け、解説をより明快にしている。本書を読むことで、チャートの基本的な初級から上級までの応用から最新のコンピューター技術と分析システムの最前線までを一気に知ることができるだろう。

ウィザードブックシリーズ 261

マーケットのテクニカル分析練習帳

ジョン・J・マーフィー【著】

定価 本体2,800円+税　ISBN:9784775972298

テクニカル分析の定番『マーケットのテクニカル分析』を完全征服！

『マーケットのテクニカル分析』の知見を実践の場で生かすための必携問題集！ 本書の目的は、テクニカル分析に関連した膨大な内容に精通しているのか、あるいはどの程度理解しているのかをテストし、それによってテクニカル分析の知識を確かなものにすることである。本書は、読みやすく、段階的にレベルアップするように作られているため、問題を解くことによって、読者のテクニカル分析への理解度の高低が明確になる。そうすることによって、マーフィーが『マーケットのテクニカル分析』で明らかにした多くの情報・知識・成果を実際のマーケットで適用できるようになり、テクニカル分析の神髄と奥義を読者の血と肉にすることができるだろう！

ウィザードブックシリーズ 108

高勝率トレード学のススメ
小さく張って着実に儲ける

マーセル・リンク【著】

定価 本体5,800円+税　ISBN:9784775970744

あなたも利益を上げ続ける少数のベストトレーダーになれる！

夢と希望を胸にトレーディングの世界に入ってくるトレーダーのほとんどは、6カ月もしないうちに無一文になり、そのキャリアを終わらせる。この世でこれほど高い「授業料」を払う場があるだろうか。こうした高い授業料を払うことなく、最初の数カ月を乗り切り、将来も勝てるトレーダーになるためには、市場での実績が証明されたプログラムが不可欠である。本書はこのような過酷なトレーディングの世界で勝つためのプログラムを詳しく解説したものである。

ウィザードブックシリーズ 205

続高勝率トレード学のススメ
自分に合ったプランを作り上げることこそが成功への第一歩

マーセル・リンク【著】

定価 本体5,800円+税　ISBN:9784775971727

トレードはギャンブルではない！

トレードをギャンブル以外の何物でもないと思う人が少なくない。また、そう感じているトレーダーも多い。しかし、毎年、毎月と連続してトレードで利益を上げるトレーダーがいるのも事実だ。どんな方法を使っているのか？ 本書を手引きにすれば、適切なトレードの実行に何が必要かがたちどころに明らかになり、その実行過程で資金管理やトレードのルール、ポジション管理がいかに重要な役割を果たしているかが学べるだろう。